1.教育部高校思想政治工作创新发展中心（辽宁财贸学院）专项课题重点项目：
《大中小学一体化利用红色文化资源育人研究》（SZZXKT2023010）阶段性成果

2.教育部产学合作协同育人项目：
《高校思政课"多元协同、双域结合"实践教学模式研究》（231102550081558）阶段性成果

辽宁省"大中小学思政课一体化建设"专题教学设计丛书

推进生态文明建设融入大中小学思想政治理论课一体化教学设计案例集

洪晓楠 谢晓娟 胡承波 丛书主编

贾玉明 胡承波 韩影 主编

辽宁人民出版社

图书在版编目（CIP）数据

推进生态文明建设融入大中小学思想政治理论课一体化教学设计案例集 / 贾玉明, 胡承波, 韩影主编. 沈阳 : 辽宁人民出版社, 2025.2. -- (辽宁省"大中小学思政课一体化建设"专题教学设计丛书 / 洪晓楠, 谢晓娟, 胡承波主编). -- ISBN 978-7-205-11447-3

Ⅰ. D64

中国国家版本馆CIP数据核字第2025V7P105号

出版发行：辽宁人民出版社
地　址：沈阳市和平区十一纬路25号　邮编：110003
电　话：024-23284325（邮　购）　024-23284300（发行部）
http://www.lnpph.com.cn

印　　刷	辽宁新华印务有限公司
幅面尺寸	170mm×240mm
印　　张	18.5
字　　数	295千字
出版时间	2025年2月第1版
印刷时间	2025年2月第1次印刷
责任编辑	刘　明
装帧设计	琥珀视觉
责任校对	吴艳杰
书　　号	ISBN 978-7-205-11447-3
定　　价	80.00元

辽宁省"大中小学思政课一体化建设"专题教学设计丛书

-编委会-

主 编

洪晓楠　谢晓娟　胡承波

编 委

（以姓氏笔画为序）

于海臣　马其南　王英伟　王明雪　王　建　王智莉

申淑征　刘　飞　刘继东　李洪军　张卫平　金国峰

胡承波　秦　明　袁　佺　贾玉明　钱英伟　徐丽曼

高　亮　蒋海彬　韩　影　谢晓娟　薛　孚

总 序

思想政治理论课是落实立德树人根本任务的关键课程，贯穿了国民教育体系的各学段。习近平总书记在学校思想政治理论课教师座谈会上强调，"在大中小学循序渐进、螺旋上升地开设思想政治理论课非常必要，是培养一代又一代社会主义建设者和接班人的重要保障"，提出"统筹推进大中小学思政课一体化建设"。党的二十大报告强调，"推进大中小学思想政治教育一体化建设"。在学校思想政治理论课教师座谈会召开五周年之际，习近平总书记对学校思政课建设作出重要指示，强调"深入推进大中小学思想政治教育一体化建设"。党的二十届三中全会通过的《决定》再次强调"推进大中小学思政课一体化改革创新"。

深入推进大中小学思想政治教育一体化建设，关系到"培养什么人、怎样培养人、为谁培养人"这个教育的根本问题。思政课贯穿人才培养的全过程，推进大中小学思政课一体化建设，是贯彻党的教育方针，肩负起为党育人、为国育才光荣使命的必然要求，是新时代党和国家推动思政课内涵式发展的一项重要部署，是思政课建设的时代要求和内在体现，是提高思政课教学质量及育人水平的必由之路，是落实立德树人根本任务的关键举措。如何针对不同学段学生的身心发展特点，遵循学生认知规律和教育教学规律设计教学内容、选择教学方法，是思政课教师面临的新任务和新挑战。

为进一步深入学习贯彻习近平总书记在学校思想政治理论课教师座谈会上的重要讲话精神，全面落实中共中央办公厅、国务院办公厅印发的《关于深化新时代学校思想政治理论课改革创新的若干意见》以及辽宁省委教育工委、辽宁省教育厅印发的《辽宁省进一步推进大中小学思政课一体化建设的若干举措》等文件精神，扎实推进辽宁省大中小学思政课一体化建设工作，辽宁省高校思想政治理论教育研究会、教育部大中小学思政课一体化共同体（辽宁省）面向全省各学校思政课教师开展了"大中小学思政课一体化建设"专题教学设计案例征集活动。

　　本次活动设立了九个专题，分别为坚持党的领导、传承中华优秀传统文化、弘扬时代精神、增强制度自信、铸牢中华民族共同体意识、法治中国建设、践行社会主义核心价值观、共筑国家安全防线、推进生态文明建设，大中小学不同学段思政课教师分别就以上专题融入大中小学思政课一体化设计教学案例。辽宁省高校思想政治理论教育研究会将教学设计案例征集活动中的优秀作品编辑出版，形成了辽宁省"大中小学思政课一体化建设"专题教学设计案例系列丛书。本套丛书按照一体化的思路，专题教学设计案例充分尊重各学段的不同特点，既强调各学段符合学生认知特点和教育规律的明显区分度，又强调循序渐进、螺旋上升的有效衔接度。

　　本套丛书是辽宁省在大中小学思政课一体化建设方面进一步探索与实践的成果，希望可以对广大教师在挖掘思政教育资源，推进大中小学思政课一体化建设等方面起到借鉴作用，为大中小学思政课一体化建设的高质量、内涵式发展作出一定的贡献。

　　由于时间仓促、水平有限，本套丛书中可能存在一些不足，望同行专家及广大读者批评指正。

2024 年 8 月

目 录

CONTENTS

我以一方碧水　高歌绿色生态　　　　　　　　　　丁立娜 / 1

垃圾围城　何去何从　　　　　　　　　　　　　　朱红梅 / 10

走，看花看草去　　　　　　　　　　　　　　　　张　妍 / 21

寻找环保小搭档　　　　　　　　　　　　　　　　曲　徽 / 31

我为家乡做代言　　　　　　　　　　　　　　　　骆晶晶 / 40

锦绣山川景　生态文明情　　　　　　　　　　　　王冰情 / 49

直面发展挑战　守护绿水青山　　　　　　　　　　韩芸哲 / 58

共筑生命家园　有你也有我　　　　　　　　　　　姜　丽 / 69

保护绿水青山　筑起生命家园　　　　　　　　　　孙雪娇 / 78

勇于迎接挑战　建设美丽家园　　　　　　　　　　吴曼榕 / 88

人与自然　　　　　　　　　　　　　　　　　　　郑雅茗 / 102

共绘美丽画卷　共筑生命家园　　　　　　　　　　王玉婷 / 111

人鸟同城·天人共融	夏惠 / 118
共建生态文明 促进和谐发展	金妍 / 131
守住生态文明"底色" 绘就最美中国蓝图	王茜 / 140
生态校园伴我行	高晓玉 / 151
经济社会发展与生态文明建设协调发展	徐帆 / 156
和谐共生 共护家园	吴智敏 / 167
守护绿水青山 共建美丽家园	聂洪秋 / 174
绿水青山就是金山银山 做美丽中国建设的积极践行者	汪云芳 / 188
树立正确生态文明观 坚持人与自然和谐共生	王有良 / 201
牢固树立人与自然和谐共生理念	孙振琳 / 211
守护绿水青山 共建生态文明	李小舟 / 221
共建生态文明 共享绿色未来	赵菲 / 233
美丽中国 你我同行	鲍丽明 / 244
共护绿水青山 共建美丽中国	宋美玉 / 255
美丽中国 我是行动者	王婷婷 刘丽丽 / 262
守护大美漓江 践行习近平生态文明思想	张琳 / 275

后记　　　　　　　　　　　　　　　　　　　　　　　285

我以一方碧水　高歌绿色生态

大连金普新区春蕾小学　丁立娜

一、课程基本信息

主讲课程： 道德与法治

使用教材版本： 人民教育出版社2017年版

教材章节出处：《道德与法治》二年级下册第三单元第九课《小水滴的诉说》

二、教学设计概述

文明生活、绿色生活是现代人的基本人文素养。随着工业化发展，环境危机扑面而来，时代问题刻不容缓。小学低年级阶段是学生思维意识培养的启蒙阶段，因此，从小培养学生的环保意识不仅仅是现代教育，更是现代德育不可忽视的任务。

《小水滴的诉说》是《道德与法治》二年级下册第三单元第九课，符合生态文明这一主题。第三单元以"绿色小卫士"为题，引导学生珍惜身边随处可见的资源，进而关注"绿色与环保"这一时代主题。

本课《小水滴的诉说》承接一年级下册《我和大自然》单元中人与自然的关系视角，以小水滴的心情变化为线索，通过第一人称视角的对话形式与学生面对面讨论，引导学生了解小水滴的弥足珍贵，激发学生爱惜水资源的宝贵情感，同时培养学生节约用水的优秀生活习惯。

学生通过代入小水滴的角色，跟随小水滴的脚步，聆听它的歌唱与遭遇，拉近彼此距离，获得情感共鸣。在彼此心灵的碰撞中深刻理解水不仅仅是一种自然资源，更是生命的源泉、地球的血液，是人与世界相连共生的存在证明。从而打破内心深处人类是地球的主宰的狭隘意识，进一步树立热爱社会、热爱国家的主人翁责任意识，培养珍惜资源、保护环境的社会公德，深明禁止污染、守法用法的法治意识，内化热爱自然、践行绿色生活方式的担当精神。

这也符合《义务教育道德与法治课程标准（2022年版）》以及道德与法治课程设置的理念，以"成长中的我"为原点，将学生不断扩大的生活和交往范围作为建构课程的基础。主张引导儿童"向生活这一儿童经验的重要来源学习"，帮助学生认知自我，学会做人做事。

因此，在小学道德与法治教学中，教师要充分调动学生学习的主动性和积极性，通过"实践—认识—再实践"引导学生进行实践探索，实现学生知、行、意、信、行的转化，促进学生认知、情感、意志和行为等方面的协调发展，从而达到培养学生良好的道德品质和行为习惯，提高课程教学效率的目的。

三、学情分析

二年级阶段还处于学校适应期，学生年龄较小，思想与行为还未成熟，逻辑思维发展也不完善，缺少一定的生活经验与知识储备。在他们的实际生活中，虽常常与水打交道，但大都只知道平时用的水是一拧就有的自来水，喝的水是经过过滤的天然矿泉水，不能具象化地理解地球上的水资源是有限的，地球上的水是很宝贵的，也很少留心水资源目前遭遇的危机与浪费、污染状况。

虽然节约用水一直是学校德育教育的常规内容，但是这一道德意识却很少真正走进学生的内心。因此，我们要借助本课培养学生养成日常节约用水的优秀生活习惯以及保护水资源的公德意识与法律意识，让学生集思广益想想生活中个人节约用水的具体方法，引导学生发现国家和社会在实际生活中创造性节水的做法，渗透从小科学用水、美好生活的理念。

四、教学目标

（一）知识目标

通过小水滴的自述，师生探究与讨论，了解水对于人们生活、生命和地球的重要意义，知道地球上可用的淡水资源非常少，知道水资源目前遭受的危机以及当前水资源被污染和被浪费的情况。理解水是生命之源，是地球的血液，进而了解绿色生活与可持续发展理念，建立环境友好型社会。

（二）情感目标

通过音视频动画学习与思考、体验水的珍贵和来之不易，唤醒珍惜水资源的内在动机，并力所能及地在生活中将节约用水的意识付诸行动。热爱自然，保护环境，人人有责，初步建立用法律保护资源与环境的意识。提升对社会、国家和人类的责任感，增强担当精神与参与能力。

（三）技能目标

通过交流与沟通，了解绿色城市生活中人们对水的创造性应用，创造性地发现在日常生活中珍惜水、节约用水、科学用水的方法，并形成相应美好的生活方式，建立一种新型的人与自然和谐、友好、相互依存的共处关系，形成健全的道德认知与道德情感，发展良好的道德行为。

五、教学重点难点

（一）教学重点

让生活在城市中没有经历过缺水的学生真切体验到水的珍贵和来之不易，引导学生感受到水资源被污染的严重性，使学生初步具备水污染的危机感，保护环境、人人有责的主人翁意识与责任感以及法律意识，初步理解并达成人与自然和谐共生的共识。

（二）教学难点

让低年级的学生了解绿色城市生活中人们对水的创造性应用，创造性地发现在日常生活中珍惜水、节约用水、科学用水的方法，并形成相应美好的生活方式，进一步形成健全的道德认知与道德情感，发展良好的道德行为，助力绿色可持续化发展。

六、教学设计总体思路

本课《小水滴的诉说》借助小水滴的卡通形象与配音，以小水滴"自豪—痛心—欣慰"的心情变化为线索，通过第一人称视角的对话形式与学生面对面讨论。

通过多媒体资源的介绍，让学生代入小水滴的角色，并跟随它的脚步，聆听它的歌唱，感受它小小身躯中大大的能量；播放水污染变化过程视频，让学生对它悲惨遭遇的倾诉具象化；同时实地演示微型实验，并结合生活经验与科学知识普及认识保护它、帮助它的方式。进而引导学生了解小水滴的弥足珍贵，激发学生爱惜水资源的宝贵情感，同时培养学生节约用水的优秀生活习惯。

最后，让学生在本课与小水滴的碰撞中深刻理解水不仅仅是一种自然资源，更是生命的源泉、地球的血液，是人与世界相连共生的存在证明。

七、教学过程

（一）教学流程设计

环节一：我很珍贵

教师活动：创设情境，播放小水滴叮咚的声音，询问学生这是什么声音，引出本课的小主人公。

学生活动：猜测视频播放音，与本课小主人公打招呼。

教师活动：板书课题，张贴与学生打招呼的小水滴贴画。播放地球仪转动动态图，指出蓝色区域都是水覆盖的区域，并引导学生思考生活中哪些情况需要用到水。

学生活动：互动交流：什么时候我们需要水？（口渴喝水；刷牙洗脸、洗澡；打扫卫生；做饭；洗衣服；浇花等）

教师活动：播放地球仪海洋区域逐渐消失的动态图，引导学生思考在生活中有没有缺水的情况，如果缺水，人们会遇到哪些困难呢？

学生活动：互动交流：生活中曾遇到的缺水情况。（学校的饮水机突然坏了，我们没办法打水喝，口渴。家里突然停水了，爸爸妈妈不能正常做饭，也不能洗脸洗澡了。）

教师活动：暂时性的缺水都会给人们的生活带来巨大不便，地球上还有很多长期严重缺水的地方。播放缺水危机视频（龟裂的大地，干枯的河道，枯死的植物，死亡的动物，人们迷茫的眼神，生活没有希望）。询问学生们的感受。

学生活动：情感共鸣：没有水，地球上的一切就不复存在了，也就没有任何美好了。

教师活动：知识拓展：为什么地球从远处看是一颗蔚蓝色的星球，拥有那么庞大的水域，却还缺水呢？播放视频，介绍地球上的水资源。

"虽然地球上70%都被水覆盖，剩下的陆地上也有水的分布，但是很多水，比如海水，是不能使用的。虽然冰雪冰川中留存淡水资源，比如南极与北极，但是也很难开发利用。我们能使用的淡水资源只有万分之一，就像一个装满水的杯子，我们只能倒出一滴，还要给全世界那么多人口分。"

引导学生交流学习体会，体会水之珍贵。

学生活动：交流心得体会：我以前以为地球上有很多水，但是现在不这么觉得了，我们能用的太少了。

教师活动：播放小水滴第一封语音信："亲爱的小朋友们，我是小水滴。经过自己的思考，想必你们已经知道我有多珍贵了吧！我的本事可不止这些呢，现在跟着我一起来看看吧！"

出示课本插图，配以小水滴的诉说。

> 我走过山川，山川绿了；
> 我流进田野，秧苗长了；
> 我经过草原，牛羊笑了；
> 我流进人们的嘴里，大家心里甜了。
> 我是地球的血液，我是生命的源泉。

询问学生：你知道水对于地球上一切生命的重要性吗？

学生活动：交流与表达：地球如果没有水，就不再会有生命了。没有花草，没有虫鸣，没有鸟叫，没有一切，也会没有人类。

设计意图：本环节旨在让学生具象化体会水的珍贵与来之不易，产生节约用水的意识与共鸣。通过播放水滴叮咚的声音创设情境，将学生快速带入本课。然后通过展示动态的地球仪动画、播放水危机视频引发学生思考，体会水对于生产生活的巨大用处以及缺水的不良影响与严重危害，体会水对于一切生命的重要意义。最后拓展知识，解释为什么地球上的水域面积很大，却仍然有那么多地方严重缺水，帮助学生加深水珍贵无比的内在印象，促使学生产生保护水资源的意识。

环节二：我遭遇了不幸

教师活动：张贴贴画《哭泣的小水滴》。这么令人珍惜的小水滴却遭遇了巨大的不幸。

学生活动：打开课本，观察插图，说一说小水滴遭遇的不幸。（人们乱丢垃圾，随意排放污水。人们不节约用水，浪费水资源。）

教师活动：播放小水滴的第二封语音信："亲爱的小朋友们，我最近好难过，好多人欺负我。他们让我变得丑陋无比，我再也回不到原来的样子了。"

学生活动：思考：小水滴还有可能遭遇哪些不幸？在生活中遇到过吗？（有人把塑料袋、纸巾、烟头随意丢进河里，有人在河边倒脏水。）

教师活动：播放水污染视频，直观感受水体污染造成的危害。

"河道里满是垃圾，空气中满是恶臭味，河面上漂浮着臭鱼烂虾。海洋河流再也不是清澈的碧蓝，海洋里的生物越来越少，需要人们救助的动植物越来越多，它们的身上缠有钢丝，它们的胃里有塑料垃圾。"

引发学生讨论。

学生活动：交流观看感受，讨论水污染对人类及地球的影响。（他们太没有道德了！这样下去，人们自己也会死的！）

教师活动：水污染微型实验。准备一杯干净能喝的水，倒入墨汁。发问：这杯水现在还能喝吗？还能做饭洗菜吗？再倒入吃完了的小食品垃圾袋，里面满是食物残渣与油污。再次发问：这杯水还能用吗？还能养小鱼小虾吗？

激发学生对水资源的主人翁保护意识。

学生活动：观察杯子里水的变化，直观感受水污染，并回答问题，表达想法。（太可惜了！太让人难过了！好好的水就被人们破坏了！）

教师活动：简介《中华人民共和国水污染防治法》，帮助学生建立环境保护、禁止污染的守法用法意识。

学生活动：了解国家防治水污染的法律措施。

设计意图：本环节通过让学生观察课本插图、观看水污染视频、简易演示水污染过程，让学生直观感受水体被污染后产生的一系列蝴蝶效应，深切明白水是一切生命之源，珍惜水资源、保护水资源要靠每一个人的努力，要从日常生活开始，从身边的小事做起，养成节约用水、科学用水的习惯。

环节三：快来帮帮我吧

教师活动：张贴贴画《喜笑颜开的小水滴》。

播放小水滴的第三封语音信："亲爱的小朋友们，好久不见了！大家看，我是不是发生了很大的变化？我能重回原来的自己，真的要感谢我的好朋友们的帮助。他们为了保护我不受伤害，让我变得更好，做了好多事情。下面，请跟我一起去看看吧！"

学生活动：打开课本，观察插图，说一说人们用了哪些方法保护小水滴。（洗手时，不要总开着水龙头。洗水果的水用盆子接住，还可以再用。用过的水还可以冲厕所。）

教师活动：联系生活，头脑风暴：还有哪些行为会让小水滴重新喜欢上我们？

学生活动：交流良好用水习惯。（要及时关闭水龙头。洗脸、洗脚以及洗菜的水可以存着再利用，比如冲厕所、拖地等。）

教师活动：在我们日常生活中，可以把水进行循环利用。那么，大自然的水是不是也可以呢？播放海绵城市的视频。

"把城市建设成一块巨大的海绵，通过森林、绿地、河湖、雨水花园等渗透、储存、净化、回用。"

教师活动：微型实验——污水变清。利用活性炭、过滤布、细纱、粗纱等材料，现场制作简易净水小装置，让学生感受污水净化的神奇过程。

引导学生认识清水变脏是很容易的，但是脏水变干净却很复杂。进一步激发学生节水惜水的内在动机。

学生活动：观看视频与实验，用自己的话讲述原理。

通过本次课的学习，发自内心爱护水资源，维护水环境。

设计意图：本环节借助书中插图、播放海绵城市科普视频，同时实地演示微型实验，让学生结合生活经验与吸收科学知识的同时激发出探寻节水的小妙招，认识到保护小水滴、帮助小水滴的正确方式，养成节约用水的好习惯，培养感恩自然、热爱自然、维护自然之情，从内心深处认同人与世界休戚与共、和谐共生的理念。

（二）课堂小结

水是生命的源泉。从宇宙看，我们生活的地球就是一个巨大的蓝色水球，而且地球上最早的生命就是诞生在海洋里。直到现在，水仍然是生命存在的首要条件。

可是，地球上可以让庞大人类群体使用的淡水资源实在是太少了，现今水污染又很严重，看似不缺水的地球其实正在面临巨大的缺水危机！希望本节课过后，我们没有体验过缺水之苦的孩子们能真正理解水的重要性，在生活中真正做到节约用水，保护水资源！

（三）板书设计

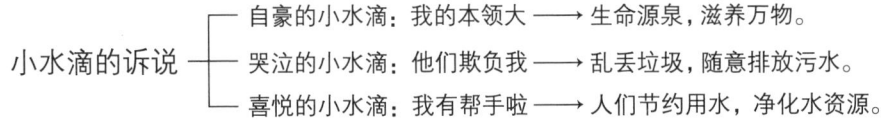

（四）作业设计

请你制作一张美丽的明信片，向小水滴表达你此刻的真心，并和它交个朋友吧！

（五）参考资料

1.中华人民共和国教育部：《义务教育道德与法治课程标准（2022年版）》，北京师范大学出版社，2022年。

2.人民教育出版社课程教材研究所、小学德育课程教材研究开发中心：《义务教育教科书　教师教学用书　道德与法治　二年级下册》，人民教育出版社，2018年。

3.义务教育道德与法治课程标准修订组：《义务教育道德与法治课程标准（2022年版）解读》，高等教育出版社，2022年。

4.《全球水危机持续：儿童是最大受害者》，https://haokan.baidu.com/v?vid=8691795930366369247.

5.《地理资源所：地球上的水》，https://v.qq.com/x/cover/mzc00200blxhatu/a0969opfsa9.html.

6.《给孩子的科普视频：水污染》，https://haokan.baidu.com/v?vid=2608581210097707111.

7.《中国科学技术馆之云端科学课｜第210期：认识海绵城市》，https://haokan.baidu.com/v?vid=16629964585685237971.

八、教学总结与反思

本课《小水滴的诉说》借助小水滴的卡通形象与配音，以小水滴"自豪—哭泣—喜悦"的表情变化以及"我的本领大—他们欺负我—我有帮手啦"心情日记为线索，激发学生的好奇心，吸引学生的注意力，启发他们的思考与求知欲。

学生在多媒体设备的借助下，通过科普宣传和微型实验了解了水资源的宝贵与巨大用处、目前面临的缺水危机与水污染现状，以及防治水污染、保护水源、节约用水的方法。

在本课，学生积累了知识，拓展了视野，进一步树立了热爱社会、热爱国家的主人翁责任意识，培养珍惜资源、保护环境的社会公德，深明禁止污染、守法用法的法治意识，内化热爱自然、践行绿色生活方式的担当精神。

垃圾围城　何去何从

沈阳市沈河区朝阳街第一小学　朱红梅

一、课程基本信息

主讲课程： 道德与法治

使用教材版本： 人民教育出版社2019年版

教材章节出处：《道德与法治》四年级上册第四单元第十一课《变废为宝有妙招》

二、教学设计概述

（一）教学背景

在《道德与法治》教材中，环境保护问题不仅是一个科技上的问题，更是一个生活方式的问题。环保教育的内容在教材的各个年段都有体现。环境是人类赖以生存和发展的基本条件，环境污染问题日益严重，已经威胁到人类的生存和发展。学生对环境污染的了解只是在感知层面，大概知道我们的环境遭受了污染，如大气污染、江河污染等，但对我们身边随处可见的白色污染和垃圾暴增的现状以及它们给环境带来的严重危害却没有具体的认识，对垃圾与资源的关系也不了解；他们对气候发生变化有点儿感受，也知道全球变暖会对环境有影响，但具体有哪些影响不是很清楚；对环境污染、气候变暖与我们的哪些日常生活方式有关也不了解。为了提高学生的环保意识，帮助他们了解垃圾问题的严重性，并学会正确处理垃圾，特设计《暴增的垃圾》这一教学课程。

（二）教材分析

《暴增的垃圾》是《道德与法治》四年级上册第四单元第十一课《变废为宝有妙招》的第一课时。本单元承接低年级"认识并懂得节约日常生活中的各种资源，有保护环境意识，学习有创意生活"教学目标，进一步培养学生绿色生活的意识和绿色的生活方式。本单元从"白色污染"问题引入，旨在引导学生通过对周围环境污染问题的关注和探究，了解周围环境污染的现状及其危害，增强环保意识；通过探究垃圾暴增的现状及危害，认识垃圾是放错位置的资源，在生活中践行变废为宝；在不断的反思中学会过低碳生活、绿色生活。

（三）课标要求

1.核心素养。本单元涉及的核心素养有道德修养和责任意识。其中，具体涉及道德修养这一核心素养中的社会公德，即"保护环境为主要内容的道德要求，做社会的好公民"，责任意识这一核心素养中的担当精神，即"热爱自然，践行绿色生活方式"。

2.学段目标。本课体现了道德修养这一核心素养中的"初步养成健康的生活习惯"；体现责任意识这一核心素养中的"热爱自然，了解自然是我们生活的共同家园，懂得保护环境、节约资源"。

3.学习主题。本课涉及课标中对应的第二学段中的道德教育和国情教育。其中，涉及道德教育主题中"学习环境保护的基本常识，增强环境保护意识"，国情教育主题中"初步树立生态文明意识，领悟'绿水青山就是金山银山'的道理"。

三、学情分析

（一）学生背景与知识储备

本次教学的对象主要是小学四年级的学生。在这个年龄段，学生们已经具备了一定的观察、理解和感知能力，能够对外界事物进行初步的分析和判断。然而，由于他们的生活经验和社会阅历相对有限，对于垃圾暴增的现状及其危害的认识还不够全面和深刻。同时，学生们对垃圾和资源两者之间的联系也缺乏深入的理解和体会。

（二）学习风格与兴趣点

小学四年级的学生好奇心强，喜欢探索新鲜事物，对于与生活息息相关的话题有着浓厚的兴趣。在垃圾问题上，他们可能对一些具体的垃圾处理方式感到好奇，同时也可能对一些垃圾污染的实例和后果感到惊讶和担忧。因此，在教学过程中，我们可以结合学生的这些兴趣点，通过生动的案例和有趣的互动活动来激发学生的学习兴趣和积极性。

（三）学习难点与挑战

对于小学四年级的学生来说，理解垃圾问题的复杂性和严重性可能是一个挑战。他们可能难以想象垃圾对生态环境和人类健康的长期影响，也难以理解垃圾分类和资源回收的重要性。此外，由于学生的知识储备和学习能力有限，他们在认识可回收垃圾的途径上也可能存在一定的困难。

综上所述，通过对小学四年级学生的学情分析，我们可以更好地了解他们的学习需求和挑战，从而制定更加有效的教学策略和方案，帮助他们更好地理解和应对垃圾问题。

四、教学目标

1. 了解家庭、学校、社区垃圾暴增的现状，并尝试分析原因。
2. 认识垃圾处置不当对环境产生的危害。
3. 知道垃圾当中有些是可回收再利用的资源。

五、教学重点难点

（一）教学重点

在探究活动中具体认识垃圾暴增的现状及其给环境造成的危害，同时意识到不充分利用废弃物也是对资源的一种浪费。

（二）教学难点

意识到不充分利用废弃物也是对资源的一种浪费。

六、教学设计总体思路

（一）问题导入与激发兴趣

通过展示垃圾暴增的现状，引发学生对垃圾问题的关注和思考。可以通过提问的方式，引导思考垃圾的来源、种类以及对环境和人类生活的影响，从而激发学习兴趣和探究欲望。

（二）知识讲解与案例分析

认识可回收物标志，了解垃圾的处理方法以及垃圾处理过程中可能产生的环境问题。可以通过讲解、演示和案例分析相结合的方式，更加深入地了解垃圾处理的相关知识。同时，可以引入一些成功的垃圾处理案例，了解先进技术和方法在垃圾处理中的应用和效果。

（三）实践探究与合作学习

在学生对垃圾处理有了一定了解的基础上，组织他们进行实践探究活动。可以通过小组合作的方式，调查自己所在社区或学校的垃圾产生和处理情况，分析存在的问题并提出改进措施。通过实践探究，不仅可以培养观察力、分析力和解决问题的能力，还可以增强环保意识和责任感。

（四）总结提升与拓展延伸

对本次教学活动进行总结，强调垃圾处理的重要性和紧迫性，将所学知识应用到实际生活中。同时，可以拓展延伸一些相关的环保知识和活动，并积极参与环保行动，为保护环境贡献自己的力量。

七、教学过程

（一）教学流程设计

环节一：导入新课

教师活动：1.出示：请大家看这张照片（一张堆满快递包装盒的图片），说说这是什么。

学生活动：回答：快递包装盒。

教师活动：2.提问：你们家是不是也经常收到快递？现在，网购已经逐渐成为我们的消费习惯，而快递垃圾成了一个日趋严重的问题，快递包装不仅是一种资源的浪费，处理不当还会严重影响我们的生活环境。我们生活的空间正在被大量的垃圾所包围，你有什么感受？

学生活动：表示赞同。自由发言，表达自己的观点和感受。

教师活动：3.引题：逐年增加的快递垃圾对环境造成了污染，形成了严重的资源浪费。除了快递垃圾之外，你还见过哪些垃圾？这些垃圾如何处置呢？今天老师就带着大家探究"垃圾"。

学生活动：回答见过的垃圾。

设计意图：激发学生的好奇心和探究欲，为接下来的学习做好铺垫。

环节二：新课讲解——各种垃圾我认识

教师活动：

1.出示：展示各种垃圾的图片，包括生活垃圾、工业垃圾、医疗垃圾、建筑垃圾等。

2.提问：你们在生活中见过这些垃圾吗？知道它们是怎么产生的吗？

学生活动：介绍生活中见过的垃圾，并根据自己的生活经验分析产生的原因。

教师活动：3.提问：我们都吃五谷杂粮，难免会生病，你们了解吗？在我们的生活中会产生许许多多的医疗垃圾，通过大家的预习，一起分享一下你们所见过的医疗垃圾。

学生活动：分享见过的医疗垃圾。

教师活动：

4.整理：医疗垃圾又称医疗废物，是指接触了患者，由医院生产出的污染性垃圾，如使用过的棉球、纱布、胶布、废水、一次性医疗器具、手术后的废弃品、过期的药品等。

医疗垃圾具有空间污染、急性传染和潜伏性传染等特征，如果处理不当，不仅会对环境造成严重污染，也可能成为疫病流行的源头。所以尽量不要触碰医疗垃圾，如果不小心接触到，也要马上洗手，防止病菌交叉感染。

5.提问：现在我们都住在宽敞、明亮、洁净、温馨的家里。你们知道这些房屋楼宇建成前是什么样子的？

你们见过这样的垃圾吗？

6.追问：你们知道这些垃圾是怎么来的吗？

学生活动：预设：建筑垃圾。

教师活动：

7.整理：这些建筑垃圾，是在建设、施工过程中产生的渣土、弃土、弃料、淤泥及其他废弃物。

8.提问：你们去过工厂吗？根据你的了解，在工厂中又会产生哪些垃圾呢？

学生活动：回答工厂会产生的工业垃圾。

教师活动：

9.整理：工业垃圾一般是指工厂在生产过程中所排出的固体废弃物。例如活性炭渣、废型砂等，还有一些硅酸钠等化学危险品。生活中随处都有各种各样的垃圾。（板书：垃圾）

10.过渡：如今电子产品日益丰富，产生的废旧电池非常容易被无视。如果得不到合理的处理，将是危害我们生存环境的一大杀手。

11.阅读：请阅读教材82页"知识窗"，说一说小小电池为什么会是危害我们生存环境的一大杀手？

学生活动：预设：电池寿命约100年。

教师活动：

12.补充：废弃在自然界，电池中的汞会慢慢从电池中溢出来，进入土壤或水源，再通过农作物进入人体，损伤人的肾脏。在微生物的作用下，无机汞可以转化成甲基汞，聚集在鱼类的身体里，人食用了这种鱼后，甲基汞会进入人的大脑细胞，使人的神经系统受到严重破坏，重者会发疯致死。

有报道称，一节一号电池烂在地里，能使1平方米的土壤永久失去利用价值；一粒纽扣电池可使600吨水受到污染，相当于一个人一生的饮水量。

13.思考：你们认为，废旧电池能随便扔进垃圾桶吗？

学生活动：预设：不能。

教师活动：14.追问：你们认为，废旧电池应该怎样处理呢？

学生活动：预设：投放到指定地点。

教师活动：15.提问：还有哪些垃圾像电池一样有超长寿命呢？

学生活动：

预设1：混合废塑料寿命约30万年；

预设2：玻璃瓶及玻璃制品寿命约100万年。

教师活动：16.小结：垃圾拥有如此长的寿命，如果没有得到妥善处置，可能给人类带来深远的、难以想象的灾难。

设计意图：通过系统的讲解，全面了解垃圾问题，认识到垃圾问题的严重性和紧迫性。

环节三：活动探究——垃圾危害我知道

教师活动：

1.组织交流：随着人们生活条件和生活质量的逐渐提升，人们产生的废弃物也变得越来越多。课前老师让大家做了调查，了解你家每天会产生多少垃圾。请同桌之间先进行交流，然后再向全班分享你们的调查结果。

2.安排汇报。

学生活动：同桌交流，然后汇报。

教师活动：3.统计：接下来，我们来算一算家庭垃圾的产生量。

学生活动：预设：学生计算。

教师活动：4.交流：算到这儿，你有什么感受？

学生活动：预设：学生根据计算的数据谈自己的感受。

教师活动：5.补充：根据数据统计，2020年北京市家庭厨余垃圾日均分出量达到3946吨。而每天产生的这些厨余垃圾需要用50间教室堆放。这仅仅是产生的家庭厨余垃圾，看起来每个人、每个家庭制造的垃圾很少，但是整个社区、整个城市、整个国家的垃圾就是一个庞大的数据，可见垃圾产生量的巨大，垃圾挤占着我们珍贵的生存空间。（板书：挤占生存空间）

学生活动：预设：露出了惊讶的表情，觉得很不可思议。

教师活动：6.出示：我们再来看看近几年我国生活垃圾产生量情况。从这个图中，你看出了什么？

学生活动：

预设1：垃圾一年比一年多。

预设2：垃圾占据了我们生活的地方。

预设3：到处是垃圾，没有绿色的生态环境了。

教师活动：7.思考：我国的垃圾逐年暴增，如果继续这样下去，五年后、十年后呢？请观察教材81页的图，当你看到这些随意抛弃垃圾、堆放生活垃圾的情况，你有什么感受？（板书：暴增的垃圾）

学生活动：预设：学生在小组内各自谈自己的看法。

教师活动：

8.小结：美丽的地球是我们唯一的家园，可是，无处不在的垃圾正在挤占我们的生存空间。我们要重视垃圾问题，从生活中的细节做起，保护环境，减少垃圾。

9.组织小组讨论：暴增的垃圾正在挤占我们珍贵的生存空间。你知道垃圾的危害还有哪些吗？请以小组为单位，进行探讨研究。

10.安排汇报。

学生活动：汇报回答。

教师活动：

11.整理：垃圾不仅污染生态环境，对地下水、土壤、空气造成严重污染，还会影响动植物生长，从而危害人类健康。（板书：污染生态环境、影响动植物生长、危害人类健康）

12.案例：请同学观看以下案例。你最想说什么？

（1）鸡西市某热力公司超标排放大气污染案例。

（2）牡丹江某热电公司废水排入渗坑案例。

学生活动：谈自己内心的真实感受。

预设：1.保护大气环境。2.保护水资源。

教师活动：

13.小结：国家对保护环境也越来越重视，把生态文明纳入社会主义现代化建设的总体布局。我们每个人都应该发挥自己的力量，为保护环境尽一份力。

14.提问：同学们，你们平常喝过牛奶之后的奶盒是怎么处理的？

学生活动：预设：直接扔到垃圾箱里。

教师活动：15.补充：上海世博会活动场馆的座椅是用废弃的奶盒制成的。不仅如此，奶盒还可以被这样利用，如图。看到奶盒的利用，你有什么感悟？

学生活动：预设：对奶盒"变废为宝"赞叹与惊讶。

教师活动：

16.整理：奶盒从垃圾变成了资源，垃圾放对地方就是资源。很多废弃物都是可再利用的珍贵资源。说到回收利用，你知道可回收利用的标志吗？

17.补充：可回收标志表示该物品适宜回收和资源再利用。很多生产厂商的包装都是采用可回收材料，并配以可回收标志。只需我们细心观察就能发现。请你们判别教材83页哪些是可回收利用的资源，在下面画上√。

学生活动：认识可回收标志。

设计意图：通过实践活动，培养社会实践能力，加深对垃圾问题的认识，并激发参与环保行动的积极性。

环节四：回顾总结

教师活动：1.回顾：同学们，通过这节课的学习，你有什么收获？

学生活动：

预设1：知道了垃圾的种类。

预设2：知道了垃圾的危害。

教师活动：2.总结：暴增的垃圾是一个严峻的环境问题，它污染了我们的土壤、水源和空气，破坏了生态平衡，对人类和其他生物的生存造成了威胁。因此，需要我们共同努力培养环保意识和实践能力，为构建美丽中国贡献力量。

设计意图：通过全课总结培养环保意识，并将所学应用到日常生活中。

（二）课堂小结

教师总结本节课的主要内容，强调垃圾分类和环保的重要性，鼓励学生将所学知识应用到日常生活中,为保护环境贡献自己的力量。

(三)板书设计

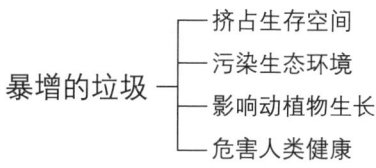

(四)作业设计

1.学生回家后进行家庭垃圾分类的实践,并记录下自己的体会和感受,为下节课的学习做好铺垫。

2.鼓励学生参与学校的环保活动或社区服务,将环保意识付诸行动。

通过以上作业安排,可以全面了解暴增的垃圾问题,认识到垃圾对环境和生活的危害,掌握可回收垃圾识别的方法和技巧,从而树立环保意识并积极参与环保行动。

(五)参考资料

1.人民教育出版社课程教材研究所、小学德育课程教材研究开发中心:《义务教育教科书　教师教学用书　道德与法治　四年级上册》,人民教育出版社,2019年。

2.中华人民共和国教育部:《义务教育道德与法治课程标准(2022年版)》,北京师范大学出版社,2022年。

3.李晓东、胡玲主编:《新版课程标准解析与教学指导　小学道德与法治》,北京师范大学出版社,2022年。

4.义务教育道德与法治课程标准修订组:《义务教育道德与法治课程标准(2022年版)解读》,高等教育出版社,2022年。

八、教学总结与反思

(一)教学总结

本次"暴增的垃圾"教学活动,我主要围绕垃圾的产生、危害以及如何处理等方面进行了深入的讲解和讨论。通过一系列的教学活动,学生们对垃圾问题有了更加全面和深刻的认识,也提出了许多富有创意的解决方案。

在教学中，我注重引导学生从身边的实际问题出发，通过观察、调查和思考，了解垃圾暴增的现状及其带来的危害。我利用多媒体资料，生动展示了垃圾填埋场、焚烧厂等场景，让学生们深刻感受到垃圾问题的严重性。

同时，我也注重培养学生的环保意识和行动能力。我引导学生思考如何减少垃圾的产生、如何分类回收垃圾、如何变废为宝等问题，并鼓励他们提出自己的解决方案。学生们积极参与讨论，提出了许多富有创意的想法，如制作手工艺品、开展垃圾分类游戏等。

此外，我还注重培养学生的团队合作能力。我组织学生们进行小组合作，共同制定一份垃圾处理方案，并让他们在课堂上进行展示和讲解。这不仅锻炼了学生们的团队合作能力，也让他们更加深入地了解了垃圾处理的相关知识。

（二）教学反思

本次教学活动取得了一定的成效，但我也发现了一些需要改进的地方。

首先，在教学内容方面，我可能需要进一步拓展和深化。虽然我已经介绍了垃圾的产生、危害和处理方法，但还可以加入更多关于垃圾减量、资源回收等方面的内容，让学生更全面地了解垃圾问题。

其次，在教学方法上，我可以更加注重学生的参与和体验。例如，可以设计更多的互动环节，让学生更积极地参与到教学中来；或者可以安排一些实地考察活动，让学生亲自去垃圾处理厂等地参观学习，从而更直观地了解垃圾处理的过程和难度。

最后，我也需要更加注重培养学生的长期环保意识。环保不仅仅是一堂课或一次活动的事情，而是一个需要长期坚持的过程。我需要在今后的教学中，加强对学生环保行为的督促和指导，帮助他们养成良好的环保习惯。

总之，通过本次"暴增的垃圾"教学活动，学生们对垃圾问题有了更深入的了解和认识，也提出了许多有价值的想法和建议。我也从中得到了很多启示和反思，为今后的教学提供了宝贵的经验和借鉴。

走，看花看草去

沈阳市沈北新区蒲松路小学　张　妍

一、课程基本信息

主讲课程： 道德与法治

使用教材版本： 人民教育出版社2016年版

教材章节出处：《道德与法治》一年级下册第二单元第六课《花儿草儿真美丽》

二、教学设计概述

本课位于《道德与法治》一年级下册第二单元，本单元聚焦"我和大自然"这一主题，主要依据《义务教育道德与法治课程标准（2022年版）》总目标："敬畏自然，保护环境，形成人与自然生命共同体的意识。"落实核心素养责任意识第一学段"亲近自然，爱护动植物"和健全人格第一学段"能够表达自己的感受，学习倾听他人的意见"内容。第六课《花儿草儿真美丽》承接前一课中亲近大自然、喜欢在大自然中活动、感受自然的神奇与变化的基调，又指向环保意识的提升，同时蕴含了生命教育的元素，引导学生认识到，即使是弱小的植物也与自己一样拥有生命，与人类一起在地球上同生共长。《走，看花看草去》是第一课时的内容，标题富有感染力，引领学生走入大自然，欣赏大自然的美，培养学生的观察能力，并用自己的方式去记录植物生命形态的美丽，学会与自然中的美好生命共同成长。

本节课引领学生走入大自然，欣赏大自然的美，培养学生的观察能力，并用自己的方式去记录植物生命形态的美丽，学会与自然中的美好生命共同成长。在教学设计方面体现了以下特点：

第一，教学设计体现了学科课程的"活动性"。本课程超越单一的书本知识的传递和接受，以活动为教和学的基本形式。课程的呈现形态主要是儿童直接参与的各种主题活动、游戏或其他实践活动；课程目标主要通过儿童在教师指导下的活动过程中的体验、感悟和主动建构来实现。课前教师布置学生走出教室，走进校园，仔细观察身边的植物，看看谁有新的发现。让"走，看花看草去"的教学落在了实处。

第二，教学设计尊重学生的主体地位，激活学生的情感体验。老师从孩子们熟悉的花草树木入手，帮助孩子们进一步认识并熟悉自己身边的花草树木，发现我们的周围有这么多的花花草草。活动设计贴近学生的生活实际，以学生主动观察、讨论、得出结论为主，鼓励学生参加小组讨论并积极阐述自己的观点，培养学生的合作能力和探究能力，极大地促进了学生的自信心和正义感。

三、学情分析

小学一年级的孩子处在具体形象思维阶段，他们的生活经验和知识积累尚浅，对事物的概念还停留在具体形象上。学生对花草树木的认知多在表面上的感性认识，真正仔细观察、认真探究的不多。他们喜欢花草的美，却未必懂得呵护花草。另外，他们虽然愿意亲近大自然，同自然界有共在感，但真正通过自身劳动来绿化家园的少之又少。本课以多种活动形式，激发学生对植物的兴趣，让他们"亲近自然，喜欢在大自然中活动，感受自然的美"。在欣赏美丽花草的同时，启发他们从"好奇"走向"喜欢提问和探寻问题的答案"，培养观察能力和实践能力。引导学生懂得爱护植物，节约资源，为保护环境做力所能及的事，过健康、安全的生活。

四、教学目标

根据《义务教育道德与法治课程标准（2022年版）》所确立的阶段目标，以及一年级学生的心理、年龄和认知特点，本课时目标定位为：

（一）知识与技能

1.通过认识植物来欣赏大自然的美，亲近大自然，知道花草也是有生命的，了解并爱护花儿草儿这样的小生命。

2.通过认识植物了解花儿草儿的生命活动，培养独立观察、得出结论的能力。

（二）情感与态度

1.对自然界有好奇心、共在感，乐于探索。

2.喜欢和同学在一起观察讨论，与同学友好相处。

3.喜欢花草树木，能够保护花草树木，有爱护环境、增强环保意识。

（三）行为与习惯

1.养成喜欢观察、努力探究的良好行为习惯。

2.能够表达自己的感受，学习倾听他人的意见。

（四）过程与方法

根据教材提供的素材确立活动主题，激发探究花草秘密的兴趣。

五、教学重点难点

（一）教学重点

根据道德与法治课程标准和新教材的特点，我把理论与学生实际生活联系起来，作为学生识记与理解的目标，引导学生收集资料。同时，将激发学生的环保意识作为本课的情感、态度与价值观目标。考虑到一年级学生的知识基础、认知水平和接受能力，我将"爱护环境、增强环保意识"作为重点，让学生的认识有一个质的飞跃。

1.有爱护环境、增强环保意识。

2.培养独立观察、得出结论的能力。

3.通过认识植物来欣赏大自然的美，亲近大自然，知道花草也是有生命的，了解并爱护花儿草儿这样的小生命。

（二）教学难点

1.培养独立观察、得出结论的能力。

2.激发学生感受植物生命的美丽与奇妙，对自然界有好奇心、共在感，乐于探索。

六、教学设计总体思路

本节课是第一课时的内容，引领学生走入大自然，欣赏大自然的美，培养学生的观察能力，并用自己的方式去记录植物生命形态的美丽，学会与自然中的美好生命共同成长。

古诗词竞猜激发学生的学习兴趣，自然导入新课的同时，很好地实现了与语文学科的跨学科融合。通过运用信息化手段开展看图识花草活动，旨在让学生多角度、多方面认识花草树木，引导学生亲近大自然，对自然界有好奇心，乐于探索大自然；学生欣赏春天万物生长的视频，感受大自然的勃勃生机，激发学生感受植物生命的美丽与奇妙，对自然界有好奇心、共在感，乐于探索。结尾处通过"习声回响"这个环节让学生初步建立生态文明意识，起到画龙点睛的作用。

七、教学过程

（一）教学流程设计

环节一：诗词竞猜，导入新课

教师活动：导入：欢迎同学们来到今天的道德与法治课堂，让我们先来玩一个读古诗猜植物的小游戏。请猜一猜：下面的古诗词描写的是什么植物？

学生活动：积极参加诗词竞猜游戏活动。

教师活动：出示古诗词1：野火烧不尽，春风吹又生。

学生活动：

预设1：我知道"野火烧不尽，春风吹又生"说的是小草。小草的根往土里钻，它的芽往上面挺，就算环境再艰苦，也会想办法让自己生存下去。

预设2：古人用"野火烧不尽，春风吹又生"来形容小草顽强的生命力。当春风吹遍辽阔的大地，小草会绿遍天涯海角。

教师活动：出示古诗词2：不知细叶谁裁出，二月春风似剪刀。

学生活动：预设："不知细叶谁裁出，二月春风似剪刀"赞美的是柳树，表达了诗人对春天的无限热爱。

教师活动：出示古诗词3：遥知不是雪，为有暗香来。

学生活动：

预设1："遥知不是雪，为有暗香来"描写的是梅花。梅花是中国十大名花之首，与兰花、竹子、菊花一起被称为"四君子"。

预设2："遥知不是雪，为有暗香来"描写的是梅花。在漫天遍野的大雪中，只有梅花傲然挺立着。

教师活动：小结：同学们的知识储备真多！今天请大家走进大自然，学习第六课《花儿草儿真美丽》，让我们一起去看花看草，认识这些新朋友。（出示课题）

设计意图：首先以古诗词竞猜激发学生的学习兴趣，再让学生欣赏大自然中的花草树木，旨在唤起学生已有的记忆，自然导入新课的同时，很好地实现了与语文学科的跨学科融合。

环节二：交流分享，发现生命

◎活动一：发现花草树木——小组分享发现花草

教师活动：地球是我们的家园，它是目前我们所知道的宇宙中唯一有生命的星球。在这个美丽的星球上，生活着许许多多的植物。在我们的身边，植物无处不在。同学们，课前老师布置了任务：到校园、小区、街道、公园、山村、田野等地方去寻找植物，了解它们的名字和特点，把观察到的情况用自己喜欢的方式记录下来。下面，请同学们小组内交流分享观察到的内容，请注意分享要求。

出示活动要求：1.会表达；2.有发现；3.乐分享。

学生活动：小组内交流分享课前观察到的内容。小组活动时遵守出示的活动要求。

教师活动：学生小组内分享课前收获时，教师巡视。

学生活动：小组活动。小组内讲一讲在哪里见过什么花草树木，它们有什么特点。

教师活动：下面，请同学们进行汇报。汇报时可以这样介绍：我最喜欢的花是……，我见到的一种草是……

（学生汇报时，老师可以伺机追问：你为什么喜欢它呢？渗透不同植物的特点以及对植物的喜爱之情。）

学生活动：学生汇报。

预设1：我在郊外农田里，见过大片大片的油菜花。它们撑着一把把金黄色的小伞，漂亮极了。

预设2：我在小区花坛里，见过串红。串红开的花红艳艳的，花期可以持续好几个月。

……

教师活动：小结：同学们用眼睛看，用鼻子闻，用手摸……观察得很仔细，也描述了花草树木的颜色、味道等特点，老师给大家一个大大的赞。

◎活动二：看图识花草——植物观察员

教师活动：接下来，我们进行植物观察员大比拼。如果你认识它们，请大声说出它们的名字。

学生活动：仔细观察植物，进行植物观察员大比拼。

教师活动：你是怎么认识这些植物的？请分享你的学习方法。

学生活动：分享学习方法。

预设1：看书。

预设2：看电视。

预设3：询问长辈。

◎活动三：感知生命力

教师活动：刚才我们欣赏了植物带给我们的静态美，下面，请大家共同领略它动态的生长过程。同学们仔细观察，看看这些美丽的花草树木，是怎样生根发芽的呢？

播放视频：课件播放春天万物生长的视频（感受大自然的勃勃生机）。

学生活动：观看视频，感受大自然的勃勃生机。

教师活动：追问：你觉得花草世界怎么样？

学生活动：回答问题。

预设1：美丽。

预设2：神奇。

预设3：有生命力。

教师活动：板书：美丽、神奇、有生命力。

小结：小花、小草、小树在阳光雨露的滋养下，努力地生根、发芽、开花、结果。花草也是有生命的，我们要爱护它们。

板书：爱护。

◎活动四：儿歌赞花草

教师活动：植物的生命真是神奇、美妙！有人把这些充满奥秘的生命写进了一首小诗，请同学们打开课本，翻到22页，轻声读儿歌，献给这些可爱的小生命吧！

学生活动：打开课本，齐读儿歌。

设计意图：在发现花草树木活动中，课前学习单的设置是促使学生有目的地去观察，观察后记下自己的独特经验和独特感受。设计分享课前收获的目的，一是了解课前任务完成情况，二是引导学生欣赏大自然的美，亲近大自然。此环节尽量多让孩子们汇报，给更多的孩子展示锻炼的机会。看图识花草活动，旨在让学生多角度、多方面认识花草树木，引导学生亲近大自然，对自然界有好奇心，乐于探索大自然。在感知生命力活动中，学生欣赏春天万物生长的视频，感受大自然的勃勃生机，激发学生感受植物生命的美丽与奇妙，对自然界有好奇心、共在感，乐于探索。儿歌赞花草活动，再次感叹美丽而神秘的植物世界，为每一个生命的奇迹而赞叹。

环节三：联系生活，亲近自然

教师活动：花草树木不仅美丽、神奇、有生命力，它们还有许多我们想不到的本领呢！哪位同学课前搜集这方面信息了，给大家介绍一下吧。

学生活动：自由发言，介绍花草树木的本领，老师随机补充。

预设1：夜来香，夏天用来驱蚊子，可灵啦。

预设2：芦荟可以食用，能够净化空气，还能用来美容、护发。

……

教师活动：小结：植物的本领真不小！同学们以后要多去大自然里走一走，去看花看草看树，去亲近它们，去享受更大的美丽的植物世界。

设计意图：梳理总结，体验收获与成功的喜悦，内化提升学生的认识与情感。为了让胆怯与不自信的学生也参与到活动中来，本环节的交流很好地避开了说教模式，开放的话题能够激发每一个学生交流的欲望，表达他们的观察与发现。教学过程强调尊重学生自己的真实感受，珍视学生独特的经验与体悟。

环节四：升华主题，热爱生命

教师活动：花儿草儿对你说……

同学们分享学习了这么多花草树木的知识，下面把自己最想对美丽、神奇、有生命力的花儿草儿说的话写在温馨花语卡上。

学生活动：把自己最想对美丽、神奇、有生命力的花儿草儿说的话写在温馨花语卡上。

教师活动：爱尔兰作家萧伯纳说过：你有一个苹果，我有一个苹果，我们彼此交换，每人还是一个苹果；你有一种思想，我有一种思想，我们彼此交换，每人可拥有两种思想，或不止于两种思想。萧伯纳的话启示我们：要学会分享。我们来分享温馨花语卡。

学生活动：随堂展示分享温馨花语卡。

教师活动：播放视频：《习声回响》。

生命是美好的，花儿草儿是自然界最美丽的生命形态，和我们人类一样，在这个地球上共生共长，我们要爱护花草，尊重生命，与自然和谐相处。正像习近平总书记说的那样，绿水青山就是金山银山。

学生活动：观看视频，初步建立生态文明意识。

设计意图：温馨花语卡的设计让学生将课堂所学延伸到日常生活中，有利于落实行为实践，"习声回响"这个环节让学生初步建立生态文明意识。

（二）课堂小结

花草树木也有生命，可以让我们生活的家园越来越美丽，所以我们每一个人都应该去爱护它们，保护它们。建设生态文明，功在当代，利在千秋。希望同学们行动起来，呼吁身边的每一个人，爱护花草树木，爱护环境，做习近平生态文明思想的坚定信仰者、忠实践行者、不懈奋斗者，让我们的家园天更蓝、山更绿、水更清，环境空气更清新。

（三）板书设计

<h3 style="text-align:center">6.花儿草儿真美丽</h3>

（四）作业设计

栽种你喜欢的花草，呵护它成长，仔细观察它的变化，并每周做好记录，与家人一起继续探寻美丽、神奇、有生命力的植物世界。

_____ 成长记录表

植物名称：	观察人：
时间	变化
第一周	
第二周	
第三周	
第四周	
第五周	
……	

设计意图：随着生活水平的提高，现在很多家庭养植物，加上孩子好奇心强、爱动手，所以在此设计"栽种植物观察成长"活动，目的在于使孩子亲近植物，乐于探索自然。

（五）参考资料

1.中华人民共和国教育部：《义务教育道德与法治课程标准（2022年版）》，北京师范大学出版社，2022年。

2.人民教育出版社课程教材研究所、小学德育课程教材研究开发中心：《义务教育教科书　教师教学用书　道德与法治　一年级下册》，人民教育出版社，2016年。

八、教学总结与反思

我在新的课程理念指导下，利用教材特点，精心设计教案，结合学生实际，特别注重了调动学生的积极性，超越单一的书本知识的传递，以活动为教和学的基本形式。课程的呈现形态主要是儿童直接参与的各种主题活动、游戏或其他实践活动；课程目标主要通过儿童在教师指导下的活动过程中的体验、感悟和主动建构来实现。因为只有学生认为是自己要这么做的，他才能兴趣盎然地坚持，努力做好。

为了更好地实现教学目标，学生更直观地感知课堂内容，课前布置学生收集有关花和草的知识，上课的时候讲述出来和老师同学交流分享。针对本课的资料，根据教学需要，我充分利用各种媒体资源的整合，制作了精美、实用的课件，课堂上大量运用多媒体教学，播放了重点视频，达到了预期的效果。

寻找环保小搭档

沈阳市沈河区文艺路第二小学沈抚示范区分校　曲　徽

一、课程基本信息

主讲课程：道德与法治

使用教材版本：人民教育出版社2017年版

教材章节出处：《道德与法治》二年级下册第三单元第十二课《我的环保小搭档》

二、教学设计概述

《环保有搭档》是《道德与法治》二年级下册第三单元《绿色小卫士》第十二课《我的环保小搭档》的第一课时。本单元以"绿色小卫士"为题，引导学生从自己身边可触可感的资源出发，理解自己所处时代的主题——绿色与环保，并通过自己的智慧与创造，改善生活环境，遵守相关法律法规，节约资源，文明生活，让自己成长为"绿色小卫士"。《绿色小卫士》这一单元包括《小水滴的诉说》《清新空气是个宝》《我是一张纸》《我的环保小搭档》。从逻辑上看，本单元四课是分与总的关系，前三课属于并列关系的环保主题，最后一课是行动，可以看作是总结。《我的环保小搭档》承接上面三个话题，通过创造性地寻找自己的环保小搭档，从小处着眼、细处着手，帮助学生在日常生活中切实落实绿色生活的观念与行为。本课共有两课时内容，分别是《环保有搭档》《展示我的环保搭档》。两课时是递进的逻辑关系。《环保有搭档》这一课时以话题引出"环保"这一概念，通过观念启蒙引导学生关注日常生活中的细节，通过探究学习启发学生思考什么是环保，激发学生的学习动机。

本节课集中体现的核心素养是责任意识，即了解自然是我们生活的共同家园，懂得保护环境、节约资源；还包括核心素养中的道德修养，即爱护家庭、学校和公共环境卫生。本课时涉及的学习主题包括健康教育，即保护自然环境、生命安全；道德教育，即爱护家庭、学校和公共环境卫生。

有关"环保"主题的内容在各学段都有所体现。除了本节课，还有第一学段一年级下册第二单元《我和大自然》、第二学段四年级上册第四单元《让世界多一些绿色》、第三学段六年级下册第二单元《爱护地球　共同责任》。本课的设置为学生后续的学习奠定了基础，体现了课程循序渐进、螺旋上升的特点。

三、学情分析

二年级的学生已经有一些较为丰富的学习和生活经验，对环保知识有一些了解。本课时的话题是"环保有搭档"，引导学生在结合前三课学习体会的基础上，充分联系自己的生活，理解环保的意义；通过日常生活的细节，了解环保有搭档，并能借助搭档实现环保，从而增强环保责任感。在课堂上增强学生参与的广度和深度，发现环保搭档及展示环保搭档就是让他们在亲身体验中通过观察发现、实践操作进行有效的学习，将环保理念根植、深入生活。

四、教学目标

1.初步理解环保的内涵。

2.了解环保有搭档，能借助搭档实现环保生活。

3.通过找搭档活动，增强环保的责任感，初步形成绿色生活的理念。

五、教学重点难点

（一）教学重点

了解环保有搭档，能借助搭档实现环保生活。

（二）教学难点

通过找搭档活动，增强环保的责任感，初步形成绿色生活的理念。

六、教学设计总体思路

本课教学设计旨在通过互动、体验和实践的方式，让学生成为环保的积极参与者。针对学段特点，我们采用直观生动的教学方法，激发学习兴趣。同时，注重以学生为中心，鼓励他们主动探索、发现和分享身边的环保搭档，培养他们的环保意识和责任感。在教学过程中，我灵活运用信息化手段，丰富教学内容和形式。通过视频展示环保案例，直观感受环保的重要性。总之，本教学设计注重培养环保意识、责任感和行动力，通过多样化的教学方法和信息化手段的运用，在轻松愉快的氛围中学习环保知识，成为真正的环保小搭档。

七、教学过程

（一）教学流程设计

环节一：温故知新课

教师活动：回顾：同学们还记得前几节课我们都学习了哪些内容吗？

学生活动：回答问题。

预设1：知道了小水滴的来历和她的苦恼。

预设2：知道了清新空气是个宝。

预设3：知道了一张纸的来历。

教师活动：追问：通过这三节课的学习，你有哪些新的发现和感受呢？想对身边的人说点什么？

学生活动：回答问题。

预设：要节约水资源、绿色出行、节约纸张。

教师活动：引题：同学们说的对！我们让水多次利用、让纸循环使用，节约资源不浪费的行为就是环境保护，这节课我们就一起学习有关"环保"的话题。

板书课题：环保。

设计意图：通过谈话法回顾前几课学习的内容，引导学生理解课程之间的联系，感知学习过的课程与本节课之间的内在关系。通过交流也了解学生学习的收获，为本节课教学做好铺垫。

环节二：环保有搭档

教师活动：

1.交流：今天的课堂上来了一位新朋友，让我们和她打个招呼吧！

2.分享："大家好！我是你们的好朋友环环，是环保特工队的一员。非常高兴和大家一起来上环保主题课。今天我给大家带来了一个小游戏，让我们通过游戏了解什么是环保吧。"

3.游戏：你认为以下行为是环保行为的请举绿色的提示牌，认为不是环保行为的请举红色的提示牌。

（1）环保就是节约，不浪费。

（2）爱护花草树木，保护植被是环保。

（3）环保就是要减少污染，如水污染、大气污染。

（4）不乱丢垃圾、废电池也是一种环保的行为。

（5）我自己家的车，想怎么开就怎么开，和环保无关。

学生活动：开展游戏活动，根据判断来举牌。

教师活动：提问：现在你能不能试着用自己的话说一说什么是环保呢？

学生活动：回答：环保就是爱护环境，环保就是节约、不浪费⋯⋯

教师活动：追问：你能说说在生活中，你是怎样做的吗？

学生活动：回望生活：

预设1：我吃饭的时候注意节约。

预设2：我在外面野餐的时候不随便扔垃圾。

预设3：帮妈妈扔垃圾，我都按照分类垃圾箱分放垃圾。

教师活动：追问：

（1）有的小朋友吃饭吃不了怎么办？你有好办法帮助她吗？

（2）如果野外没有垃圾桶，那些垃圾怎么处理呢？

（3）你能和大家分享一下你知道的垃圾分类吗？

学生活动：回答问题：

（1）我会提醒她：吃多少盛多少就不会浪费了。

（2）我会准备一个袋子装起来，等有垃圾箱的时候再一起扔掉。

（3）有害垃圾、厨余垃圾、可回收垃圾……

教师活动：整理：听了大家的分享，环环有话和我们说："小朋友们，你们的环保意识真棒！环保就在我们生活的每一个小事情中，大家只要留心，都能做到环保。"

设计意图：用小主持人环环引出"环保"话题，通过举牌游戏情境、生活经验的回望和交流，引领学生将日常生活中的常见行为和现象进行判断和思考，初步理解环保这一概念。

环节三：寻找环保搭档

教师活动：连线游戏：听！环环又有小烦恼了，快来让我们听一听。"同学们，要想做到时时讲环保，处处能环保可真不容易。前几天我在外面做游戏，发现周围只有纸杯不耐用，你们说我该怎么做才能把环保这件事坚持下来呢？能不能帮我在这些材料中找到合适的小搭档？"

学生活动：开展希沃白板连线活动：在希沃平台上，将合适的材料（用品）与纸杯进行连线。（用品）

（1）纸杯　　　　　布袋

（2）塑料袋　　　　小铁锹

（3）小树苗　　　　小水壶

（4）白炽灯　　　　LED灯

（5）普通充电器　　可降解牙刷

（6）普通牙刷　　　太阳能充电器

教师活动：追问：你能说说你这样连线的原因吗？试着用"因为……所以……是环保搭档"这样的方式来和大家分享一下你的思考。

学生活动：交流连线的原因：

（1）因为太阳能充电器可以减少用电、节约资源，所以太阳能充电器是环保小搭档。

（2）因为小水壶可以多次循环使用，代替一次性纸杯，所以小水壶是环保小搭档……

教师活动：布置小组合作：这个活动我们在小组合作中完成。注意听好小组活动要求：（1）根据内容，逐一连线；（2）说说理由，相互补充；（3）注意时间，注意音量。

学生活动：开展小组合作。

教师活动：提问：你发现身边还有哪些环保小搭档呢？

学生活动：回答问题：

（1）废弃的塑料瓶可以成为浇花神器。

（2）废弃的塑料瓶可以自制小花瓶。

（3）不穿的旧衣服可以做成小书包。

……

教师活动：

1.追问：你们觉得环保是一件很困难的事吗？

2.整理：环保其实并不难，只要改变我们的一些生活习惯，形成绿色生活的观念就可以做到。

设计意图：运用希沃连线游戏引导学生对身边的常见材料产生思考，充分利用身边可以循环再利用的材料，实现环保行动。借助小组合作强化学生的环保意识，明确改变生活习惯，形成绿色生活观念就能做到环境保护，由此解决教学的重点。

环节四：畅想绿色未来

教师活动：补充：听！环环有话对我们说："同学们，其实环保不光是我们学生在学习、在行动，全中国乃至全世界的人们都在重视环保。让我们看看下面的法条吧。"

学生活动：倾听。

教师活动：

1.出示：《中华人民共和国环境保护法》。宪法修正案将"生态文明"

写入宪法。说明环保是我们每个公民必须做到的，我们应该爱护我们的家园，保护我们的环境。

2.介绍：为了引起人们的重视，特此还设立了重要的日子来呼吁人们保护环境。你知道这个日子是什么日吗？

学生活动：尝试回答：4月22日是世界地球日，6月5日是世界环境日。

教师活动：提问：我们的家乡沈阳市多次获评"全国卫生城市"，身为"全国文明城市"的沈阳人，你们打算怎么做？

学生活动：回答问题：

预设1：我会从小事做起，坚持做好环保。

预设2：我还会提醒家长和身边的同学，大家都这样去做。

教师活动：

1.整理：同学们，正如大家说的，只有人人都这样做，我们的生活才能像社会主义核心价值观中提出的一样：更加的文明，更加的和谐。

2.畅想一下，如果人人都拥有环保小搭档，我们的地球将会发生怎样的变化？

学生活动：畅想：

预设1：空气更加清新，天空更蓝。

预设2：绿树越来越多，家园更加美好。

设计意图：通过补充环保知识，深化环保意识，畅想未来，感受到美好家园需要每一个人的行动，激发保护环境的情感，养成低碳生活好习惯，践行社会主义核心价值观。

（二）课堂小结

其实，在我们身边有很多的环保小搭档，一个人的力量很小，但是人人都行动起来发出的力量很大，让我们从身边点滴做起，为保护环境、爱护地球贡献自己的力量。

（三）板书设计

12. 我的环保小搭档

节约资源　　爱护环境
优先用　　　垃圾分类
反复用　　　绿色出行
创意用　　　增添绿色

（四）参考资料

1.人民教育出版社课程教材研究所、小学德育课程教材研究开发中心：《义务教育教科书　教师教学用书　道德与法治　二年级下册》，人民教育出版社，2018年。

2.中华人民共和国教育部：《义务教育道德与法治课程标准（2022年版）》，北京师范大学出版社，2022年。

3.李晓东、胡玲主编：《新版课程标准解析与教学指导　小学道德与法治》，北京师范大学出版社，2022年。

4.义务教育道德与法治课程标准修订组：《义务教育道德与法治课程标准（2022年版）解读》，高等教育出版社，2022年。

八、教学总结与反思

（一）教学总结

本次教学活动旨在引导学生认识到环保的重要性，并找到适合自己的环保搭档，培养环保意识和习惯。通过课堂讲解、游戏情境、互动讨论和实践操作等多种方式，学生们积极参与，取得了良好的效果。

在教学中，我注重以学生为中心，通过游戏式、启发式和讨论式的教学方法，激发学生的学习兴趣和主动性。同时结合生活实例，引导学生观察身边的环保现象，发现环保搭档，让其在实际操作中体验环保的意义和价值。

此外，我还注重培养学生的环保意识，通过展示分享环保经验，引导学生认识到环保是每个人的责任，需要从小事做起，从自身做起。

（二）教学反思

1.教学优点：

（1）情境活动创设本课堂。本节课以学生为中心，创设了游戏情境、探究情境等多样的活动环节，引领学生自主开展学习活动，注重学生的参与和体验，让他们在轻松愉快的氛围中学习环保知识。

（2）联系生活实际，回望中形成道德自主建构。本课教学中，我注重借助学生的生活经验，分享交流的过程中，形成学生对日常生活的回望和思考。理解环保和每个人息息相关，注重落实和践行社会主义核心价值观，落实道德修养和责任意识核心素养。

2.存在的不足：

与未来的日常应该更加紧密地联系。尽管本节课运用了多种方式开展活动，但是在活动结束前，教师应该更加紧密地联系未来的生活，让学生的环保意识在头脑中扎根。可以问问学生：未来的日子里，你准备怎样更好地开展环保小搭档的任务？这样更好地督促学生将知情意行合一。

我为家乡做代言

沈阳市法库县实验小学　骆晶晶

一、课程基本信息

主讲课程：道德与法治

使用教材版本：人民教育出版社2018年版

教材章节出处：《道德与法治》三年级下册第二单元第七课《请到我的家乡来》

二、教学设计概述

本单元围绕"社区与家乡"这一学习主题，设计了《我的家在这里》《我家的好邻居》《请到我的家乡来》三课内容。首先从情感上引导学生对社区生活的感受，再从认识上推动学生对社区的人、事、物的了解，引导学生主动维护社区利益，积极为社区生活的改善建言献策。然后，再聚焦到互动性更强、与儿童生活更直接的邻里生活中，引导学生学习正确的邻里交往方式。最后，在社区邻里生活的基础上，扩展到"家乡"这一更广阔的生活环境的学习中。

本节课是本单元的最后一课《请到我的家乡来》的第一课时。本课时的教学内容由浅入深，从家乡的地理知识延伸到家乡的人文知识。在设计本课的教学内容时，我首先由小儿歌入手，点题。这节课我们就是要学习关于家乡的知识，学生能够第一时间明确主题。第二个环节我设计了猜猜大家的家乡的环节。这个环节以学生的猜为主，教师适当引导，新课标强调教学要以学生为主体，以学生的学为主，教师的教为辅，这一环节就是让学生在猜的游戏中简单了解别人的家乡。在这一环节中，我以教材内容为本，适当添加中国两个特别行政区的知识，丰富了教学内容，学生的视野得到了开拓。

认识自己的家乡和我是家乡小导游的环节是本节课的教学重点环节，从了解家乡的常识到认识家乡的地理位置，最后到领略家乡的美食、名胜古迹以及分享保护家乡生态环境的想法，这样设计由浅入深，学生全面了解并介绍自己的家乡，了解自己的家乡也就是"了解祖国的名山大川和名胜古迹，为生活在中国而自豪"，完成了课标中提出的国情教育，培养了道德修养。同时，在小导游的环节，学生搜集资料、整理资料，并把资料重组再创。这样的设计提高了学生的搜集整理资料的能力，培养了学生的团队合作的意识，并给了能力差的同学展示的机会。

最后，我设计建设我们的家乡环节，这个活动把本节课进行了升华，为学生展示习近平总书记的金句，学生感受到了祖国对孩子们的殷殷期盼，树立了建设家乡的远大理想，培养了学生的责任意识。

三、学情分析

三年级是从小学低年级段向高年级段的过渡期，学生已经适应了学校生活，生活视野进一步扩大，具备一定的独立意识，学生们对于道法的学习已经有了一定的基础，教师可以组织学生把原有的知识进行梳理，在此基础上对新的知识进行建构。上课的三年一班的同学整体的学习能力较强，上课的积极性高，参与度广，能够清晰地表达自己的想法。同时，三年级的学生情绪也不是很稳定，自我调节能力较差，注意力不能长时间地集中。学生的学习习惯也没有完全养成，还需要教师在课堂上多加引导，帮助树立良好的学习习惯和学习态度。本节课的教学内容具有开放性、拓展性，结合本节课的教学内容进行教学设计，弥补学情的不足之处。

四、教学目标

1.了解家乡的自然风光、名胜古迹以及家乡的动人传说，为生活在家乡这片美丽的土地上而感到自豪，激发热爱家乡的情感。了解热爱自己的家乡就是热爱祖国的表现，提高爱国热情。保护家乡的生态环境，增强生态意识，养成环保的行为习惯。

2.在我是家乡小导游的环节中，教师提前布置课前作业，并跟踪学生完成作业的进度，根据情况适时恰当地给予学生帮助。在参与完成课前作业的活动中，培养搜集整理资料的能力。课堂上把搜集处理过的资料进行分享展示，提高分析处理资料的能力、合作探究的学习能力以及团结合作的意识。

3.在认识自己的家乡活动中，参与猜一猜的游戏、观看视频等活动，认识自己家乡的地理位置、所属的行政区域，初步认识家乡地图，获得简单的地图知识。在建设我们的家乡活动中，分享旅游照片、景点门票等，了解家乡的名川大山，树立长大建设家乡的理想，从现在做起，为以后能够建设家乡，促进家乡的发展做好准备，对家乡的未来、祖国的未来充满信心。

五、教学重点难点

初步认识地图，了解比例尺、图例、方向等基本地图要素，学习在地图上如何找到自己想要的信息。了解自己家乡的地理位置、所属的行政区域，以及与我们家乡辽宁相邻的省级行政区和自治区，培养地理素养和空间概念。了解家乡的自然风光、风景名胜，知道家乡的著名景点和名胜古迹，了解它们的地理位置和简单的历史背景。展示具有代表性的家乡美食，讲述家乡动人的传说故事，主动探索和深入研究家乡的各个方面，深入了解家乡的自然环境、文化特色和旅游资源，从而培养对家乡的热爱和自豪感。

六、教学设计总体思路

这节课是《道德与法治》三年级下册第二单元第七课的第一课时，本节课在了解社区和社区生活的基础上拓展到"家乡"这一更广阔的学习环境。

这节课是按照"儿歌导入—认识别人的家乡—认识自己的家乡—我是家乡小导游—建设我们的家乡"的思路，根据第二学段的学段目标"初步感知基本国情，为自己是中国人感到自豪"进行设计的。根据学情特点，本节课主要采用了情境教学法、自主探究法、小组合作法等学习方法，丰富学生的实践体验，促进知行合一。

利用鸿合白板制作的课件贯穿整个课堂教学，恰到好处地运用蒙层、计时器、放大镜等功能，对于学生的学习理解知识起了很大的帮助。课堂活动中利用文字、图片等资料辅助学生进一步认识自己的家乡，教学资源丰富。

七、教学过程

（一）教学流程设计

环节一：儿歌导入

教师活动：在我们每个人的心中，都有一个最柔软、最温暖的地方，那就是我们的家乡。我们在那里生活，在那里学习，在那里长大。

出示儿歌，组织学生朗读：

人人都说家乡好
家乡美景是个宝
夸赞家乡的环境美
想念家乡的人和情

学生活动：齐声朗读。

设计意图：通过朗读儿歌，调整学生的状态，使学生迅速地从热闹的课间活动中进入安静的课堂学习中。儿歌内容与本课教学内容有关，激发出学生学习本课的兴趣，明确了本课的主题：家乡。

环节二：猜猜大家的家乡

教师活动：暑假到了，有几个外地的小朋友邀请我去他们的家乡玩。你能根据下面的提示，猜出他们的家乡在哪里吗？

让四名学生扮演外地小朋友，出示提示。

学生活动：听提示猜他人的家乡。

教师活动：拓展知识：部分省级行政区的简称以及简称的由来，中国的两个特别行政区，区号以及相关知识。

讲解介绍相关知识，进行知识的拓展，对教材上的内容进行补充。

学生活动：了解相关拓展知识。

设计意图：引导学生从简称、区号等多个方面来了解家乡，帮助学生构建一个学习方法，为下个环节认识自己的家乡做好准备，使学生能够在已有的基础上进一步了解自己的家乡沈阳。介绍其他省份的简称、特别行政区等扩展知识，丰富学生的课外知识的储备。

环节三：认识自己的家乡

教师活动：小活动：出题目猜家乡。

你也能出一道这样的题目，让大家猜猜你的家乡在哪里吗？

预设：

巴尔虎山是我家乡的第一高峰。

我的家乡有美丽的蛇山沟。

我家乡的区号是024。

"一朝发祥地，两代帝王都"说的是我的家乡。

学生活动：自主出题，让其他人来猜一猜

教师活动：小组活动：我的家乡在这里。

你能在地图上找到你家乡所在的省级行政区吗？请你找一找，指出来给我们看看吧！找到后描一描它的轮廓，想象一下它像什么。再试着在地图上找一找你家乡的邻居：毗邻的省、自治区、直辖市、特别行政区。

利用放大镜工具把地图重点区域进行放大，讲解地图后小组活动。

学生活动：初步认识地图，按照活动要求进行小组活动。

教师活动：我的家乡在这里。由学生自己汇报。

学生活动：进行汇报。

教师活动：

1.对学生的汇报情况进行恰当的评价。

2.播放视频：沈阳简介。（板书：位置优越）

学生活动：观看视频，整体了解自己的家乡。

教师活动：

1.引导学生认识家乡沈阳的地理位置。

2.播放视频：《大美沈阳》。（板书：风景优美）

学生活动：观看视频，领略家乡美景，综合评价自己的家乡。

教师活动：你能用什么词语来形容一下我们的家乡？

过渡语：我们的家乡地理环境这么优越，风景又这么优美，你想不想让更多的人来到我们的家乡旅游参观，让更多的人了解我们的家乡呢？

设计意图：引导学生自主出题目，对学生已有的知识进行梳理。在这个基础上，教师组织学生小组活动，了解自己家乡的地理位置、所属的行政区域以及相邻的行政区，并在这个过程中初步认识地图，了解简单的地图知识。在小组活动中，使学生的合作能力、动手能力得到提高。通过观看视频《大美沈阳》，用词语描述家乡沈阳，让学生直观感受家乡的壮阔美丽，引导学生为自己的家乡感到骄傲。

环节四：我是家乡小导游

教师活动：布置课前作业：

（1）想一想，你要向大家介绍我们家乡的哪一方面呢？

（2）请准备好相关的资料，写一段导游词来为大家介绍吧！

组织学生在组内进行搜集内容的分配，进行适时的引导并给予帮助。

学生活动：课前完成作业。

教师活动：布置小组活动（利用计时器计时）。（板书：历史悠久）

活动要求：

（1）小组内互相交流查找到的资料，并把资料进行整理。

（2）活动时注意音量，保持组内人员能听见即可。

（3）以小组为单位在班级内汇报。

学生活动：按照要求进行小组活动。根据写好的导游词、展示美食美景的照片，介绍自己的家乡。

教师活动：

1.组织学生有序汇报，并对汇报情况进行恰当的评价。

2.播放视频：《神女峰的传说》。

3.让学生汇报搜集的家乡动人传说。

学生活动：观看视频，汇报搜集到的动人传说。

预设：法库二龙山的传说、巴尔虎山的传说等。

教师活动：家乡美丽靠大家。

有了你们这些小导游的讲解介绍，老师相信会有更多的游客来到我们的家乡。为了把我们家乡这么美的环境保持好，我们大家该做些什么呢？

预设：绿色出行、不乱扔垃圾、重复利用资源等。

学生活动：自由发言。

教师活动：组织学生说出自己的想法，对其中不恰当的做法予以改正。

设计意图：我是家乡小导游的活动按照课前布置作业，课内小组活动，再小组代表汇报的顺序进行的。课前，组织引导学生有目的地搜集资料，教师注意关注能力较差的学生，根据学生的情况有针对性地布置课前作业，引导组长合理分配查找任务。小组活动时组织学生对资料进行交流整理，这样可以提高学生整合资料的能力。小组活动还为一些能力低的学生提供了展示的机会。汇报时，学生分组分别从家乡的迷人风光、家乡美食等方面进行汇报，使学生从多方面了解自己的家乡，并增强对家乡的热爱之情。观看神女峰的传说视频，并搜集分享家乡的传说，使学生从不同方面了解家乡。利用计时器对小组活动进行倒计时，学生明确知道活动时间，合理活动。在家乡美丽靠大家的小活动中学生说出自己能为家乡生态环境建设做出的贡献，培养学生的生态意识。

环节五：建设我们的家乡

教师活动：活动园：班级旅游图册。

让我们把家乡的自然风光用剪报或画报的方式汇集在一起，制作成一本班级旅游图册，供大家传阅吧！

学生活动：制作旅游图册，可以包括旅游照片、门票、景点地图等。

教师活动：组织学生制作班级旅游图册，如学生遇到困难，进行合理的帮助。

教师活动：出示习语，组织学生齐读。

从小坚定听党话、跟党走的决心，刻苦学习，树立理想，砥砺品格，增长本领，努力实现德智体美劳全面发展。（板书：建设家乡）

学生活动：树立建设家乡的志向。

设计意图：制作班级旅游图册的活动使本课的内容得到了延伸，这个活动不仅仅在课上制作，它具有延续性和长期性，课余时间学生可以继续完善并传阅，对课上的知识进行补充，进一步领略家乡的美。通过习语，对学生进行思想渗透，使学生感受到祖国对他们的期望，树立建设家乡的志向，朝着合格的社会主义接班人而努力。

（二）课堂小结

我们的家乡这样的秀美俊逸，拥有这样的历史底蕴，你想不想让我们的家乡未来更加美丽，发展得更好呢？我们家乡美好的未来需要靠在座的你们来建设，我们要牢记习近平总书记的嘱托，把我们的家乡建设得更加美好！

（三）板书设计

7. 我为家乡做代言 —— 位置优越 / 风景优美 / 建设家乡 —— 建设家乡

（四）作业设计

1. 课余时间继续完善班级旅游图册，并传阅。（时间机动）
2. 调查家乡的特产，完成下列表格。（表格可增加行数）（10分钟）

家乡特产调查表　　调查人：

特产名称	特产产地	特产特点

（五）参考资料

1. 人民教育出版社课程教材研究所、小学德育课程教材研究开发中心：《义务教育教科书　教师教学用书　道德与法治　三年级下册》，人民教育出版社，2019年。

2. 中华人民共和国教育部：《义务教育道德与法治课程标准（2022年版）》，北京师范大学出版社，2022年。

八、教学总结与反思

根据课程标准和学情特点我设计了本课的教学活动，本课主要开展了四个大活动，这四个活动层层递进，难度不断上升，在我的引导下学生一步一步地完成得很好。

（一）以学为本，充分发挥学生的主动性

在教学中，我组织学生自己出题猜家乡，课前以小组为单位查找资料等。在课前设置了作业，学生们都根据自己的能力领取了查找任务，这样就充分地考虑了学生的情况，最大限度地调动了学生学习的主动性。

（二）小组活动，提高学生的合作能力和团队意识

本节课的教学活动中，两个主体活动我设计的都是小组合作完成，小组活动为能力弱的同学提供了交流学习的机会。

不足之处：在通过地图学习家乡地理位置的环节，汇报情况不好，没有给孩子们充分展示的机会，条理有些混乱。在以后的教学中，应该不断地锻炼提高自己对课堂的把控能力，能够根据学生的状况对教学进行适当的调整，以便学生能够得到更好的学习体验。

锦绣山川景　生态文明情

庄河市第二实验小学　王冰情

一、课程基本信息

主讲课程：道德与法治

使用教材版本：人民教育出版社2019年版

教材章节出处：《道德与法治》五年级上册第三单元第六课第二框《好山好水好风光》

二、教学设计概述

《好山好水好风光》是《道德与法治》五年级上册第三单元第六课的第二框。

这一框首先呈现了中国地形图，旨在让学生了解我国的主要山脉和大江大河，知晓其地理分布，以及河流流向和地势走向的关系。让学生在读图提取信息的过程中，学会学习，学会合作，培养健全人格。

其次呈现了具有代表性的风景名胜，旨在引导学生欣赏和感受祖国的山河之美。培养学生热爱家乡、热爱伟大祖国、热爱中华民族的家国情怀。

最后呈现了世界遗产分布图，让学生认识到我国拥有众多世界自然遗产，初步建立关注世界遗产的意识，从而激发学生热爱自然、保护环境的情感。逐步形成人与自然生命共同体的责任意识。教材三个部分循序渐进，让学生由浅入深地学习。

因此在设计本课教学时，我遵循了教材的编排，分为三个主要环节。第一环节认识祖国的地形地势，第二环节欣赏祖国的山河之美，第三环节保护祖国的世界自然遗产。三个环节环环相扣，让学生通过学习本节课，可以清楚地明白这节课的整体框架和主要知识。

依据《课标》中的课程理念，在整体的教学设计中，将五年级学生不断扩大的生活和交往范围作为建构课程的基础，遵循学生身心发展特点和成长规律。将教师主导与学生主体相统一，发挥教师主导作用，晓之以理，动之以情，导之以行，做到价值性和知识性相统一。在整体的设计中突出学生主体地位，充分考虑学生的生活经验，通过创设多样化的学习情境，引导学生可以开展自主合作、交流、探究和体验等活动，帮助学生形成正确的三观。

依据《课标》中课程实施的教学建议，以学生喜闻乐见的方式，用富有时代气息的鲜活内容，增强道德与法治教育的生动性与新颖性，让道德与法治课成为有现实关怀和人文温度的课堂。课标中讲述教学要与社会实践活动相结合。所以课堂并不应该只是让学生学到知识，学生还应该将这些知识运用到实践生活之中，做到学以致用、知行合一，做有责任担当意识的青少年。

三、学情分析

小学高年级段的学生尚处于人生观、世界观形成的初级阶段，他们求知欲强，兴趣广泛，凡觉得新鲜的就想了解和吸收，因而他们接受的信息量多，获得的知识纷繁复杂。但是他们的知识没有形成体系。像五年级学生，他们对我国的地域、历史、文化等相关知识有一定的认识，或多或少地了解一些本地或外地的名山大川、名胜古迹。部分学生通过旅行和阅读，对我国地理、世界遗产有比较多的了解，也具备了收集整理运用信息的能力。但他们的知识了解相对片面和感性，基本停留在自己曾经到过某地，看到过很美丽的风景名胜等较浅的层次，既没有对我国地形地貌的整体认识，也缺乏对"自然奇观""自然遗产"内涵的深入探究。因此在教学中要充分引导学生观察我国多样的地形，感受祖国山水的美丽，发现祖国地形的复杂，体会自然遗产的珍贵，激发其热爱祖国的情感。

四、教学目标

1.通过观察我国地形图，了解我国领土的辽阔、地形的多种多样以及地势特点。在地图上找到我国最具有典型性的两条河流——长江和黄河，观察河流的流向。借助图例明白丰富的地形造就了我国西高东低的独特地势，因此我国河流自西向东流向大海。在这一目标下，观察图片并提取信息的能力得到进一步提升，并且可以根据观察得到的信息，进行合理的知识推理。

2.通过观察中国的世界自然遗产分布图，了解我国世界自然遗产的分布状况和数量之多。引导学生观察两个典型的世界自然遗产地貌，感受世界自然遗产的独特美景，体会世界自然遗产价值。了解灿烂辉煌的各民族风景文化，产生初步的民族自豪感和责任感。学会敬畏自然，保护环境，形成人与自然生命共同体的意识。增强对党生态文明方针的理解。

3.在小组内交流分享印象深刻的风景名胜的情境中，欣赏祖国山河的壮丽秀美。培养清楚表达自己感受和见解的能力。养成乐于倾听他人意见的习惯、体会他人心情的健全人格，以及团队协作精神。通过教师的点拨，以黄河上游不只是风景名胜也是中华民族的摇篮作为个例，通过这个个例讲解风景名胜背后的丰厚文化意蕴，体会共性。萌发对家乡以及祖国山河的热爱之情，培养家国情怀。

五、教学重点难点

（一）教学重点

通过观察中国地形图，了解我国领土广阔，地形多样。多样的地形造就了我国西高东低的地势特点，因此我国大江大河都是自西向东流向大海。

（二）教学难点

在小组成员分享交流的情境下，欣赏祖国的大好河山。点拨风景背后的人文内涵。将学生对国家相关知识的零散认识上升到整体认识，从而萌发对祖国的热爱之情。

六、教学设计总体思路

本课时教学逻辑设计：一是导入新课；二是认识地形地势；三是感受山水之美；四是爱护世界自然遗产。

第一个环节导入新课。引入视频，吸引学生兴趣，让学生感受中国自然风光之美，从而走进本课学习。

第二个环节认识地形地势。教师引导学生结合中国地形图，寻找自己家乡所在地形，引导学生从家乡入手找出我国所有地形种类，从而认识我国地形多样。观察长江、黄河的走向，体会中国的地势是西高东低，因此长江、黄河自西向东流向大海。教师可以引导学生回想与这一特点有关的古诗词，实现跨学科教学联动。

第三个环节感受山水之美。观察书上典型风景名胜，结合学生以前旅游的经历和课前搜寻的照片，分享给自己留下深刻印象的景观。学生通过小组分享展示，进一步感受祖国的美丽。然后教师带领学生回到书本，以黄河上游是中华民族的摇篮为例点拨学生。让学生知道黄河上游除了带给我们波澜壮阔的直观感受外，还是我们的民族摇篮，哺育了中华儿女，富有深刻的人文内涵，引导学生感受风景背后的文化意蕴。

第四个环节爱护世界自然遗产。引导学生观察中国世界自然遗产分布图，了解我国世界自然遗产分布特点及数量之多。然后出示具有典型性的两个世界自然遗产地貌，一个是喀斯特地貌，一个是丹霞地貌，让学生通过这两个地貌特点感受自然遗产的独特美景，理解它们入选世界自然遗产的原因。世界自然遗产是人类共同的财富，具有唯一性，需要人们共同保护。学生以小组为单位，谈谈如何保护世界遗产，有哪些做法值得提倡，分享如何用行动爱护我国的世界自然遗产。

七、教学过程

（一）教学流程设计

环节一：导入新课

教师活动：出示小研究：选择一个你感兴趣的景观，描述其独特之处，分享感受。

出示任务单：

1.我国地形种类有哪些？

2.长江和黄河为什么自西向东流？

3.选取印象深刻的景观，谈谈感受。

4.如何对待世界自然遗产？

学生活动：课前搜集资料，结合旅游经历、阅读书籍等，完成一份景观分享单。

设计意图：学生提前在心里对这节课主要内容有初步认识，以便课上把握主要知识。

教师活动：播放一段中国自然风光的视频。看完这段视频，同学们有什么样的感受呢？如果用一个字来形容祖国的大好河山，你会用什么字呢？

学生活动：观看视频，同学间交流感受。将祖国的大好河山概括为一个字，回答问题。（预设：美）

教师活动：祖国的大好河山真的就是一个美字，那么下面我们来走近它，一起开始本节课的学习。

设计意图：观看我国自然风光视频，运用视频有助于吸引学生的兴趣。

环节二：认识地形地势

教师活动：出示中国地形图。观察地形图，找一找我们家乡辽宁在哪种地形之上。（如果学生回答平原，教师要继续追问平原的名称）

学生活动：观察地形图，查找家乡地形。

教师活动：除了我们家乡所在的地形——平原以外，我国还有哪些地形种类？

学生活动：回答五种地形。

教师活动：我国有连绵巍峨的高山和气势磅礴的高原，有群山环抱的盆地和一望无际的平原，还有高低起伏的丘陵，地形真是多种多样。

我国还有纵横交错的江河湖泊，再次阅读中国地形图，在地图上指一指我国的主要山脉和大江大河，并圈画出长江和黄河。结合陆高这个图例，思考下长江和黄河为什么自西向东流向大海。

学生活动：和同桌互指山脉河流，圈画长江和黄河。结合图例，思考长江和黄河为什么自西向东流。回答问题。

教师活动：通过河流流向可以看出我国地势特点是西高东低，水往低处流，因此长江和黄河自西向东流向大海。

同学们，你们能想到什么诗句验证我国的地势特点吗？

学生活动：知识联动，回答相关诗句。"滚滚长江东逝水""大江东去""恰似一江春水向东流"……明白自然也带给文人墨客无尽灵感。

教师活动：小结：多种多样的地形、纵横交错的江河湖泊和独具特色的地势，构成了我们祖国的大好河山。就像一幅山水画卷，蕴含着中华民族丰富的文化意蕴。

设计意图：五年级的孩子已经具备可以识图找信息的能力，因此，通过阅读中国地形图，能锻炼他们提取信息的能力，初步感知我们国家地形和地势特点，解决本节课长江黄河为什么自西向东流的问题。

环节三：感受山水之美

教师活动：欣赏书中呈现的长江三峡、黄河上游、黄山和天山牧场四个自然景观。通过图片，同学们对这些景观有什么感受？

学生活动：交流感受。

教师活动：请同学们结合课前搜集到的风景照片和旅游经历，在小组之间交流分享小研究的问题。

学生活动：结合搜集的资料、自己旅游的经历、所读的书籍、观看的视频，进行小组交流分享。

教师活动：推选小组领学代表，做小导游上前讲解分享。

学生活动：互动交流，代表领学，深入不同风景区，感受祖国大好河山，萌发爱国之情。

教师活动：小结：在小导游们的精彩分享中，老师不但看到了美丽的风景，还听到了很多景观背后的故事，这些故事就是这些风景名胜背后的文化意蕴。就如我们在欣赏教材的四个自然景观，谈论感受时，同学们讲述黄河是中华民族的摇篮，长江哺育了中华儿女，这些也是其背后的文化意蕴。所以面对祖国的大好河山，我们不只要欣赏它们带来的直观美感，还要了解其文化意蕴。

学生活动：理解风景所具有的双重意蕴，回顾自己的分享是否只注重直观感受而忽略了风景背后的文化意蕴。如果分享片面，可以和同桌互相补充。体会自然养育人类，人类也应该爱护自然。

设计意图：本环节创设学生做导游的情境，展开小组合作学习，激发全员参与，让学生即使足不出户也能感受祖国山水之美，从而激发学生热爱祖国的情感。同时教师进行点拨，让学生理解景观背后的文化意蕴。间接帮助学生理解我国自然遗产丰富多样的原因。

环节四：爱护世界自然遗产

教师活动：祖国处处是美景，说都说不尽，有些美景很独特，有些美景十分罕见，还有些美景对研究自然环境演化具有重要意义，成为人类重要的世界自然遗产。

阅读课本《中国的世界自然遗产》分布图，说说我国世界自然遗产的分布特点是什么，数量如何。

学生活动：观察《中国的世界自然遗产》分布图，提取相关信息，回答问题。

教师活动：出示两个具有典型性的世界自然遗产景区图片：喀斯特地貌景区和丹霞地貌景区。思考它们为什么能入选世界自然遗产。

学生活动：感受两个地貌的特别，思考为什么它们能成为世界自然遗产，回答问题。

教师活动：这些景区独特且美丽，具有重要意义，成为人类重要的世界自然遗产，是人类共同的财富。

"阅读角"：科普世界文化遗产以及世界文化与自然双重遗产。再次感受这些遗产的重要性，明白它们需要每一个人的保护。

学生活动：了解"阅读角"。

教师活动：但是近年来有一些不太好的现象出现。出示一些行为，同学们思考哪些做法是值得提倡的。以小组为单位，讨论如何用自己的行动，爱护自然，保护世界遗产。

学生活动：以小组为单位，讨论如何用自己的行动爱护自然，保护文化遗产，爱护祖国的一草一木，然后设计一份《旅游文明公约》，在班级层面宣读。

教师活动：小结：保护世界遗产需要人类的共同努力，我们身边的一山一水一草一木，同样需要保护。尊重自然、爱护生态、保护环境，让人与自然和谐发展，是我们的共同责任。

（二）课堂小结

学习完本节课你有什么感受，谁能分享下？是啊，祖国的好山好水好风光好遗产，美丽又有韵味，我们要好好欣赏品味。我们要尊重它们，爱护它们，除了记忆什么都别带走，除了脚印什么都别留下。

（三）板书设计

锦绣山川景　生态文明情		
地形地势	美	世界自然遗产
山水之美		

（四）作业设计

选一处感兴趣的自然遗产景区，结合自己搜寻到的相关资料，运用学过的知识，写一份导游稿，下节课请同学们做小导游讲给大家听，让每一位学生虽然足不出户却能遨游在你的讲述中。

（五）参考资料

1.中华人民共和国教育部：《义务教育道德与法治课程标准（2022年

版）》，北京师范大学出版社，2022年。

2.人民教育出版社课程教材研究所、小学德育课程教材研究开发中心：《义务教育教科书　教师教学用书　道德与法治　五年级上册》，人民教育出版社，2019。

3.孙彩平：《怎样上好小学道德与法治课——基于全国优秀教学案例的分析》，南京师范大学出版社，2020年。

八、教学总结与反思

1.我从学生已有的生活基础出发，创设情境，拉近教师与学生的距离，激发学生的探究兴趣。本节课的中心教学内容与学生的生活比较贴近，对此，我充分利用学生的生活实际，从学生自己的经历入手，在分享印象深刻的风景名胜的过程中创设情境，引导学生发现问题、聚焦问题，激发学生探究祖国风光的兴趣。

2.我引导学生从个例推共性，锻炼学生的思维。在课堂中融入生活教育，教导学生保护世界自然遗产，爱护环境，爱护自然，培养学生遵纪守法的意识。

3.整体课堂有些过于照本宣科，一直推动流程，而忘记结合学生实际灵活变通。部分环节有些拖沓，教师应该在合适的时机收回课堂。

直面发展挑战　守护绿水青山

大连市一〇一中学　韩芸哲

一、课程基本信息

主讲课程：道德与法治

使用教材版本：人民教育出版社2021年版

教材章节出处：《道德与法治》九年级上册第三单元第六课第一框《正视发展挑战》

二、教学设计概述

　　本课是九年级上册第三单元第六课《建设美丽中国》的第一框。本框包括"发展中的人口问题""资源环境面临危机"两目内容，主要讲述"是什么""为什么"的问题，即人口问题、资源环境问题的现状以及这些问题产生的原因。而第六课第二框《共筑生命家园》则说明了"怎么做"的问题。本框中，教材通过对人口数量、人口素质、人口结构、人口分布等问题的讲述，引导学生认识到，人口问题已经成为一个日益严峻的全球性问题，也是我国面临的全局性、长期性、战略性问题，并介绍了我国为解决人口问题所采取的对策。接下来，教材讲述了我国所面临的资源环境危机，学生感受到我国资源环境形势不容乐观，资源环境问题与我们生活息息相关，进而落脚到本框的重点内容：坚持绿色发展，走生产发展、生活富裕、生态良好的文明发展道路，是我们的必然选择。需要注意的是，从整体上看，我国的人口问题、资源问题和环境问题本质上是发展问题，要解决人口、资源和环境问题，我们的态度和选择就是转变发展方式，共筑生命家园，从而引出第二框的主题。

根据新课标要求，学习本课以后，学生应能够敬畏自然，具有绿色发展理念，初步形成环保意识和生态文明观，能够在日常生活中自觉践行生态文明的理念。同时，根据核心素养要求，学习本课以后，学生应能够具有责任意识，担当起作为国家主人的责任。根据学情来看，九年级的学生对计划生育基本国策的理解存在误区，认为实施二孩政策就是废止了计划生育。此外，他们没有意识到人口、资源、环境问题给我国经济社会发展带来了挑战，这些都需要教师加以引导。

因此本课设计思路如下：通过对人口普查数据的分析对比，学生尝试自主概括出我国人口现状和新特点，由新特点思考我国计划生育政策调整的原因，明确计划生育基本国策是为了适应经济社会发展。接着通过播放2023世界地球日宣传片并请同学分享交流感受，学生意识到我国资源环境面临的严峻形势，接下来通过小组合作讨论分析资源利用给环境带来的危害，锻炼学生的逻辑思维能力，学生认识到我们生活中微小的动作都可以对资源环境产生影响，从而增强学生保护环境的紧迫感。最后，教师提出"碳达峰""碳中和"两个目标，号召同学们担当起国家主人的责任，在生活中践行绿色发展理念。

本课的设计特色有二：其一是在资源环境问题部分，本节课通过小组合作讨论分析资源利用给环境带来的危害，不仅能锻炼学生的逻辑思维能力，也能让学生把宏观的资源环境问题与生活中的微小细节联系起来，从而促进学生勇担责任，在生活中以实际行动践行绿色发展理念。其二，本堂课的作业设计是让学生课后自主搜集人口、资源、环境相关实际问题并写一封倡议书，一方面能够激发学生的学习兴趣，锻炼学生的表达能力与知识的灵活运用能力，另一方面也与新中考相适应，此外还能够起到衔接作用，有助于学生更好开启下一课的学习。

三、学情分析

九年级的学生正处于世界观、人生观、价值观形成的关键时期。从知识层面看，通过之前的学习，人口、资源、环境方面的知识学生在地理课、生物课以及其他的课程中多少都有一些了解，并且有了分析问题、解决问题的能力，因此从知识层面上来讲，本课对学生而言学习的难度不大。但是，他们仍然面临三个需要解决的问题：一是对当前我国人口资源环境发展的特点知之不多；二是对计划生育基本国策的理解存在误区，认为实施二孩政策就是废止了计划生育；三是如何增强环保意识，以实际行动保护资源环境。这些问题必须通过学习及时予以解决。因此重点是对学生进行情感、态度与价值观教育，让学生更深刻地体会挑战的严峻性，认识到建设生态文明的必要性，并在生活中以实际行动践行环保理念。

四、教学目标

根据新课标要求，学习本课以后，学生应具有的能力是：敬畏自然，具有绿色发展理念，初步形成环保意识和生态文明观，能够在日常生活中自觉践行生态文明的理念。

因此，我设计了这样的教学目标：

1.通过课堂观看2023年世界地球日的宣传片，并分享体会以及课后搜集资料撰写倡议书，培养珍惜资源、保护环境、关爱自然的意识和品质，树立人与自然和谐共生的基本理念。认同计划生育、节约资源和保护环境的基本国策，增强建设美丽中国、走绿色发展道路的态度认同。

2.通过2023年世界人口前五的国家的数据对比，认清我国人口、资源、环境的客观现状和基本国情，用实际行动践行绿色生活理念。通过对比两次人口普查结果变化，能从人口发展规律和我国人口现状的角度，辩证看待人口政策的变化与调整，能阐明人口政策需要与经济社会发展要求相适应的道理。通过小组讨论分析资源利用给环境带来的危害，能明确资源环境问题与日常生活紧密相连，用实际行动践行绿色生活理念。

3.通过从各角度分析第七次人口普查的结果，了解我国当前的人口状况，知道我国人口现状的基本特点和呈现出的新特点。理解实施计划生育政策的意义，明确我国人口政策调整的必要性。理解人口政策不是一成不变的，要随着人口结构和经济社会发展形势的变化而不断完善。了解当前我国资源、环境的基本国情，认识到改革开放以来，我国在创造巨大社会财富的同时也面临着严峻的资源环境形势，理解节约资源和保护环境的基本国策。

五、教学重点难点

根据新课标要求，学习本课以后，学生应能够敬畏自然，具有绿色发展理念，初步形成环保意识和生态文明观，能够在日常生活中自觉践行生态文明的理念。新课标要求侧重学生的情感、态度与价值观，因此我将本课的重点设置为：我国当前的人口特点以及资源环境面临的严峻形势。

根据学情来看，九年级的学生对计划生育基本国策的理解存在误区，认为实施二孩政策就是废止了计划生育，此外，他们没有意识到人口、资源、环境问题给我国经济社会发展带来了挑战，这些都需要教师加以引导。因此，我将本课的难点设置为：认识人口问题的本质，理解计划生育基本国策，认清人口、资源环境问题带来的影响。

六、教学设计总体思路

九年级的学生正处于青春期，拥有较强的独立思考能力和判断能力。依据上述特点，本节课旨在培养学生对于基本国策的认识以及承担责任的意识和能力。

因此本课设计思路如下图：

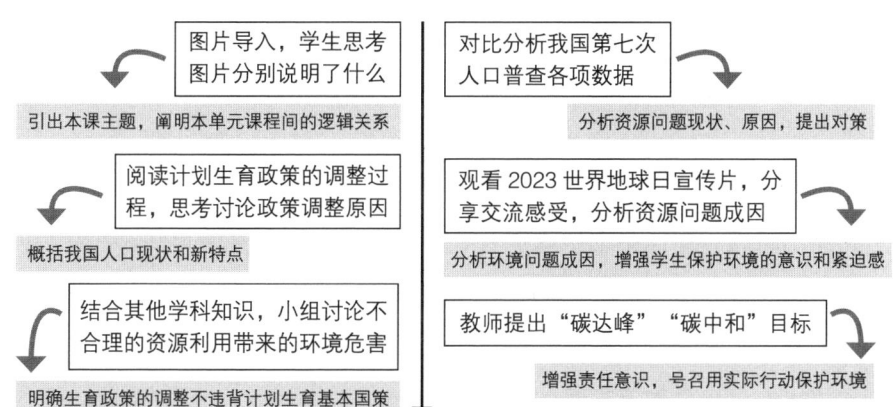

七、教学过程

（一）教学流程设计

环节一：创境导入

教师活动：呈现图片：人口数量过多、大地干旱、土地沙化问题以及沙尘暴问题。

学生活动：思考总结本节课与下节课之间的联系：本课说明了"是什么"与"为什么"的问题，而第六课第二框说明的是"怎么做"的问题。

思考分别说明了什么，从而概括出本课中经济社会发展面临的三方面问题：人口、资源、环境。

设计意图：引出本课主题，阐明本单元课程的逻辑关系，锻炼学生分析概括能力，帮助学生初步意识到生态环境面临的严峻形势，树立责任意识。

环节二：探究人口问题

教师活动：发展中的人口问题

1.全球人口问题的影响

展示材料：2023年7月11日是第34个世界人口日，截至2023年7月8日，全球人口总数为80.32亿人，其中印度以14.26亿位居第一，中国以14.25亿位居第二。预计世界人口到2030年将达到86亿，之后人口将继续增长，于2050年达到98亿，到2100年达到112亿。联合国秘书长古特雷斯表示，这是人类思考对地球负起共同责任的时刻。

提问：以上数据说明了什么问题？

学生活动：认真分析时事材料，结合教材，回答问题，树立人类命运共同体意识。

教师活动：2.我国人口的现状及新特点

展示材料：中国第七次人口普查。第七次人口普查截止到2020年11月1日零时，全国总人口数量是14亿4349万7378人。

提问：我国第七次人口普查说明了我国的人口现状是怎样的？

出示人口普查相关数据：

我国人口年龄构成与2010年第六次全国人口普查数据相比较为：

图表：2022年中国总和生育率降至1.1以下

0—14岁人口为25338万人，同比增长1.35%；15—59岁人口为89438万人，同比下降6.79%；60岁及以上人口为26402万人（其中，65岁及以上人口为19064万人，占13.50%），同比增长5.44%，人口老龄化程度进一步加深。

总和生育率（总生育率），是指一个国家或地区的妇女在育龄期间，每个妇女平均的生育子女数。人口学界将总和生育率2.1作为世代更替水平，将总和生育率低于2.1视为低生育率的门槛。

我国男性人口为72334万人，占比51.24%，女性人口为68844万人，占比48.76%；男女性别比105.1，出生人口性别比为111.3（男性比女性多3490万）。

上述数据体现我国人口具有怎样的特点？

我国人口状况还呈现出一系列新的特点：如总人口增速趋缓、总和生育率明显低于更替水平、出生人口男女性别比偏高、人口老龄化加剧、大量的人口流动。

学生活动：列举我国人口现状和新特点。

教师活动：3.人口问题的影响

提问：面对严峻的人口问题，我国采取了什么做法？

人口问题始终是我国面临的全局性、长期性、战略性问题。

党和国家始终坚持人口与发展综合决策，科学把握人口发展规律，坚持计划生育基本国策，调控人口数量，提高人口素质，推动实现适度生育水平，有力促进了经济发展和社会进步。

学生活动：通过阅读并讨论计划生育基本国策的调整过程的材料，掌握我国为什么要实行计划生育以及实施三孩政策的原因。

教师活动：4.计划生育政策的调整

展示材料：计划生育政策的调整过程。

第一阶段：计划生育是中华人民共和国的一项基本国策，即按人口政策有计划地生育。1982年9月被定为基本国策，同年12月写入宪法。主要内容是：提倡晚婚、晚育，少生、优生，从而有计划地控制人口。

第二阶段：到21世纪初，中国的计划生育政策又作出了一些调整。由于20世纪80年代出生的第一批独生子女已经到达适婚年龄，在许多地区，特别是经济较为发达的地区，计划生育政策有一定程度的放松。2016年1月1日起，新修订的《中华人民共和国人口与计划生育法》正式施行，全面二孩政策正式实施。

第三阶段：2021年5月31日，中共中央政治局召开会议，会议指出，进一步优化生育政策，实施一对夫妻可以生育三个子女政策及配套支持措施。6月，中共中央、国务院颁布了关于优化生育政策促进人口长期均衡发展的决定，明确提出要实施三孩生育政策及配套支持措施。8月20日，全国人大常委会会议表决通过了关于修改人口与计划生育法的决定，修改后的人口计生法规定，适龄婚育、优生优育，一对夫妻可以生育三个子女。

提问：政策的不断调整是否代表国策也在不断改变？

学生活动：思考讨论。

教师活动：总结：生育政策的调整与完善不违背计划生育基本国策。

设计意图：运用热点问题引导学生合作讨论，激发学生兴趣，培养合作探究能力，进一步引导学生理解计划生育基本国策。

环节三：合作探究资源环境问题

教师活动：1.资源环境面临哪些问题

播放视频：2023年世界地球日宣传片——《地球的独白》。

学生活动：根据视频总结我国面临的资源环境问题：资源日益短缺，环境污染严重，生态系统退化，经济发展与资源、环境之间的矛盾日益突出，已经成为我国经济发展必须面对的严峻挑战。

教师活动：2.我国资源现状与成因对策

中国资源状况表

资源种类	数量
国土	居世界第三位
水	居世界第六位
太阳能	居世界第二位
煤炭	居世界第三位
矿产	目前，世界上可被人类利用的150多种矿产中，我国已初步探明的就有137种，居世界第三位。

根据表格，结合人口问题思考我国资源现状以及问题产生的原因。

学生活动：

1.现状：我国自然资源丰富，总量大，种类多，但人均资源占有量少，开发难度大，总体上资源紧缺。

2.原因：长期以来，我国资源开发利用不尽合理、不够科学，依靠消耗大量资源换取经济发展的现象突出，由此造成的浪费、损失、污染和破坏都很严重。我国面临的资源形势非常严峻。

3.影响：对资源的过度开发、粗放利用和无节制消耗，必然导致资源的枯竭和对生态环境的破坏，严重影响经济的可持续发展，经济发展的空间和后劲也会越来越小。

4.对策：中国作为一个发展中的大国，不能走西方工业化的老路，必须探索符合国情的利用、保护和开发资源的新路。教师借此说明垃圾分类的重要性。

教师活动：3.环境问题的现状、成因

小组讨论：结合地理、化学、生物等课程知识，说说不合理的资源利用会带来哪些环境危害。

提问：

（1）为什么会出现这些问题？

（2）它们的出现对我们有什么影响？

（3）面对这些问题，我们应该怎么做？

学生活动：小组合作讨论生活中不合理的资源利用会带来哪些环境危害，总结回答问题。

教师活动：4.解决我国人口、资源、环境问题的做法

我国的人口、资源、环境问题突出，经济社会发展中出现的问题，只有通过转变发展方式才能得到解决，坚持绿色发展，走生产发展、生活富裕、生态良好的文明发展道路，是我们的必然选择。

碳达峰、碳中和是我国于2020年提出的应对温室效应的举措及目标。"碳达峰"就是我们国家承诺在2030年前，二氧化碳的排放不再增长，达到峰值之后再慢慢减下去；而到2060年，针对排放的二氧化碳，要采取植树、节能减排等各种方式全部抵消掉，这就是"碳中和"。

学生活动：结合自身实际，说说在生活中能为"碳达峰""碳中和"目标作出哪些实际举动。

设计意图：通过小组合作讨论问题，让学生意识到造成资源环境问题的行为就发生在身边，增强学生保护环境的意识和紧迫感，促使他们以实际行动践行绿色发展理念。

（二）课堂小结

通过这节课的学习，我们对我国的人口问题、资源问题和环境问题有了大致的了解。知道了人口问题始终是我国面临的全局性、战略性的问题，在未来相当长时期内不会改变；我国资源环境面临严重危机，资源问题严重影响经济的可持续发展；环境恶化加剧自然灾害发展，严重破坏生态平衡，威胁着人类的生命安全和身体健康。明确了坚持绿色发展，走生产发展、生活富裕、生态良好的文明发展道路，是我国的必然选择。所以为了我们共同的家园，我们要用实际行动来践行绿色发展理念。

（三）板书设计

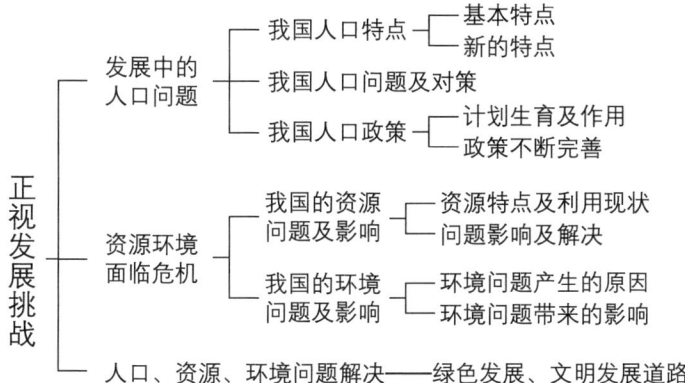

（四）作业设计

1.基础性作业：《能力培养》49页选择题1—10题、非选择题13题。

2.探究性作业：搜集我国人口、资源、环境任意一方面存在的问题，并就如何解决这类问题写一封倡议书。

（五）参考资料

1.杨雪青：《初中思政课生活化教学的策略研究》，《发明与创新（职业教育）》，2021年第7期。

2.马存贤：《关键词教学策略在中学思政课教学中的应用研究》，《大众文摘》，2022年第28期。

3.文俊婧、许洪劢、钟蓉妮：《新媒体时代中学思政课教学的创新路径研究》，《决策探索（中）》，2021年第8期。

4.张天华、闫梦佳：《中学思政课教学激发学生主体性研究》，《渤海大学学报：哲学社会科学版》，2021年第3期。

八、教学总结与反思

本节课内容较多但难度不大，主要学习了两个问题：一个是发展中的人口问题，主要学习人口现状的特点、人口问题的严峻性及计划生育的基本国策，运用时事材料分析、小组合作探究的方法，学生不仅对于这部分知识的记忆加深，也锻炼了阅读材料分析的能力和对时政的敏感度；一个是资源环境面临危机，学习资源和环境两方面的严峻形势，要结合现实生活中较为典型的案例帮助学生加深理解，提高学生分析问题和解决问题的能力。另外，我加入了学科融合的部分，能很大程度上调动学生的积极性，自然而然地说明资源问题与环境问题的关系，并且能够帮助学生自主梳理出逻辑关系，从而帮助学生意识到资源环境问题与我们生活中的微小举动息息相关，从而在生活中践行绿色发展理念。

共筑生命家园　有你也有我

大连市第六中学　姜　丽

一、课程基本信息

主讲课程： 道德与法治

使用教材版本： 人民教育出版社2023年版

教材章节出处： 《道德与法治》九年级上册第三单元第六课第二框《共筑生命家园》

二、教学设计概述

本节课是《道德与法治》九年级上册第六课《建设美丽中国》第二框，本框内容主要讲述"怎么办"的问题，回应我国所面临的人口问题与资源、环境挑战，即从理念上说要处理好人与自然的关系，从行动上说要走绿色发展道路，从愿景上说要建设生命家园。从这个意义上说，本框是第六课的重点，也是难点，既要展示生态文明建设取得的历史性成就，又要认清所面临的现实挑战，还要将愿景理念转化为建设美好家园的实际行动。

1.对应的课程标准总目标：学生能够关心集体、社会和国家，具有主人翁意识、责任感和集体主义精神，主动承担对自己、家庭、学校和社会的责任，自觉维护祖国统一和国家安全；能够主动参与志愿者活动、社区服务活动，具有为人民服务的奉献精神，勇于担当；能够遵守社会规则和社会公德，依法依规有序参与公共事务，具有公共意识和公共精神；敬畏自然，保护环境，形成人与自然生命共同体的意识。

2.对应的学段目标：第四学段（7—9年级）中关于责任意识的内容，敬畏自然，具有绿色发展理念，初步形成环保意识和生态文明观；能够在日常生活中自觉践行生态文明理念。

3.对应的学习主题及内容要求：第四学段（7—9年级）法治教育主题，了解环境保护的法律规定，树立生态文明观念。

三、学情分析

当前，学生对人口、资源、环境等方面的内容并不陌生，他们通过图片、视频、公益广告、社会实践活动、研学旅行等形式，或多或少地对生态文明建设有所了解，内心逐渐形成生态文明意识，对生活中的资源浪费、环境污染等事件或行为也有所耳闻，基于生活经验能作出正确的价值判断和行为选择，自身也能积极践行绿色生活理念和生活方式。

因为家庭教育、学校教育和社会宣传等方面存在缺失或者不力的地方，个别学生还存在着浪费资源、破坏环境等生态意识淡薄的行为。加大对中学生资源环境国情教育和生态意识培育的力度，增强青少年对环境的忧患意识，引导学生持续关注生态文明建设，是促进中学生全面发展和核心素养培育的内在要求。

四、教学目标

依据课程标准和学科核心素养，结合教材分析和学生实际学情，将学习目标确定如下：

1.树立珍惜资源、保护环境、关爱自然的意识和品质；树立人与自然和谐共生的基本理念；认同计划生育、节约资源和保护环境的基本国策；增强建设美丽中国，走绿色发展道路的态度认同；面对人口、资源和环境现状，树立忧患意识，提升生态文明素养，明确生态文明建设的重要性和紧迫性；树立节约利用资源和保护环境的意识及可持续发展意识；树立以人为本，全面、协调、可持续的科学发展观；增强生态文明的使命感和责任感，培养爱国主义精神。

2.领悟人与自然和谐共生的真谛，理解生态文明建设的要求。懂得绿色发展道路是我国经济社会发展的必然选择。知道生态文明的重要性和建设生态文明的措施，明确绿色发展的意义，走可持续发展之路。

3.理解节约资源、保护环境的基本国策；理解人与自然相互依存、和谐相处的关系；理解经济发展和生态环境保护之间的关系。知道坚持绿色发展，走生产发展、生活富裕、生态良好的文明发展道路的必要性。正确理解并遵守党和政府制定的坚持绿色发展道路的各项政策，与违反政策的各种行为作斗争。

具体操作如下：

1.通过观看视频《饮酒（其五）》，能够感受到人与自然和谐共生的美好意境，激发学生对美丽自然环境的向往。

2.通过阅读文字材料"大连春柳河的改造"，以学生熟悉的春柳河生态文明建设为例，贴近学生生活实际，既提高了学生的学习兴趣，又让学生容易理解，并深切感受到建设生态文明的重要性。

3.通过探究与比较余村的两条致富道路，使学生见证余村的巨变，诠释绿水青山就是金山银山的理念，帮助学生认识到我们可以处理好经济发展与生态环境保护的关系。对比两次致富道路的异同，提升学生辩证思维能力，理解绿色惠民的做法。

4.通过参与"低碳微行动"，在生活中从点滴做起，参与环境保护，践行低碳生活，增强人与自然和谐相处的责任意识，做维护生态文明的践行者，为建设美丽中国贡献青春力量。

5.通过知识拓展"如何建设美丽中国"（从不同角度加以说明，如国家、企业、社会、个人等）提升学生学以致用的综合能力和多角度分析问题的能力。

五、教学重点难点

（一）教学重点

人与自然的关系；经济发展与生态环境保护的关系；走绿色发展道路的价值取向、行为选择和制度建设。

（二）教学难点

处理好经济发展与生态环境保护的关系；坚持绿色生活方式，把绿色发展理念内化于心、外化于行。

依据：初中学生思想还不成熟，社会经验比较欠缺，对"人与自然的关系"和"经济发展与生态保护的关系"等认识还存在不少误区，在"共筑生命家园"这一框里，主要为了帮助学生认识生态文明建设的重要性，提高学生用联系的、发展的、全面的观点分析经济发展与环境保护的关系，让学生在讨论辨析中澄清认识误区，坚持绿色生活方式，把绿色发展理念内化于心、外化于行。

六、教学设计总体思路

教学策略与方法：

1.法治教育、道德教育和国情教育相融合。本课内容主要是国情教育，但在国情教育中，道德教育和法治教育同样不可忽视，既要从道德约束、道德自觉和道德践行等角度来倡导，也要从法治的规范、法治的敬畏和法治的信仰等角度来推进，从而使国情教育真正落到实处。比如，教材以"相关链接"的形式，呈现了《中华人民共和国环境保护法》的相关内容，这既是对学生进行法治教育，又是对学生进行道德教育，同时也是落实社会主义核心价值观教育的重要内容。

2.注重情感体验和道德实践。在教学中，要想让教材承载的理念入脑入心，仅仅依靠教师的讲解是难以奏效的。教师需要从学生真切的生活体验入手，借助真实的场景或创设情境，让学生身临其境、感同身受，在参与、扮演、体验和感悟中，内化学科观点，达成价值认同，唤醒主体意识，强化责任使命。比如"运用你的经验"活动，对于陶渊明的《饮酒（其五）》，要让学生大声朗读并感受其内在意境，体会人与自然和谐共生的主旨。

3.在这一框题中，主要运用议题式教学法、情境教学法、多媒体课件演示法、提问法、小组讨论法、归纳法等。培养学生的辩证思维，思考应对生态危机的策略，自主搭建知识框架，让学生在阅读、思考、讨论、感悟、表达中提升生态环境保护的意识和能力。

七、教学过程

（一）教学流程设计

环节一：

教师活动：《饮酒（其五）》诗歌赏析。

1.播放短视频：陶渊明的《饮酒（其五）》。

2.设疑：你能想象怎样的生活图景，蕴含怎样的意境？

3.对学生的回答情况予以点拨，顺势导入新课。

学生活动：

1.有感情地朗诵诗歌，赏析诗歌，感受诗文所蕴含的美好意境，在赏析中认识人与自然的关系。

2.思考、回答问题，归纳总结知识点。

设计意图：通过赏析诗歌，在优美的意境中感受人与自然和谐相处的意境，在学科融合中体会人与自然相互依存、和谐共生的关系，增加课堂的文学性，激发学生兴趣。

环节二：

教师活动：播放图片：地球对人类的"报复"即各种自然灾害。

归纳：为什么坚持人与自然和谐共生？

学生活动：思考：地球向人类敲响警钟，给我们什么启示？

自然与人类的关系

自然为人类的生存与发展提供滋养与必要条件

人类应保护自然，并对自然进行补偿和修复

设计意图：以直观的方式，视觉冲击，在观看中分析问题，既归纳了知识点，又锻炼了学生分析问题的能力。

环节三：

教师活动：出示材料：

春柳河是大连市区内的一条河流，发源于大连市甘井子区金三角附近，流经沙河口区春柳地区。随着城市发展，服务范围内的污水量已经超出现有的处理能力，部分污水直接流入春柳河，严重污染周边环境，建设新的污水处理厂势在必行。春柳河污水处理厂每天能够接纳处理12万吨的城市污水，满足50万人口的需要。

处理后的部分出水进行循环再利用，满足厂内生产运行用水、冬季水源热泵供暖用水；市区部分城市道路冲洗保洁、园林绿地灌溉用水的需要，补充景观用水，为城市再生水的循环利用提供了新水源，同时改善了春柳河、梭鱼湾海域的水质及周边生态环境。

提问：春柳河的改造给我们今天治理污染带来哪些启示？

学生活动：阅读材料，思考问题。

设计意图：以学生熟悉的春柳河生态文明建设为例，贴近学生实际，既提高了学生的学习兴趣，又让学生容易理解。

环节四：

教师活动：组织学生探讨余村的发展之路。

指导学生阅读材料《浙江余村的变迁》，了解余村发展变迁的历程，思考余村在不同时期所面临的发展挑战。分析余村走过的两条不同的致富道路，比较一下，这两条道路有什么不同？你从中发现了什么？

指导学生尝试用自己的话表达对绿水青山就是金山银山的理解。

学生活动：阅读材料，结合教材分析思考：

1.余村走过两条不同的致富道路。两条道路有什么不同？

2.余村是如何实践"绿水青山就是金山银山"理念，建设生态文明的？

设计意图：本环节通过讲述浙江余村这一真实的案例，使学生通过见证乡村的巨变，诠释绿水青山就是金山银山的理念，帮助学生认识到我们可以处理好经济发展与环境保护的关系。对比两次致富道路的异同，提升辩证思维能力。

环节五：

教师活动：绿色生活，我为美丽中国出一份力。（你可以做些什么？）

归纳：个人践行绿色低碳环保生活方式。

学生活动：积极思考，分享体会。

1.践行绿色生活方式（光盘行动、低碳出行、少用一次性物品、参加植树活动）。

2.践行绿色低碳微行动。

设计意图：引发学生思考，说一说自己家庭有哪些低碳行为，感受低碳行为给日常生活带来的变化。联系实际，从生活中的小事出发，知行合一，理论与实践相结合。

环节六：

教师活动：知识拓展：如何建设美丽中国？（请从不同角度加以说明，如国家、企业、社会、个人等）

要求：组员全员参与，集思广益。时间5分钟。

学生活动：小组合作，完成探究。

小组成果展示：

国家	
企业	
社会	
个人	

设计意图：对本课学习内容的一个总结升华，提升学生合作探究能力、综合能力和多角度分析问题的能力。

（二）课堂小结

同学们，通过今天的学习，我们认识到了人与自然的关系，要实现人与自然和谐发展，坚持走绿色发展道路，建设生态文明。希望每一位同学在生活中做生态文明的拥护者和践行者，为建设美丽中国贡献自己的力量。

（三）板书设计

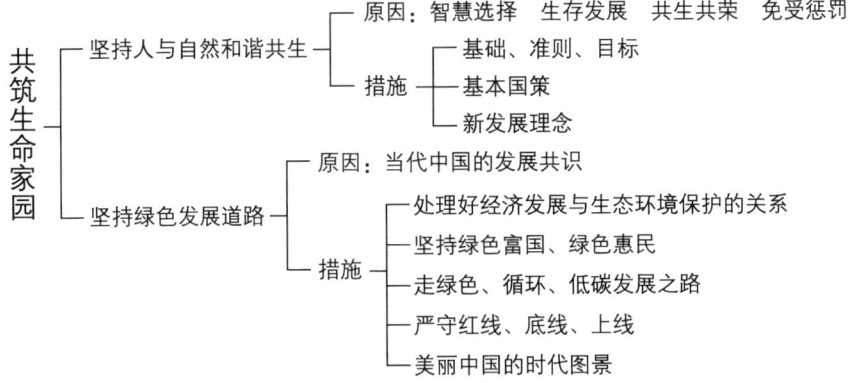

（四）作业设计

"绿色化"已悄无声息地渗透到我们生活的方方面面。低碳、文明生活，从我做起。请你撰写一份低碳生活倡议书，号召同学们践行低碳行动。

（五）参考资料

中华人民共和国教育部：《义务教育道德与法治课程标准（2022年版）》，北京师范大学出版社，2022年。

八、教学总结与反思

（一）教学优点

1.从教学设计上来看，学习目标制定科学准确，可观可测；评价任务依据目标而设计，具体有针对性，为开展教学提供了有力的抓手；教学活动针对目标，依据具体教学内容而开展，能启发学生思考，促进了课堂生成。

2.从教学效果上来看，学生融入课堂，课堂气氛有序而活跃，在课堂上学生自主学习、合作探究，充分发挥学生的主体作用。选取身边事例，贴近学生实际，激发学生学习的兴趣。在育人效果上通过一系列教学活动使学生充分感悟到了人与自然和谐共生的重要性，从而增强了学生的绿色发展意识和社会责任感。

（二）存在的不足

1.课前准备上，资料收集应该再丰富些。

2.课堂评价上，评价语言比较单一，要积极探索个性化、多样化、创新性的评价方式。

保护绿水青山　筑起生命家园

鞍山市育才中学　孙雪娇

一、课程基本信息

主讲课程：道德与法治

使用教材版本：人民教育出版社2018年版

教材章节出处：《道德与法治》九年级上册第三单元第六课第二框《共筑生命家园》

二、教学设计概述

本节课为达到新课标中的核心素养要求，通过多个环节使学生逐步理解共筑生命家园的意义及方法，坚持人与自然和谐共生，坚持绿色发展道路。

导入新课环节通过学生比较熟悉的电影《流浪地球》以及日本将核污水排海事件引出课题，能够引发学生的情感共鸣，激发学生对于探索环境保护之路、共筑生命家园的学习热情。自主探究环节由于学生已经拥有一定的自学能力，先让学生通过自主阅读找到问题答案，为之后的案例分析打下理论基础，为后续教学活动做好铺垫。案例分析、小组合作环节让学生明白人是大自然的一部分，是大自然的朋友；人与自然相互依存，共生共荣，和谐共生。通过案例分析更真切地理解"为什么要坚持人与自然和谐共生""怎样实现人与自然和谐发展、建设生态文明"这两个问题。观点聚焦、师生合作环节发挥学生的主观能动性，为人与自然和谐相处提出意见和建议。再进行教师总结，师生合作提高课题实效。绿色发展、势在必行环节通过观看视频理解走绿色发展道路势在必行，师生共同从实际生活出发举例说明怎样从自己做起坚持绿色发展道路。探究分享、为国献策通过典型案例，在教师的引导下学生逐步理解该如何走绿色发展道路。

三、学情分析

初中阶段的学生处于生态文明价值观形成的关键期，他们在人口资源环境等方面的认知水平和行为选择能力较弱，需要正确引领并促使其转化为建设美丽中国的积极力量。部分学生在日常生活中，还存在着浪费资源、破坏环境、环保意识薄弱等行为，因此需要加大对中学生资源环境国情教育和生态意识培育的力度，增强青少年对环境保护的忧患意识，引导学生持续关注生态文明建设，促进人与自然和谐共生。建设美丽中国、实现中华民族永续发展需要每一个国人提升生态文明素质，形成正确的生态文明价值观。

从学生的学习认知层面来看，基于上一框《正视发展挑战》的学习，学生已经了解了我国人口、资源和环境的基本特点及现状，认识到人口、资源和环境问题对我国经济社会发展造成的影响，意识到我们需要面对发展中出现的问题，只有通过转变传统的发展模式，走一条绿色发展之路，才能协调好经济发展与保护生态之间的关系，形成永续发展。

四、教学目标

（一）政治认同

树立节约利用资源和保护环境的意识及可持续发展意识。

（二）道德修养

正确认识人与自然的关系，知道生态文明的重要性和建设生态文明的措施。

（三）法治观念

明确绿色发展的意义，坚持绿色发展道路要正确处理好人口、资源、环境之间的关系。

（四）健全人格

结合我国的发展明确怎样实施可持续发展战略并在日常生活中践行。

（五）责任意识

树立以人为本，全面、协调、可持续的科学发展观，增强责任感和使命感。

五、教学重点难点

（一）教学重点

人与自然和谐共生的必要性；如何坚持人与自然和谐共生、建设生态文明？坚持绿色发展道路的含义和意义；如何坚持走绿色发展道路；如何处理经济发展与生态环境保护的关系？

（二）教学难点

让学生树立保护环境、节约资源的意识，培养学生走可持续发展战略和走绿色发展道路的意识。

六、教学设计总体思路

本节课围绕绿色发展、环境保护，通过完整的教学流程让学生从知到行地学习本课。首先通过电影和热点新闻引出课题，激发学生学习本课的兴趣。之后通过自主探究让学生自主阅读找到问题答案，为后续教学活动做好理论铺垫。进而通过案例分析、小组合作让学生对本节课所学内容进行内化。之后教师总结，通过师生合作使学生的认知达到新的高度，起到升华主题的课堂效果。最后通过探究分享、为国献策，利用典型案例引导学生从行动上坚持绿色发展道路。

七、教学过程

（一）教学流程设计

环节一：导入新课

教师活动：

最初，没有人在意这场灾难，这不过是一场山火，一次旱灾，一个物种的灭绝，一座城市的消失。直到这场灾难和每个人息息相关。

——电影《流浪地球》

播放新闻视频：《日本福岛第一核电站核污染水排海》。

引导学生谈谈看到这个视频后的感受，引出课题"共筑生命家园"。

学生活动：谈感受。

设计意图：通过学生比较熟悉的电影《流浪地球》以及日本将核污水排海事件引出课题，能够引发学生的情感共鸣，激发学生对于探索环境保护之路，共筑生命家园的学习热情。

环节二：自主探究

教师活动：引导学生自主阅读教材，找出问题的答案。

1.坚持人与自然和谐共生

（1）为什么要坚持人与自然和谐共生？

（2）怎样实现人与自然和谐发展、建设生态文明？

2.坚持绿色发展道路

（1）为什么要坚持绿色发展道路？

（2）我们怎样坚持绿色发展道路？

学生活动：自主学习教材81—88页，并思考回答问题。

设计意图：学生已经拥有一定的自学能力，先让学生通过自主阅读找到问题答案，为之后的案例分析打下理论基础，为后续教学活动做好铺垫。

环节三：案例分析，小组合作

教师活动：给定文字材料：伦敦"杀人雾事件"。

给出提示：自然为人类的生存与发展提供滋养和必要条件；作为自然的一部分，人类也有责任避免自然受到不必要的伤害，同时要为开发和利用自然作出必要的补偿和修复。

学生活动：带着问题边思考边阅读材料：

（1）伦敦"杀人雾事件"产生的原因。

（2）启示我们应该怎样对待自然。

之后根据老师的引导，进行归纳总结。

教师活动：总结：（1）特殊的天气状况是伦敦"杀人雾事件"的重要诱因，即燃煤产生的二氧化硫和粉尘污染；间接原因是逆温层所造成的大气污染物蓄积；根本原因是人类不断破坏和污染环境。

（2）①人类开发和利用自然，不能肆意凌驾于自然之上，必须遵循自然规律，肆意践踏自然，自然必然会对我们作出惩罚。②生态兴则文明兴，生态衰则文明衰。③以自然规律为基础，追求人与自然和谐共生，寻求人与自然相互依存，共生共荣。④强化节约资源、保护环境的基本国策，实现严格的制度、严密的法治，为生态文明建设提供可靠保障。要树立人与自然和谐共生的理念。

设计意图：让学生明白人是大自然的一部分，是大自然的朋友；人与自然相互依存，共生共荣，和谐共生。通过案例分析更真切地理解这两个问题：为什么要坚持人与自然和谐共生？怎样实现人与自然和谐发展、建设生态文明？

环节四：观点聚焦，师生合作

教师活动：给出近年来我国自然灾害的数据，引导学生思考这些灾害的产生原因。让学生为人与自然和谐相处提出一些建设性意见和建议，之后由教师总结：

（1）通过材料中的数据，我们可以看出，环境污染是我国面临的一个重要难题。破坏了生态平衡，会制约我国经济社会的可持续发展，危害人民的身体健康甚至生命。

（2）人类开发和利用自然，不能肆意凌驾于自然之上，必须符合自然规律。如果我们对自然只是一味地索取，必然受到它的惩罚。①人类开发利用自然，必须符合自然规律。②要以资源环境承载能力为基础，以自然规律为准则，以可持续发展、人与自然和谐共生为目标。③要坚持节约资源和保护环境的基本国策，坚持创新、绿色、协调、开放、共享的发展理念。

学生活动：观看数据，思考灾害的产生原因，为人与自然和谐相处提出一些建设性意见和建议。

设计意图：发挥学生的主观能动性，为人与自然和谐相处提出意见和建议。再进行教师总结，师生合作提高课题实效。

环节五：绿色发展，势在必行

教师活动：播放视频：《塞罕坝护林人讲述五十五年的坚守》。引导学生看视频谈感受，进而总结为什么要坚持绿色发展道路。

学生活动：观看视频，分享感受。了解我国的资源状况，并分析、思考问题：

（1）塞罕坝为什么会从"美丽高岭"变成"黄沙漫漫"，又为什么会从"荒原沙地"变回"林海绿洲"？

（2）塞罕坝的发展历程对我国环境治理有什么启示？

（3）我国为什么要坚持走绿色发展道路？

（4）绿色发展理念给我们的生活带来了哪些变化？

分析、思考，形成观点，获取知识。

教师活动：总结：（1）由于过度开垦伐木，以牺牲环境为代价换取一时的经济增长，日本侵略者的掠夺采伐和连年山火，使塞罕坝从"美丽高岭"变成"黄沙漫漫"。（2）塞罕坝几代林场人的努力治理，使塞罕坝从"荒原沙地"变回"林海绿洲"。因此我们要用实际行动践行绿色发展理念，坚持走绿色发展道路。

走绿色发展道路，建设生态文明，实现可持续发展，已经成为当代中国的发展共识。走绿色发展道路，建设资源节约型、环境友好型社会，实现经济繁荣、生态良好、人民幸福，这既是建设美丽中国的时代图景，也是实现中华民族伟大复兴的历史使命。

今天，"绿色化"已悄无声息地渗透到我们生活的方方面面。低碳、文明生活，从我做起。低碳生活：树立绿色、低碳生活理念，养成物尽其用、减少废弃物的文明行为；拒绝购买过度包装的产品；少用或不用一次性筷子；节约粮食，拒绝浪费，践行"光盘行动"……

设计意图：通过观看视频理解走绿色发展道路势在必行，师生共同从实际生活出发举例说明怎样从自己做起坚持绿色发展道路。

环节六：探究分享，为国献策

教师活动：带领学生阅读教材84页的"探究与分享"。引导学生思考、归纳，形成观点和认识。

学生活动：带着问题阅读材料：

（1）余村的书记为什么困惑？

（2）习近平总书记的话给余村人什么启示？

（3）"绿水青山"和"金山银山"分别指什么？

（4）余村是怎样践行"绿水青山就是金山银山"的理念，建设生态文明的？

教师活动：

1.总结：（1）余村书记困惑的是怎样处理资源与环境的关系，怎样处理经济发展和环境保护的关系，怎样处理人与自然的关系。

（2）坚持走绿色发展道路，要处理好经济发展与生态环境保护的关系。保护生态环境就是保护生产力，改善生态环境就是发展生产力，决不能以牺牲环境、浪费资源为代价，换取一时的经济增长。我们既要绿水青山，也要金山银山。如果金山银山要以失去绿水青山为代价，那么宁要绿水青山，不要金山银山。绿水青山就是金山银山。

（3）"绿水青山"指的是"生态环境保护"；"金山银山"指的是"经济发展"。

（4）余村及时转变了发展理念，坚定走可持续发展之路；制定了正确的发展规划，结合自身实际，大力发展生态旅游经济，走上了健康发展之路，践行了"绿水青山就是金山银山"理念：①余村关停矿山、封山护林、大力发展生态旅游业，带动了旅游经济的发展，体现了保护环境就是发展生产力。②余村同时引进无污染高效益企业，增强发展后劲，实现了生态保护和经济发展的双赢。③余村坚持走绿色发展道路、坚持经济建设与环境保护协调发展，实现了绿色惠民、绿色富民，生动体现了"绿水青山就是金山银山"的理念。

2.带领学生阅读教材84页的"探究与分享"。引导学生思考、归纳，形成观点和认识。

学生活动：阅读教材85页，谈谈对这件事的看法，并思考怎样坚持绿色

发展道路。

教师活动：总结：在小河上游建造纸厂，造纸厂违规排放污水，污染环境。材料中的观点只看到了短期的经济效益，忽视了长期的社会效益，损害了人民利益、社会利益和国家利益。

坚持走绿色发展道路，要处理好经济发展与生态环境保护的关系。保护生态环境就是保护生产力，改善生态环境就是发展生产力，决不能以牺牲环境、浪费资源为代价，换取一时的经济增长。走绿色发展道路，坚持绿色富国，让人民群众切实感受到经济发展带来的环境效益。

设计意图：通过典型案例，在教师的引导下学生逐步理解该如何走绿色发展道路。

（二）课堂小结

本课时我们学习了实现人与自然和谐共生的必要性及要求，知道了坚持走绿色发展道路应有的行动以及如何建设生态文明。人与自然是生命共同体，人类必须尊重自然、顺应自然、保护自然。坚持节约优先、保护优先、自然恢复为主的方针，形成节约资源和保护环境的空间格局、产业结构、生产方式、生活方式，还自然宁静、和谐、美丽。建设美丽中国，青年在行动。

（三）板书设计

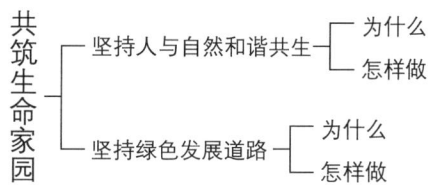

（四）作业设计

1.2022年北京冬奥会主火炬的内外飘带及燃烧系统都是用3D技术打印，再经过抛光组装而成。主火炬在奥运历史上首次使用"微火"方式，其碳排放量仅为传统点火方式的1／5000。北京冬奥会主火炬的设计主要体现的发展理念是（   ）

A.创新和协调　　B.绿色和开放　　C.创新和绿色　　D.协调和共享

2.碳中和要求人们通过种植树木、节能减排等形式，抵消自身产生的二氧化碳排放量，达到"相对零排放"。为此，武汉市政府将嵩阳山、将军山列入首批碳中和林地。据测算，这两片碳中和林，未来30年可吸收约3万吨碳排放。这体现了（　　）

①人与自然相互依存，共生共荣

②走绿色发展之路，应坚持节约优先、保护优先、自然恢复为主的方针

③保护生产力就是保护生态环境，发展生产力就是改善生态环境

④建设生态文明，应以资源环境承载能力为目标

A.①②　　　B.①④　　　C.②③　　　D.③④

3.下列行为属于公民践行低碳生活理念的是（　　）

A.小京坚持将生活垃圾分类投放

B.小泽旅游时，随手将废电池扔进草丛里

C.小芬经常使用一次性餐具就餐

D.小鹏在食堂取餐过量，大半食物被倒掉

4.近年来，江苏坚定不移抓好长江大保护、严格落实长江"十年禁渔"任务，长江干流江苏段水质稳定达到优级水平。这表明（　　）

A.实现可持续发展就要禁止开发利用资源

B.坚持绿色发展可实现人与自然和谐共生

C.当前我国的环境问题已得到彻底改善

D.生态良好是建设美丽中国的唯一目标

5.在2021年3月的中央财经委员会第九次会议上，习近平总书记强调实现碳达峰、碳中和是一场广泛而深刻的经济社会系统性变革，要把碳达峰、碳中和纳入生态文明建设整体布局。推动构建生态环境治理全民行动体系，"美丽中国，我是行动者"。下列行动正确的是（　　）

①应该先要金山银山，再要绿水青山

②必须善待大自然，禁止开发资源

③绿色出行垃圾分类，节能低碳环保

④严守资源消耗上限，生态保护红线

A.①②　　　B.②③　　　C.②④　　　D.③④

题号	1	2	3	4	5
答案	C	A	A	B	D

八、教学总结与反思

（一）教学优点

1.从教学设计上来看

学习目标制定科学准确，可观可测；评价任务依据目标而设计，具体有针对性；评估要点到位、合理，为开展教学提供了有力的抓手；教学活动针对目标，依据具体教学内容而开展，选取材料有深度，能启发学生思考，促进了课堂生成，在处理生成中完成学生成长的引导，力求体现学科育人要求。

2.从教学效果上来看

学生融入课堂，能按要求进行独立思考或集体讨论，课堂气氛有序而活跃；教师引导到位，语言准确精练，注重突出学生的主体地位，激发学生学习的兴趣，尤其是善于引领学生进入深度思考与深入学习，提升了学生分析问题、解决问题的能力以及辩证思维能力、理论联系实际能力；在育人效果上，导入时效性强，能开阔学生视野，有效引发了学生共鸣，通过一系列教学活动使学生充分感悟到了人与自然和谐共生的重要性，从而增强了学生的绿色发展意识。

（二）存在的不足

1.各个教学环节缺少过渡语句。

2.板书设计比较简单。

3.缺少大任务、大情景。

勇于迎接挑战　建设美丽家园

庄河市第三十五初级中学　吴曼榕

一、课程基本信息

主讲课程：道德与法治

使用教材版本：人民教育出版社2018年版

教材章节出处：《道德与法治》九年级上册第三单元第六课第一框《正视发展挑战》

二、教学设计概述

本课使用《道德与法治》九年级上册教材，课程内容为第三单元《文明与家园》第六课《建设美丽中国》的第一框《正视发展挑战》。本框由"发展中的人口问题"和"资源环境面临危机"两个题目组成，第一目引导学生认识人口对社会发展的影响、我国人口新特点，知道我国应对人口发展采取的一系列措施。第二目引导学生了解我国当前面临的资源环境问题，深入剖析我国资源、环境现状和成因。明确人口、资源、环境问题的实质是发展问题。要坚持走绿色发展道路，树立保护环境的观念。

党的十八大报告指出，建设生态文明，是关系人民福祉、关乎民族未来的长远大计。面对资源状况趋紧、环境污染严重、生态系统退化的严峻形势，必须树立尊重自然、顺应自然、保护自然的生态文明理念，把生态文明建设放在突出地位，融入经济建设、政治建设、文化建设、社会建设各方面和全过程，努力建设美丽中国，实现中华民族永续发展。因此，教材特意安排这一框题，既贴合我国的现实情况，也希望当代中学生可以了解到，我们只有正视这些发展挑战，树立保护环境观念，坚持走绿色发展道路，才能为人与自然和谐共生的中国式现代化建设贡献自己的力量。

本课理论依据：

1.《义务教育道德与法治课程标准（2022年版）》核心素养中的"道德修养"与"责任意识"。在核心素养之一的道德修养中，要求学生养成保护环境的社会公德；在责任意识中，要求学生要有热爱自然，践行绿色生活方式的担当精神。

2.总目标中的"敬畏自然，保护环境，形成人与自然生命共同体的意识"。

3.第四学段（7—9年级）学段目标"责任意识"中的"敬畏自然，具有绿色发展理念，初步形成环保意识和生态文明观；能够在日常生活中自觉践行生态文明的理念"。

4.课程内容"法治教育"主题中的"了解环境保护的法律规定，树立生态文明观念"。

本课结合时代发展，关注社会热点问题，反映党和国家重大事件和理论创新成果，丰富学生实践体验，促进知行合一，引发学生共鸣。本框围绕转变发展方式，正视发展挑战这个主题，设立三个议题，分别是"发展中的人口问题""资源环境面临的危机""走绿色发展道路"，从人口、资源、环境三方面关系结合具体情境，运用多种前沿案例、数据、素材等内容，帮助学生明确人口、资源、环境问题的实质是发展问题，理解我国计划生育和节约资源保护环境的基本国策，树立正确的生态文明观念。

三、学情分析

1.九年级学生正处于世界观、人生观、价值观形成的关键期，同时对事物的认知能力正逐步从具体形象思维模式向抽象逻辑思维模式过渡，学生展现出对周围的事物极强的好奇心和探索欲，产生批判思维，开始思考自己与他人、社会、国家的关系。

2.九年级学生经过两年的初中学习生活，具备了一定的自主探究学习能力。从知识储备来看，学生在七、八年级的地理课及一些地方课程中对我国的人口、资源、自然环境等方面的知识有所涉猎，所以在学习本课知识内容时，学生会感觉到较为熟悉，易于理解知识点。

3.虽然学生对我国人口、资源、环境等情况已经有所了解，但仅仅停留在简单的国情了解与生活感悟上，缺乏从经济社会发展的视角看这三大问题，同时，对国家现行的相关政策和具体的发展思想也没有深入探讨，并且在日常生活中也会出现资源浪费、破坏环境等不良行为。因此，有必要使学生全面深入地了解我国的资源和环境状况，正确认识人口、资源、环境现状，认同我国发展政策，增强主人翁意识，践行绿色生活方式，为美丽中国做出自己的贡献。

四、教学目标

1.通过阅读资料、观看视频，感知人口、资源、环境三者关系，通过分享讨论，明确人口问题不仅是一个世界问题还关系到中国发展，感知人与自然需要和谐共生，初步形成环保意识和生态文明观。

2.通过分析数据资料、小组讨论，知道我国人口发展历程和当前人口状况新特点，能正确认识我国人口国情，准确掌握人口问题对我国进行现代化建设的重要性，增强对我国采取计划生育基本国策的认同感。

3.通过对比数据资料进行分析、观看视频，知道我国现今资源状况、特点及受到的危害，能反思浪费和破坏资源的不良行为，理解我国当前所采取的节约资源保护环境的基本国策。

4.通过查阅和阅读有关环境保护的相关资料、进行小组讨论，了解我国面临的资源环境问题，知道我国生态环境现状成因以及受到的危害，能够在日常生活中自觉践行生态文明的理念，热爱自然，保护环境。

5.通过阅读有关生态环境的论述资料，掌握人口、资源、环境问题的本质是发展问题，能准确理解若处理不好人口、资源、环境问题会制约我国经济社会发展，树立坚持走绿色发展道路的理念。

五、教学重点难点

（一）教学重点

我国当前资源、环境所面临的严峻形势。

改革开放以来，随着我国经济的快速发展，大气污染、生态系统退化、资源枯竭愈演愈烈，经济发展与生态环境之间的矛盾日益尖锐。要解决这一矛盾，必须正视资源环境问题，积极应对严峻挑战。作为本课的重点内容，应当引导学生在认清我国的资源、环境现状的基础上，树立大局观、长远观、整体观，坚持节约资源和保护环境的基本国策，养成绿色的生活方式。

（二）教学难点

我国人口问题的本质以及我国人口政策的完善。

中国是一个人口大国。党的十八大以来，党中央高度重视人口问题，根据我国人口发展变化形势，做出逐步调整完善生育政策，促进人口长期均衡发展的重大决策。实践证明，计划生育政策是完全符合我国国情和国家发展的，必须长期坚持。计划生育政策这个知识点对学生来说很容易进入一个误区，那就是错误地认为：采取了计划生育政策就是不生、少生。所以在教学过程中，应将人口政策作为本节课的教学难点，让学生明确计划生育政策的内容是动态的，不是一成不变的，其具体内容是随着社会经济发展的变化而变化的。

六、教学设计总体思路

本节课作为《道德与法治》九年级上册第三单元第六课《建设美丽中国》的第一框，起着启下的作用。主要从"是什么"的角度阐述我国在发展过程中所面临的挑战，重点围绕人口、资源、环境三方面内容展开。本课知识点数量较多，但九年级学生在地理学科中有所涉猎，所以学习时易于理解，难度较低。新课导入以视频的形式吸引学生，采用讲授法、情境分析法、小组讨论法的教学方法丰富课堂实践。在授课环节，部分素材采用了跨学科的模式，将道德与法治和数学学科紧密结合起来。运用多种图表和数据以较为直观的形式介绍了我国当前人口、资源、环境现状。又利用了比较法使学生更容易理解我国当前资源环境面临的何种挑战。由此引发学生共鸣。课程最终目的在于培养学生的责任意识，认同我国的绿色发展道路，形成敬畏自然、节约资源、爱护环境的文明观念，并为第二框《共筑生命家园》的学习做好铺垫。

七、教学过程

（一）教学流程设计

环节一：新课导入

教师活动：展示视频《你好，我是地球》。提问：地球遇到了哪些问题？

学生活动：地球人口增加，环境污染严重，水资源匮乏，人与自然产生矛盾，人类发展面临挑战。

设计意图：通过引导学生观看视频，分析地球当前面临哪些问题，让学生感知人口、资源、环境三者之间的关系，进一步引导学生深入思考当前我国人口、资源、环境现状，让学生带着问题学习新课，激发学生探究兴趣。

环节二：提出总议题——转变发展方式，正视发展挑战

教师活动：PPT展示第三单元思维导图、本课总议题和教学目标。（板书：正视发展挑战）

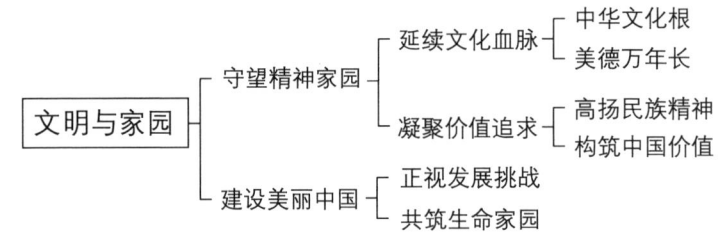

学生活动：齐读本课总议题和教学目标。

设计意图：设计总议题就相当于给本课抛砖引玉，让学生可以在议中学，将总议题贯穿于学习全过程。学生思考如何转变发展方式，为什么要正视发展挑战，激发学生的求知欲。新课标要求构建大单元设计。思维导图的存在就显得意义非凡。这让学生知道本节课在整个单元的所处位置，以便更好熟练掌握教材，构建知识总体性。对于教学目标的呈现是细化到学生本课要完成的知识任务有哪些，以此来更好地完成教学任务。

环节三：新课讲授——发展中的人口问题

◎活动一：人口问题的重要性

教师活动：展示世界人口日的数据材料：

2023年7月11日是第34个世界人口日，截至2023年7月8日，全球人口总数为80.32亿人，其中印度以14.26亿位居第一，中国以14.25位居第二。

提问：人口是越多越好吗？为什么？（板书：发展中的人口问题）

学生活动：人口不是越多越好。人口数量增加会造成资源、环境的破坏，粮食短缺等一系列危害。

教师活动：提出人口乘除法表，请同学们思考，如果"我国的部分问题×14亿"和"我国充足的财力物力÷14亿"之后分别可以得出什么结论？

学生活动：部分问题×14亿=很大的问题；充足的财力物力÷14亿=很低很低的人均水平。

教师活动：我国作为一个人口大国，人口问题始终是我国面临的全局性、长期性、战略性问题，展示习近平总书记关于人口发展问题的讲话。思考：我国为什么要重视人口问题？（板书：人口问题的重要性）

人口发展问题是关系中华民族伟大复兴的大事，必须着力提高人口整体素质，以人口高质量发展支撑中国式现代化。

——2023年5月5日，在二十届中央财经委员会第一次会议上的讲话

学生活动：人口是社会发展的主体，也是影响经济可持续发展的关键变量。人口问题已经成为一个日益严峻的全球性问题，成为人类社会面临的重大挑战之一。我国是人口众多的国家，人口发展是关系中华民族发展的大事情。人口问题始终是我国面临的全局性、长期性、战略性问题。（标记教材，整理笔记）

设计意图：1990年，联合国决定每年的7月11日定为"世界人口日"。本活动通过对有关世界人口数据的统计，让学生了解世界人口的现状，感受人口问题的严峻性，把握我国人口问题的世界背景。以习近平总书记关于人

口问题的论述为切入点，让学生知道在实现中国式现代化进程中，人口问题的重要性。

◎活动二：我国人口状况新特点

教师活动：给予学生3分钟时间进行小组讨论，提出问题：结合四幅图片，思考我国人口具有哪些新特点。（板书：我国人口状况新特点）

图1：我国历次人口普查全国人口年均增长率。

图2：2022年中国总和生育率降至1.1以下。

图3：中国人口老龄化速度及规模前所未有。

图4：我国男性人口为72334万人，占比51.24%；女性人口为68844万人，占比48.76%。

学生活动：

小组1：图1可以得出的结论是我国总人口增速趋缓，图2可得出总和生育率低于更替水平。

小组2：图3表示我国人口老龄化加剧，图4显示出男女性别比不太均衡，性别比偏高。

教师活动：当前我国人口具有总人口增速趋缓、总和生育率明显低于更替水平、出生人口男女性别比偏高、老龄化加剧等新特点。针对我国当前人口状况新特点，展示我国计划生育政策的时间轴和关于计划生育的法律，思考应该如何解决人口问题。

学生活动：国家采取计划生育政策。

教师活动：（板书：计划生育基本国策）总结一下，党和政府为了解决人口问题采取了哪些措施？

1.党和国家始终坚持人口与发展综合决策，科学把握人口发展规律，坚持计划生育基本国策，调控人口数量，提高人口素质，推动实现适度生育水平，有力促进了经济发展和社会进步。

2.党的十八大以来，党中央高度重视我国人口发展变化形式，先后作出实施单独两孩、全面两孩政策等重大决策部署，取得积极成效。

3.为进一步适应人口形势新变化和推动高质量发展新要求，促进人口长期均衡发展，2021年，我国开始全面实施一对夫妻可生育三个子女政策及配套支持措施。

学生活动：标记教材，整理笔记。

设计意图：采取跨学科学习和小组讨论的模式，从学生熟悉的数学数据入手，通过小组内部讨论，激发学生热情，增强自学能力，进而让学生自主总结我国人口现状呈现出的新特点，认识到我国人口发展是事关中国式现代化建设和全球发展的大事。采用阅读法律条文的方式，增进学生对计划生育政策的理解，解决本课难点问题。

环节四：资源环境面临的危机

◎活动一：我国资源环境面临的危机

教师活动：指导学生阅读教材77页"探究与分享"，思考上述环境问题带来哪些危害。（板书：资源环境面临危机）

学生活动：

学生1：全球气候变暖会导致海平面升高，产生极端气温。

学生2：海洋污染会使海洋物种受伤，甚至物种消失，影响海洋生态平衡。

学生3：水污染会使土壤酸碱度改变，影响地下水资源，影响人类日常生活用水。

教师活动：资源日益短缺，环境污染严重，生态系统退化，经济发展与资源环境之间的矛盾日益突出，已经成为我国经济社会发展必须面对的严峻挑战。（板书：我国资源环境的现状）

学生活动：标记教材，整理笔记。

设计意图：运用"探究与分享"相关内容，开门见山，直入主题，引导学生正确看待在改革开放建设所取得成就时，资源环境问题也逐渐凸显出来。培养学生的辩证思维，知道这是经济社会发展中不可回避的问题，从而引导学生科学对待、高度重视资源环境的变化。

◎活动二：我国资源知多少

教师活动：展示我国资源状况分布图和资源占有量比较图，给学生3分钟时间进行小组讨论。提出问题：我国资源状况具有哪些特点？

学生活动：

小组1：自然资源丰富，总量大，种类多。

小组2：开发难度大，总体上资源紧缺，我国面临的资源形势非常严峻。

小组3：人均资源占有量少。

教师活动：播放宁夏中宁非法采矿通报视频，思考对资源的过度开发会带来哪些后果，可采取哪些措施解决。

学生活动：过度开采资源会短缺，环境被破坏。可以向环保部门举报，对负责人进行处罚等。

教师活动：我国资源现状、存在的问题、产生的危害及对策。（板书：我国资源环境的现状、受到的危害、影响、对策）

1.现状：我国自然资源丰富，总量大，种类多，但人均资源占有量少，开发难度大，总体上资源紧缺。

2.问题：资源开发利用不尽合理、不够科学，依靠消耗大量资源换取经济发展的现象突出，由此造成浪费、损失、污染和破坏都很严重。

3.危害：对资源的过度开发、粗放利用和无节制消耗，必然导致资源的枯竭和对生态环境的破坏，严重影响经济的可持续发展，经济发展的空间和后劲也会越来越小。

4.对策：中国作为一个发展中的大国，不能走西方工业化的老路，必须探索符合国情的利用、保护和开发资源的新路。

学生活动：标记教材，整理笔记。

设计意图：通过直观地展示我国资源分布图和资源人均比较图，让学生清晰地意识到我国虽然资源种类多，但人均占有量少，资源处于较为缺乏的状态。跨学科地联系了地理、数学知识，让学生明白学科之间不是孤立的，并通过小组讨论的模式激发学生竞争意识、自主学习意识，提高课堂学习效率。同时通过播放热点社会事件的视频，让学生直观感受到当前我国资源面临着很多人为的破坏，需要重视资源的可持续发展及合理合法使用。

◎活动三：我国环境知多少

教师活动：展示生态环境部印发的《2022中国生态环境状况公报》节选

片段：2022年全国生态环境质量保持改善态势，自然生态状况总体稳定。但是，我国还面临一些环境问题。提问：水污染、土壤污染、大气污染会带来哪些危害？

学生活动：会使环境恶化加剧自然灾害的发生，严重破坏生态平衡，威胁着人民的生命安全和身体健康。

教师活动：展示漫画（某工厂随意排放污水，属于环境违法行为，应受到处罚）并提问：我国生态环境形势仍然不容乐观的原因是什么？

学生活动：回答：一些企业为了利益，违反环保法，肆意排放污染物，影响我国生态环境。

教师活动：对我国环境现状、成因、受到的危害、反思进行总结。（板书：节约资源、保护环境的基本国策）

1.现状：当前我国生态环境虽总体有所改善，但生态环境形势仍不容乐观。大气污染、水污染、土壤污染等各类环境问题时有发生，成为民生之患、民心之痛。

2.成因：一些地方、一些领域没有处理好经济发展与生态环境保护的关系，加上工业化进程加快、资源短缺、人口基数大等问题所产生的多重叠加效应。

3.受到的危害：环境恶化加剧自然灾害的发生，严重破坏生态平衡，威胁着人民的生命安全和身体健康。

4.反思：生态环境没有替代品，用之不觉，失之难存。人类关爱和保护环境就是走向重生，漠视和破坏环境就是走向自我毁灭。

学生活动：标记教材，整理笔记。

设计意图：采用阅读政策条文的方式，增进学生对我国环境形势严峻的认同感。同时以学生们的感兴趣的漫画形式引导学生将目光放长远，思考当今社会的一些企业为了追求经济效益而大肆排污的社会热点现象，培养其关注时事的良好学习习惯，学会独立思考。

环节五：如何转变发展方式

教师活动：指导学生阅读教材80页习近平总书记关于生态环境的论述：

环境就是民生，青山就是美丽，蓝天也是幸福，绿水青山就是金山银山。

像保护眼睛一样保护生态环境，像对待生命一样对待生态环境。

决不以牺牲环境为代价去换取一时的经济增长。

提问：人口、资源、环境问题的本质是什么问题？

学生活动：人口、资源、环境问题的本质是发展问题。

教师活动：那么，我们应该怎样节约资源，保护环境？（板书：转变发展方式，走"三生"道路）

①转变发展方式。②坚持绿色发展，走生产发展、生活富裕、生态良好的文明发展道路。

学生活动：标记教材，整理笔记。

设计意图：从学生熟悉的宣传语"绿水青山就是金山银山"入手分析，可以让学生更好地辨析自然环境与经济发展之间的关系，帮助学生更好地理解为什么我们要转变发展方式，走绿色发展道路，进一步培养学生的责任意识和政治认同感。

（二）课堂小结

通过这节课的学习，我们对我国的人口现状、资源和环境现状有了较为深入的了解，知道了人口、资源、环境事关我国的发展大计。为应对发展挑战，我国积极实行计划生育基本国策和节约资源和环境保护的基本国策。人口、资源、环境三者的关系归根结底是发展的问题。因此我们要走绿色生产生活道路，践行绿水青山就是金山银山的生态理念，树立环保节约意识，只有这样，才能共筑绿色家园，建设美丽中国。

（三）板书设计

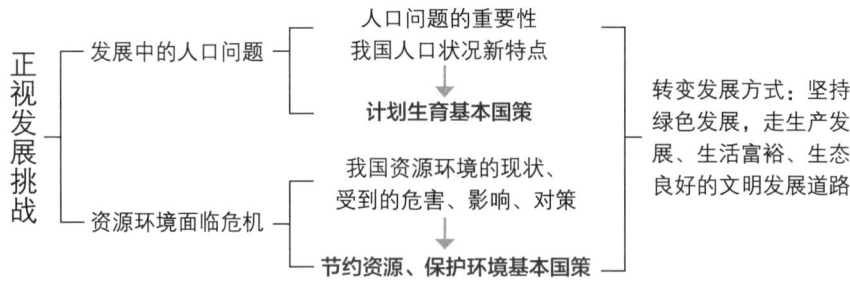

（四）作业设计

课时作业：

1.第七次人口普查数据显示，我国60岁及以上人口有2.6亿人，比重达到18.70%。《中共中央国务院关于加强新时代老龄工作的意见》提出，要健全养老服务体系，提升社区养老服务能力，进一步规范发展机构养老，将老龄事业发展纳入统筹推进"五位一体"总体布局和协调推进"四个全面"战略布局。这种做法是为了应对（　　）

A.人口增速趋缓　　　B.当前人口老龄化

C.人口出生率低　　　D.独生子女人数多

2.2021年5月31日，中共中央政治局召开会议。会议指出，进一步优化生育政策，实施"一对夫妻可以生育三个子女"政策及配套支持措施。从"双独二孩""单独二孩"到"全面二孩"再到"三孩"，这说明（　　）

A.我国是世界上人口最多的国家

B.我国的计划生育基本国策是错误的

C.我国的生育政策要随着人口和经济社会发展形势的变化不断完善

D.我国不再实行计划生育基本国策

3.改革开放以来，我国经济快速增长，创造了巨大的社会财富，成为世界经济增长的引擎，为世界发展作出了巨大贡献。与此同时，我国的人口、资源、环境问题非常突出，制约经济社会发展。坚持绿色发展，我们必然选择的文明发展道路是（　　）

①生态良好　　②生产发展　　③效率优先　　④生活富裕

A.①②③　　B.①②④　　C.①③④　　D.②③④

4.阅读材料，回答下列问题。

材料一：国家统计局2023年1月17日发布数据显示，2022年末全国人口（包括31个省、自治区、直辖市和现役军人的人口，不包括居住在31个省、自治区、直辖市的港澳台居民和外籍人员）141175万人，比上年末减少85万人。全年出生人口956万人，人口出生率为6.77‰；死亡人口1041万人，人口死亡率为7.37‰；人口自然增长率为-0.60‰。

材料二：国家主席习近平在第七十五届联合国大会上宣布："中国将提高国家自主贡献力度，二氧化碳排放力争2030年前达到峰值，努力争取2060年前实现碳中和。"

（1）材料一表明我国人口现状呈现出哪些新特点？

（2）材料二中节能减排的举措有利于改善我国怎样的环境形势？

（3）为解决材料中的人口和环境问题，我们应该如何做？（答出两点即可）

（4）节能减排，倡导绿色生活方式。你践行绿色生活的方式有哪些？（答出两点即可）

参考答案：1.B 2.C 3.B 4.略

设计意图：课时作业用时大约15分钟。《课标》指明，作业是学习评价的重要手段，要结合学生生活，创新作业方式，采用开放性、情境性、体验式等形式的难度适宜、数量适当的作业。在设计选择题部分时，注重基础知识的直接运用和创设情境，引导学生结合本节课知识点进行分析作答。在综合分析题中，需要学生根据自己日常经验和知识点进行解答，既考验学生的阅读能力，也锻炼了学生综合运用的能力。

（五）参考资料

1.中华人民共和国教育部：《义务教育道德与法治课程标准（2022年版）》，北京师范大学出版社，2022年。

2.义务教育道德与法治课程标准修订组：《义务教育道德与法治课程标准（2022年版）解读》，高等教育出版社，2022年。

3.人民教育出版社课程教材研究所、中学德育课程教材研究开发中心：《义务教育教科书 教师教学用书 道德与法治 九年级上册》，人民教育出版社，2021年。

八、教学总结与反思

本节课内容较多，但是难度较低。重点放在学习我国人口政策和明确我国当前资源和环境现状，初步形成环境保护意识的生态文明观，培养学生的责任意识。经过实践教学，总结反思如下。

（一）闪光点

通过小组讨论，分析表格数据等活动，学生可以发现道德与法治的知识就在自己的身边，引导了学生关注社会、了解国情，对一些社会现象学会独立思考，用所学知识分析问题、解决问题，提升认知能力，做到知行合一。

（二）不足之处

1.应该增加与学生的互动，让学生来进行知识点总结效果会更好。

2.在习题训练方面，要将历年中考真题有质量地穿插在教学过程中，紧跟新中考步伐，注重提高学生的答题能力。

3.对学情把握不够，在课堂提问时中留给学生思考问题的时间较少，且有的问题问法有难度，应考虑到学生的差异性和现实情况。

因此，在今后的教学中，要认真学习新课标内容，多思考，多实践，不断提升个人的教学水平。

人与自然

鞍山市岫岩满族自治县杨家堡学校　郑雅茗

一、课程基本信息

主讲课程：道德与法治

使用教材版本：人民教育出版社2021年版

教材章节出处：《道德与法治》九年级上册第三单元第六课第二框《共筑生命家园》

二、教学设计概述

（一）教学设计思路

《共筑生命家园》是《道德与法治》九年级上册第三单元《文明与家园》第六课《建设美丽中国》的第二框，本课从"怎么办"角度带我们回归生活，引发学生对和谐美好生态环境的向往以及对人与自然关系的深入思考，从而要求我们正确认识和处理人与自然的关系，做到人与自然和谐相处，促进人与自然和谐共生；树立尊重自然、顺应自然、保护自然的生态文明理念，坚持节约资源和保护环境的基本国策，坚持走绿色发展道路；有形成健康、文明生活方式的道德修养，以及初步形成环保意识和生活文明观，并能够在日常生活中自觉践行生态文明理念的责任意识。

（二）理论依据

本框题所依据的课程标准的相应部分是"体会生态环境与人类生存的关系，爱护环境，形成勤俭节约、珍惜资源的意识""掌握爱护环境的基本方法，形成爱护环境的能力""理解人类生存与生态环境的相互依存关系，认识当今人类所面临的生态环境问题及其根源，掌握环境保护的基础知识"。

（三）设计特色

为了让同学们切实感受建设美丽中国、美丽家乡的成果，从而产生共筑美好家园的愿望，引发学生对和谐美好生态环境的向往以及对人与自然关系的深入思考，本课从习近平总书记在党的二十大报告中提到的"坚持人与自然和谐共生的现代化"引入新课，迎合本课时主要从"怎么办"角度带我们回归生活的立意，为本课内容的教学做好铺垫；在教学活动中结合实际例子和国家相关政策，有助于增强学生对本框题知识的理解；教学过程中会辅以图片，吸引学生注意力，避免长篇文字导致学生阅读疲劳；活动多采用小组讨论的方式，让学生合作探究，在解决问题的同时也锻炼了学生的能力。

三、学情分析

当前对于生态文明理念的普及和宣传已经通过各学科各学段有所渗透，学生对于"人与自然和谐共生"和"绿色发展道路"有一定的知识储备，对上一课的人口、资源、环境等方面内容也已了解。在能力方面，大部分学生已初步具备了客观全面分析问题的能力，懂得运用自主学习、合作探究等学习方式在实际生活中通过直接经验和间接经验感受人与自然和谐共生和选择绿色发展道路的意义，以上皆为学生学习本课知识打下基础。但是本节课的知识理论性强、概念性知识多，学生理解起来也会有一定的难度。总体来说，学生对人与自然和谐共生、走绿色发展道路的内涵了解不全面，对"绿水青山就是金山银山"的理念理解不深。

四、教学目标

（一）情感、态度与价值观目标

面对人口、资源和环境现状，树立忧患意识，提升生态文明素养，明确生态文明建设的重要性和紧迫性，增强生态文明建设的使命感和责任感。

（二）能力目标

1.领悟人与自然和谐共生的真谛，理解生态文明建设的含义与要求，举例说明人与自然和谐共生是人类之福、地球家园之福，懂得绿色发展道路是我国经济社会发展的必然选择。

2.正确看待我国人口、资源、环境的基本国情，既能认清当前面临的危机与挑战，又能阐明科学应对的策略和方法。

（三）知识目标

1.理解人与自然相互依存、和谐相处的关系，理解经济发展和生态环境保护之间的关系。知道坚持绿色发展，走生产发展、生活富裕、生态良好的文明发展道路的必要性。

2.知道创新、协调、绿色、开放、共享的新发展理念，明晰实现中华民族永续发展的路径，知道走绿色发展道路是破解发展困境的最佳选择。

五、教学重点难点

（一）教学重点

理解人与自然相互依存、和谐相处的关系，经济发展与生态环境保护之间的关系，培养学生形成健康、文明生活方式的道德修养。

（二）教学难点

知道坚持绿色发展，走生产发展、生活富裕、生态良好的文明发展道路的必要性，初步形成环保意识和生态文明观。

六、教学设计总体思路

通过课堂多种活动，使学生能够正确认识人与自然和谐共生的关系，理解并认同我国坚持"创新、协调、绿色、开放、共享"的新发展理念及坚持走绿色发展的道路；树立保护生态环境、节约资源意识，与大自然和谐相处，热爱大自然；正确理解并遵守党和政府制定的坚持绿色发展道路的各项政策，与违反政策的各种行为作斗争；在生活中以践行保护生态环境、节约资源的理念，倡导低碳生活，为建设美丽中国贡献自己的力量。

七、教学过程

（一）教学流程设计

环节一：看视频，谈感悟

教师活动：播放《中国式现代化》第四集《山河见证》视频片段，让学生思考并回答从这段视频中获得的信息。根据学生回答导入新课并板书课题：人与自然。

学生活动：观看后谈感想。

设计意图：通过播放视频，激发学生兴趣，引发学生对和谐美好生态环境的向往以及对人与自然关系的深入思考，为本课内容的教学做好铺垫。

环节二：漫画《你敢吗？》

教师活动：请学生思考并回答：

1.看完漫画，你有什么感受？

2.你认为人与自然的正确关系是什么？

（答案提示：1.保护地球，爱护自然，保护我们的生命家园。2.共生共存，和谐相处。）

学生活动：观察漫画，分析漫画中的要素分别代表何种含义，思考并回答问题。

设计意图：学生通过对漫画中各要素的分析，理解人与自然相互依存、和谐相处的关系。

环节三："杀人雾事件"

教师活动：引导学生阅读教材82—83页"探究与分享"，回答问题：

1.伦敦"杀人雾事件"是人类文明的悲剧。请分析造成这场灾难的原因。

（答案提示：表面上是天灾，实际上是人祸，是燃煤采暖、燃煤发电所产生的污染物蓄积所致。根本原因是人类缺乏环保意识，造成严重的环境污染。）

2.伦敦空气污染的治理经验对我们今天治理霾有什么启发？

（答案提示：国家：以立法的形式控制污染物排放，规范人们的环保行为；坚持有法必依，严格执法，让有关法律落实生效。企业：转变生产方式，加大环保投入，淘汰落后产能，实现转型发展。个人：树立环保意识，减少环境污染。）

3.结合教材83页"相关链接"，说说我国如何实现人与自然和谐共生。

学生活动：分小组讨论，派代表回答问题。

设计意图：通过阅读真实案例，使学生明确生态文明建设的重要性和紧迫性，树立忧患意识，提升生态文明素养。

环节四：绿水青山就是金山银山

教师活动：引导学生阅读教材84页"探究与分享"，回答问题：

1.余村走过两条不同的致富道路。请你比较一下两条道路有什么不同？

2.余村是如何实践"绿水青山就是金山银山"理念，建设生态文明的？

（答案提示：1.通过对比可以看出这两条路是截然不同的发展道路，第一条是通过毁山毁林、牺牲环境、浪费资源为代价，换取一时的经济增长；第二条是绿色发展道路。2.余村封山护林，重新制定发展规划，大力发展生态旅游经济；引进无污染、高效益企业，坚持走绿色发展道路，保护生态环境，实践了"绿水青山就是金山银山"的理念。）

学生活动：自主阅读材料，思考并回答问题。

设计意图：学生在自主阅读中分析材料，在分析中解决问题，既归纳了知识点，又锻炼了学生分析问题、解决问题的能力。

环节五：绿色富国·绿色惠民

教师活动：展示太阳能光热电站、海绵城市、智能工厂、"三北"防护林工程的有关信息。

布置小组探究：说说我国是如何坚持绿色富国、绿色惠民的。

学生活动：结合课前搜集的资料，小组合作探究，派代表回答问题。

设计意图：结合实例，采用小组讨论的方式，让学生在探究中突破对重难点的把握。

环节六：“公民十条”

教师活动：阅读材料，结合生活实际，说说你准备怎样过低碳、环保、绿色生活。

2023年5月31日，由生态环境部、中央精神文明建设办公室、教育部、共青团中央、全国妇联等五部门联合发布新修订的《公民生态环境行为规范十条》，以实际行动减少能源资源消耗和污染排放，为保护生态环境、建设美丽中国贡献力量。

学生活动：阅读材料，自由发言。

设计意图：学生结合自己的生活实际，加上对"公民十条"的了解，进一步培养健康、文明的生活方式。

环节七：《中华人民共和国长江保护法》

教师活动：展示材料：

2020年12月26日，中华人民共和国第十三届全国人民代表大会常务委员会第二十四次会议通过《中华人民共和国长江保护法》，自2021年3月1日起施行。

《中华人民共和国长江保护法》是为了加强长江流域生态环境保护和修复，促进资源合理高效利用，保障生态安全，实现人与自然和谐共生、中华民族永续发展制定的法律。

提问：我国实施《中华人民共和国长江保护法》有什么重要意义？

（答案提示：保障国家生态环境安全，推动发展质量和效益提升，努力维护生态文明，建设美丽中国。）

学生活动：阅读材料，了解国家政策，思考并回答问题。

设计意图：了解国家政策，提高环保意识，初步形成生态文明观。

（二）课堂小结

本课我们学习了实现人与自然和谐共生的必要性及要求，知道了坚持走绿色发展道路应有的行动以及如何建设生态文明。人与自然是生命共同体，人类必须尊重自然、顺应自然、保护自然。坚持节约优先、保护优先、自然恢复为主的方针，形成节约资源和保护环境的空间格局、产业结构、生产方式、生活方式，还自然宁静、和谐、美丽。建设美丽中国，青年在行动！

（三）板书设计

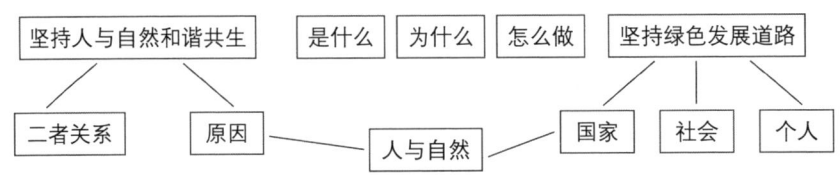

（四）作业设计

1.（必做）走绿色发展道路需要每个社会成员的自觉行动，以下垃圾分类正确的是（　　）

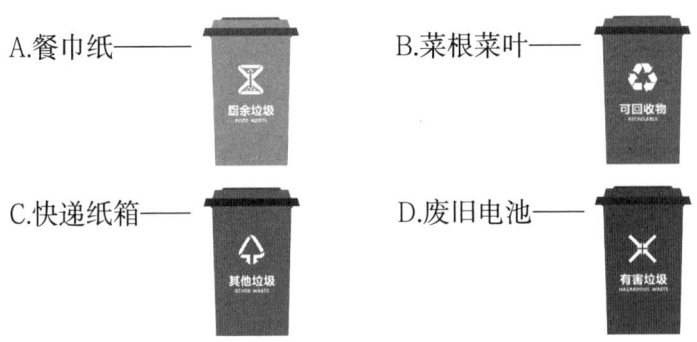

A.餐巾纸——厨余垃圾　　B.菜根菜叶——可回收物

C.快递纸箱——其他垃圾　　D.废旧电池——有害垃圾

2.（必做）2023年8月24日，日本政府无视国际社会的强烈质疑和反对，强行启动福岛核事故污染水排海，中方对此表示坚决反对和强烈谴责。对此，你的看法是（　　）

①地球是人类共有的家园，保护地球人人有责

②要坚持人与自然和谐发展，开发和利用自然要以自然规律为基础

③核废水严重破坏生态平衡，威胁人民的生命安全和身体健康

④人类要敬畏自然、保护海洋，坚持可持续发展

A.①②③　　B.①②④　　C.①③④　　D.②③④

3.（选做）阅读材料，回答问题：

（1）吃水不忘挖井人。小小的一滴水，凝聚了多少深情厚谊！以"饮水思源"为主题，写一封感谢信。

要求：结合材料，运用相关知识，逻辑清晰，不少于100字。

（2）千里之水来之不易，节水是最好的感恩。请提出至少三条节水措施。

（五）参考资料

1.《中国式现代化》第四集《山河见证》，http://www.xinhuanet.com/2023-07/14/c_1129750548.htm.

2.《关于发布〈公民生态环境行为规范十条〉的公告》，中华人民共和国生态环境部，2023年5月31日。

3.《中华人民共和国长江保护法》，中华人民共和国生态环境部，2020年12月27日。

八、教学总结与反思

本课内容理论性很强，有很多新名词、新措施，理解难度大，教学设计应尽量降低难度，结合学生学习生活、社会生活、经济生活的事例帮助学生理解。但是操作起来有点困难，课堂气氛沉闷。今后需要选取更多适合的、贴近学生生活的案例，从而激发学生的学习兴趣，进而带动学生积极参与到课堂教学中去。

共绘美丽画卷　共筑生命家园

鞍山市铁西区实验学校　王玉婷

一、课程基本信息

主讲课程：道德与法治

使用教材版本：人民教育出版社2021年版

教材章节出处：《道德与法治》九年级上册第三单元第六课第二框《共筑生命家园》

二、教学设计概述

《共筑生命家园》是《道德与法治》九年级上册第三单元第六课的第二框内容。本框共有两目内容，第一目《坚持人与自然和谐共生》，主要阐述人与自然的关系，使学生认同人与自然和谐共生的理念，懂得建设生态文明就是造福人类。第二目《坚持绿色发展道路》，主要讲述我国建设美丽中国、实现永续发展的中国路径和中国方案。据此，本课以素材"日本排污"为主线设置教学环节：以"日本开始实施第四次排放核污水"新闻为导入，引入新课《共筑生命家园》；设置"怒日本排污之悲""悟人与自然之理""商保护家园之行"三环节，情境环环相扣，引发学生对社会时事的关注和思考，在强烈的体验感与参与感中，学科核心素养在体验与探索中自然生成。

第一环节："怒日本排污之悲"。呈现材料"核污水之果"，引导学生认识日本排污不合法性，了解核污水排海对人体的危害，并认真思考画出人类与自然之间的关系图，总结人与自然的关系相关知识点，达成法治观念核心素养。

第二环节："悟人与自然之理"。在前一环节的基础上，呈现材料"中国多举措加大生态保护，促进渔业可持续发展"，进行中日对比，呈现相关问题，引导学生从基本国策、新发展理念等角度思考如何实现人与自然和谐共生，达成政治认同核心素养。

第三环节："商保护家园之行"。通过呈现"锦州大凌河口生态修复"的相关成果及前后面貌对比图，学生展开小组讨论，设想当地走两条不同的发展道路将分别带来什么样的结果，完成表格并分享启示，学生通过对相关问题的思考探究，突破本节课重难点内容，明确青少年该如何从自己做起，践行绿色发展理念，从"知"到"行"，达成责任意识核心素养。

最后，寄语学生，号召大家从自身做起、从小事做起，为美丽中国建设贡献一份力量，让人与自然和谐共生的现代化蓝图一步一步变为现实。

三、学情分析

随着学识的增长和生活经历的丰富，九年级学生对我国的人口、资源、环境现状有所了解，知道人与自然和谐相处的重要性，对坚持绿色发展道路，建设美丽中国有初步的认识。但是初中生的思维深度、社会经验有限，缺乏对人与自然关系的深入思考，难以理解经济发展与生态环境保护的关系；中学生对建设美丽中国的认知是浅层的，对坚持绿色发展道路的做法不够了解；没有做到理论与实践相结合，在生活中保护环境的行动不足。因此，加大对初中学生资源环境国情教育和生态意识培育的力度，增强其对环境破坏的忧患意识，引导他们持续关注生态文明建设，促进人与自然和谐共生，是建设美丽中国、实现中华民族永续发展不可或缺的重要一环，也是促进初中学生全面发展和核心素养培育的内在要求。

通过本节课的学习，学生应该具备基本的国情常识，理解生态文明建设的重要性与要求，懂得走绿色发展道路已经成为当代中国的发展共识。能够在生活中做维护生态文明的践行者，为建设美丽中国贡献力量。

四、教学目标

1.通过观看"核污染水十年后影响全球海域"视频、阅读核污染水对人体危害的相关材料，认识到保护环境人人有责，了解日本排污不合法性，以及做到保护公共财产的基本义务，达成法治观念核心素养。

2.通过绘制人与自然的关系图，明确人与自然和谐相处，树立保护生态环境、节约资源意识，与大自然和谐相处，热爱大自然，达成道德修养核心素养。

3.通过阅读"中国多举措加大生态保护，促进渔业可持续发展"材料，展开中日对比，感受我国坚持人与自然和谐共生，认同我国要建成富强、民主、文明、和谐、美丽、生态的家园，认同我国资源节约型和环境友好型的基本国策、"创新、协调、绿色、开放、共享"的发展理念等，达成政治认同核心素养。

4.通过了解"锦州大凌河口生态修复"案例，梳理两条不同发展道路的表格，体会坚持走绿色发展道路的重要性，树立环保意识，践行保护生态环境、节约资源的理念和生活方式，为建设美丽中国贡献自己的力量，达成责任意识核心素养。

五、教学重点难点

（一）教学重点

人与自然的关系以及如何走绿色发展道路。

（二）教学难点

如何在生活中践行人与自然的理念；理解国家走绿色发展道路的政策。

六、教学设计总体思路

本课以素材"日本排污"为主线设置教学环节：以"日本开始实施第四次排放核污水"新闻视频为导入，引入新课"共筑生命家园"；设置"怒日本排污之悲""悟人与自然之理""商保护家园之行"三环节，使学生体悟地球是我们共同的家园，要万物共生，走绿色发展道路，共筑生命家园。

本课知识线为人与自然和谐共生的原因—怎样实现人与自然和谐发展—为什么要坚持绿色发展道路—怎样坚持走绿色发展道路，分别采用了案例分析法、合作探究法、启发法和多媒体教学法等教学方法。

七、教学过程

（一）教学流程设计

新课导入

教师活动：

1.播放视频：《日本排放核污水，十年后将影响全球海域》。

2023年8月24日，日本东京电力公司于当地时间下午1时，正式开始福岛第一核电站核污染水排海，首次排海每天将排放460吨核污染水，持续17天。

目前，日本核污水排放入海已满半年，东电方面将于2024年2月28日开始实施第四次排放，计划将约5.46万吨核污水排入大海。

2.提问：谈谈你对此时政新闻的初感受。

学生活动：观看视频，感受日本排放核污水事件的影响，对人与自然和谐相处有一个初步的认识。

设计意图：以"日本核污水排海事件"创设情境，引发学生对社会时事的关注和思考，在强烈的体验感与参与感中，学科核心素养在体验与探索中自然生成。

环节一：怒日本排污之悲

教师活动：

1.呈现材料：早前，日本副首相麻生太郎表示"将要排放的核废水中的氚浓度，其实喝了也没什么事"。但这真的是事实吗？

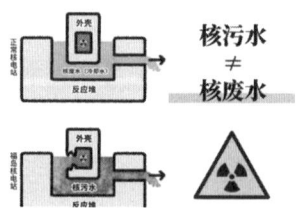

福岛核电站的核污水并不是常规的核废水，福岛核污水中含有60多种放射性污染物。这些放射性元素会对人体产生不可逆的危害：（1）DNA损伤和细胞突变；（2）免疫系统抑制；（3）慢性健康问题。

2.提问：根据材料，请简要画一画你理解的"自然"与"人类"的关系图，并简要说明。

学生活动：结合资料了解日本排放核污水的危害性，思考人与自然的关系。画出"自然"与"人类"的关系图，明确人与自然是相互依存、共生共荣的，自然为人类的生存与发展提供滋养与必要条件，而人类应保护自然，而不能凌驾于自然之上。

设计意图：帮助学生区分核废水与核污水的概念，学生能够更深刻了解到日本核污水排海的危害，从而引导学生进一步反思人与自然本应是和谐共生的关系。

环节二：悟人与自然之理

教师活动：

1.讲述：海洋是我们巨大的物质宝库，每年我国从海洋中获取的鱼类资源多达六百多万吨，但在捕捞过程中，中国十分重视海洋资源的生态平衡。

2.展示材料：中国一直强调正确处理渔业资源开发利用与养护的关系，主张在科学养护的基础上进行长期合理的可持续利用。同时倡导生态和环境友好型捕捞，支持环境和生态友好型渔具及捕捞方式的研发和推广应用，并要求渔船减少垃圾污染物排放，降低对海洋生态系统的负面影响。

我国政府也在渔业资源管理和保护上制定和实施了一系列的制度与措施，如创新型渔业资源保护举措，全球率先实行公海自主休渔等，通过相关管理措施来维护渔业生产秩序和国家海洋渔业权益。

3.提问：对比中日的做法，你有何体会？

学生活动：体会日本排放核污水给海洋生态健康带来的危害，了解中国在促进渔业可持续发展方面的举措。结合课前查阅的基本国策、新发展理念等角度思考如何实现人与自然和谐共生。

设计意图：引导学生认识我国面对海洋问题的态度和行动，而日本政府不顾国际社会的强烈反对，强启核污水排海计划，给全球生态系统造成了严重破坏。了解我国坚持人与自然和谐共生，认同我节约资源和保护环境的基本国策和新发展理念等。

环节三：商保护家园之行

教师活动：呈现材料：

锦州市坚持以习近平生态文明思想为指导，尊重自然、顺应自然、保护自然，科学规划，统筹兼顾，持续推进海洋生态保护修复工作。

在2018年至2020年开展的渤海综合治理攻坚战生态修复工作中，锦州市在中央财政的支持下，投入2100余万元实施了锦州市大凌河口生态修复项目。项目从大凌河口滨海湿地生态问题出发，因地制宜地采取养殖围堰拆除、地形重塑、盐沼植被修复、海堤生态化等修复措施，有效改善了大凌河口滨海湿地生态环境，生态修复效果显著。如今的大凌河口重现了"红滩绿苇、鸥鹭齐飞"的生态景观。

（修复前后对比图）

学生活动：小组讨论：

1.结合锦州大凌河口的修复历程，设想两条不同的发展道路将分别带来什么样的结果，从中可以得到哪些启示。

2.班级交流，填写表格。

	做法	结果
第一条路		
第二条路		
启示		

设计意图：通过呈现"大凌河口生态修复"的材料，引导学生感受走绿色发展道路的重要性，认识到应当在日常生活中助力建设美丽辽宁、美

丽中国，明确青少年该如何从自己做起，践行绿色发展理念，从"知"到"行"。

（二）课堂小结

生态文明是人民群众共同参与共同建设共同享有的事业，为了我们共同的美好家园，每个人都应增强使命感责任感，提高积极性主动性，牢固树立和践行绿水青山就是金山银山的理念，内化于心、外化于行，让良好生态环境造福人民！

（三）板书设计

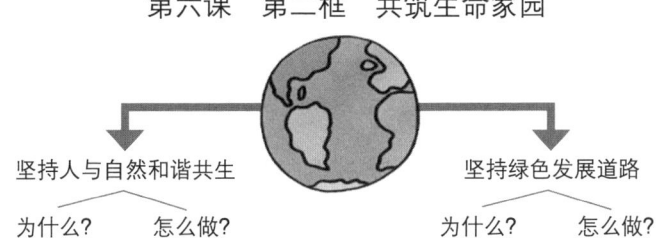

（四）作业设计

在发展核能产业过程中，日本始终标榜自身是"构建核安全文化"的优等生。然而，日本政府面对福岛核事故产生的核污染水问题，决定采取"排污入海"的行为既是其逃避责任的"精心选择"，亦是在非科学验证下的"政治决断"，更是向世界转嫁污染的"理性恶行"。

课后收集"日本排污"的相关素材（事件脉络、各国态度、最新消息等方面），做一份法治月报，评析时政。

（五）参考资料

中华人民共和国教育部：《义务教育道德与法治课程标准（2022年版）》，北京师范大学出版社，2022年。

八、教学总结与反思

纵观本课的教学设计，思路清晰，层次分明，结合当下热点以及素材，通过案例讲授法等引导学生进行分析，使学生理解要坚持人与自然和谐共生，建设生态文明；要坚持走绿色发展道路，建设美丽中国。

人鸟同城·天人共融

—— 共筑生命家园

朝阳市第四中学　夏　惠

一、课程基本信息

主讲课程：道德与法治

使用教材版本：人民教育出版社2021年版

教材章节出处：《道德与法治》九年级上册第三单元第六课第二框《建设美丽中国》

二、教学设计概述

（一）教学设计思路

本课设计以"北票红村天鹅"为主线设置三个议题，通过回顾昔日朝阳北票作为生产煤矿而盛名一时，但也因资源衰竭而陷入萎靡到成功转型为东亚—澳大利亚候鸟迁徙通道上的重要停歇地，同时为北票带来的绿色发展的经济效益这一历程，使学生体悟地球是我们共同的家园，要万物共生，走绿色发展道路，共筑生命家园。

设置一个总议题：从"红村天鹅"的停歇之路探究万物共生，共筑生命家园。

下设三个分议题，分别是：

议题一：资源枯竭，东北小城为何一度满目疮痍？

议题二：天鹅归来，白色精灵如何重新翱翔天际？

议题三：天鹅助力，绿色行动如何激发经济增长？

"一案到底"的情景线为：

1.朝阳北票作为曾经的资源型城市，环境恶化的原因及补救措施。

2.在北票红村各路游客与天鹅和谐相处的场面，以及北票市为保护环境所作出的努力。

3.保护天鹅为北票带来的经济效益。

知识线为：

1.人与自然是什么关系？

2.怎样实现人与自然和谐发展、建设生态文明？

3.怎样坚持走绿色发展道路？

本课设计贴近家乡实际，以小见大，通过改善环境，保护天鹅，天鹅助力发展明确了要坚持人与自然和谐共生，走绿色发展道路的坚定信念。课程中也补充了2023年8月15日首个全国生态日的相关材料，紧跟时事，体现学科特点。

（二）理论依据

本课所依据的《义务教育道德与法治课程标准》的相应部分一是"课程目标"。具体对应的内容标准是："体会生态环境与人类生存的关系，爱护环境，形成勤俭节约、珍惜资源的意识""理解人类生存与生态环境的相互依存关系"。

本课所依据的《义务教育道德与法治课程标准》的相应部分二是"成长中的我"中的"自尊自强"。具体对应的内容标准是："认识生命形态的多样性，理解人类生命离不开大自然的哺育。"

本课所依据的《义务教育道德与法治课程标准》的相应部分三是"我与国家和社会"中的"认识国情，爱我中华"与"法律与秩序"。具体对应的内容标准是："知道我国环境保护的基本法律，增强环境保护意识，自觉履行保护环境的义务。"

本课所依据的《青少年法治教育大纲》的相应部分是"青少年法治教育的目标"中的总体目标与"青少年法治教育的内容"中初中阶段的内容与要

求。具体对应的内容与要求是："规范行为习惯，培育法治观念，增强青少年依法规范自身行为、分辨是非、运用法律方法维护自身权益、通过法律途径参与国家和社会生活的意识和能力""初步了解政府运行的法治原则，了解治安、道路交通、消防、环境保护、国家安全、公共卫生、教育、税收等公共事务的法律原则，初步形成依法参与社会公共事务的意识"。

本课所依据的党的二十大精神主要有以下几个方面。其一，党的十九大报告第三部分"新时代新征程中国共产党的使命任务"中的"中国式现代化是人与自然和谐共生的现代化。人与自然是生命共同体，无止境地向自然索取甚至破坏自然必然会遭到大自然的报复。我们坚持可持续发展，坚持节约优先、保护优先、自然恢复为主的方针，像保护眼睛一样保护自然和生态环境，坚定不移走生产发展、生活富裕、生态良好的文明发展道路，实现中华民族永续发展"。其二，党的二十大报告第十部分"推动绿色发展，促进人与自然和谐共生"。

（三）设计特色

1.本课设计注重"家园共建理念"的渗透。让学生认识到每个人都是生命家园的建设者和守护者，通过课堂讲解、课前课后实践活动的方式，让学生理解共建美好家园的重要性，并鼓励学生积极参与家园建设，同时关注家乡的发展和变化，引导学生为家乡的美好未来贡献力量。

2.本课设计注重教法的灵活性和多样性。采取情境式、探究式、实践式、合作式等教育教学方法。这些方法能够激发学生的学习兴趣和主动性，提高学生的学习效果，培养学生的自主学习能力和创新精神。

3.本课设计注重跨学科知识的整合。引导学生将生物学、地理学等多学科知识融合在一起，形成一个有机的思维体系。这样的设计有助于学生从多个角度认识生命家园，培养学生的综合素质和跨学科思维能力。

4.本课设计注重情感体验和道德实践相结合。例如课前鼓励学生参加实地考察、社会调查、志愿者活动等，同时收集资料，让学生深入了解生命家园的现状和问题，让学生从真切的生活体验入手，借助真实的场景创设情境，让学生身临其境，感同身受，在参与、体验和感悟中，内化学科观点，达成价值认同，唤醒主体意识，强化责任使命，培养学生的实践能力和社会责任感。

总之，"共筑生命家园"的教学设计特色在于家园共建理念的渗透、教法学法的灵活多样、跨学科知识的整合、情感体验和道德实践的结合。这些特色使得此教学设计更加符合时代的要求和学生的需求，为培养具有环境保护意识和可持续发展能力的新时代人才奠定了基础。

三、学情分析

（一）已知点

学生在小学道德与法治，初中地理、生物等学科及本单元第五课、第六课第一框的学习后，对人口、资源和环境等问题有一定的认知；能够关心时事，并有自己的见解；知道人与自然和谐相处的重要性，对坚持绿色发展道路，建设美丽中国有初步的认识。

（二）困惑点

由于当前初中生的思维深度、社会经验有限，对我国生态治理的认知深度和广度远远不够，缺乏整体认识和对人与自然关系的深入思考，难以理解经济发展与生态环境保护的关系；中学生对建设美丽中国的认知是浅层的，对坚持绿色发展道路的做法不够了解；没有做到理论与实践相结合，在生活中保护环境的行动不足。

（三）发展点

初中阶段是生态文明价值观形成的关键期，还需进一步地正确引导学生并促使其转化为建设美丽中国的积极力量。加大对中学生资源环境国情教育和生态意识培育的力度，增强青少年对资源环境的忧患意识，引导学生持续关注生态文明建设，促进人与自然和谐共生，是建设美丽中国、实现中华民族永续发展不可或缺的重要一环，也是促进中学生全面发展和核心素养培育的内在要求。

四、教学目标

1.通过视频、图片对家乡进行今昔对比，明确生态环境破坏对我们生活的危害，让学生结合实际生活总结归纳出坚持人与自然和谐共生的必要性，增强学生的可持续发展意识，养成珍惜资源、保护环境和人与自然和谐共生的意识。

2.通过分析家乡形成的天鹅品牌效益与过去资源消耗产生效益的对比，组织学生进行思辨，让学生在相互交流中真正理解绿水青山就是金山银山，增强学生的道德修养和政治认同，积极拥护我国节约资源和保护环境的基本国策。

3.通过观看朝阳北票首届"天鹅节"的视频，结合学生实践活动，明确我们必然要走绿色发展道路，让学生交流展示，归纳总结中，明确我国走绿色发展道路的途径，树立保护环境人人有责，担负环保义务，爱护家乡发展的观念，落实学生责任意识。

五、教学重点难点

教材第六课的第一框讲述了我国人口资源环境问题对我国经济社会发展造成的影响，第二框重点探索解决途径，落实"怎么做"。第二框"共筑生命家园"由两目内容组成。第一目"坚持人与自然和谐共生"，意在让学生认知上形成人与自然和谐共生的理念。第二目"坚持绿色发展道路"，意在让学生行动上知晓如何建设美丽中国，从而回应本框主题"共筑生命家园"。

本框学习的重点在于认知上明确坚持人与自然和谐共生的理念。

本框学习的难点在于行动上理解绿色发展道路及实现路径。

六、教学设计总体思路

1.本课设计以"北票红村天鹅"为主线设置三个议题，通过回顾昔日朝阳北票作为生产煤矿而盛名一时，但也因资源衰竭而陷入萎靡到成功转型为东亚—澳大利亚候鸟迁徙通道上的重要停歇地，同时为北票带来绿色发展的经济效益这一历程，使学生体悟地球是我们共同的家园，要万物共生，走绿色发展道路，共筑生命家园。

设置一个总议题：从"红村天鹅"的停歇之路探究万物共生，共筑生命家园。下设三个分议题，分别是议题一：资源枯竭，东北小城为何一度满目疮痍；议题二：天鹅归来，白色精灵如何重新翱翔天际；议题三：天鹅助力，绿色行动如何激发经济增长。

"一案到底"的情景线为：一、朝阳北票作为曾经的资源型城市，环境恶化的原因及补救措施；二、在北票红村各路游客与天鹅和谐相处的场面，以及北票市为保护环境所作出的努力；三、保护天鹅为北票带来的经济效益。

相对应的知识线为：一、人与自然的关系；二、怎样实现人与自然和谐发展、建设生态文明；三、怎样坚持走绿色发展道路。

三线合一，有效地形成知识链接，符合九年级学生连点成线、连线成网知识运用的学段特点。

2.本课教学内容丰富，课前鼓励学生进行实践活动，收集资料，让学生从真切的生活体验入手，借助真实的场景创设情境，让学生身临其境，感同身受，在参与、体验和感悟中，内化学科观点，达成价值认同，唤醒主体意识，强化责任使命；课中通过大量视频、图片、新闻等方式，提高学生分析问题、解决问题的能力，促进学生知行合一，同时及时跟进社会发展进程，适时引入"首个全国生态日"，体现学科时效性和新颖性的特点。

3.本课通过议题式、情境式、探究式、实践式、合作式等多元化方法，充分利用信息技术，激发学生学习兴趣，提高学生参与热情。整个课堂由学生主导，教师适时点拨，达到学生乐于学习，教师寓教于乐，师生携手共进、共同成长的效果。

七、教学过程

（一）教学流程设计

环节一：创设情境，导入新课

教师活动：视频导入：播放CCTV1《朝闻天下》"北票：人鸟同城，天人共融"的新闻实录。

疏浚清淤生态引水，越冬候鸟成群集结。同学们，今年你们有没有去观赏过天鹅呢？有没有人记得，你们是从何时开始注意到来咱们朝阳北票过冬的候鸟越来越多呢？

学生活动：自由回答。

教师活动：地球是我们共同的家园，我们要坚持万物共生，坚持人与自然和谐相处，走绿色发展道路！今天就让我们从"红村天鹅"的停歇之路探究万物共生，共筑生命家园。

学生活动：根据课前的实地考察以及课上新闻视频，自由发言，说出对家乡的看法。

设计意图：通过从家乡现象出发，激起学生兴趣，引发学生共鸣，同时为本课材料主线奠定基础。

环节二：议题一——资源枯竭，东北小城为何一度满目疮痍？

教师活动：那些年，北票为何满目疮痍？（提示：资源不合理开发、资源过度使用、环境污染等。）

材料展示：用国家第二批资源枯竭经济转型城市朝阳北票昔日旧景与由废弃矿山改造而成的山体公园，集散步、慢跑、骑行于一体的75公里"北票绿道"等作对比，直观感受环境的变化以及人民群众精神面貌的变化。

提问：

1.北票环境恶化的原因给予我们何种启示？（提示：由于人口的不断增加，资源的不合理开发，环境的恶化，我们生存的家园遭到了巨大的破坏，我们必须保护生态环境。）

2.国家、政府耗时耗力改善环境是否有必要？（提示：生物多样性是人类社会赖以生存和发展的基础，人类的衣、食、住、行及物质文化生活的方方面面都与生物多样性密切相关，保护生物多样性有利于维持生态平衡，促进人与自然和谐发展。）

学生活动：分组活动，组内交流、汇报。

教师活动：引导学生调动生物学、地理学等多学科知识，实现知识迁移与融合。

学生活动：分组活动，通过组内讨论交流，感受家乡的变化，从自身出发，探索人与自然的关系。

教师活动：总结人与自然的关系。

追求人与自然和谐共生，是人类面对生态危机作出的智慧选择。自然为人类的生存与发展提供滋养和必要条件。作为自然的一部分，人类也有责任避免自然受到不必要的伤害，同时要为开发和利用自然作出必要的补偿和修复。人与自然相互依存、共生共荣，这是一种动态中的平衡、发展中的协调、进取中的有度、多元中的一致、"纷乱"中的有序。

提问：那么，我们一开始的开发错了吗？如果不开发矿产资源，当时的北票人民会怎么样呢？

学生活动：根据创设情境，深入思考开发自然和自我生存是不是存在必然矛盾。

教师活动：总结：人类可以开发和利用自然，但不能肆意凌驾于自然之上，必须遵循自然规律。如果我们对自然只是一味地索取，必然受到它的惩罚。生态兴则文明兴，生态衰则文明衰。

设计意图：通过学生课前的实地考察以及真实的影像资料，带学生回忆家乡环境的切实变化，沉浸式体验更能激发学生思考，组内讨论激发学生求知，提升学生能力，使学生在交流中初步形成生态文明观。

环节三：议题二——天鹅归来，白色精灵如何重新翱翔天际?

教师活动：

1.视频展示：看北票红村——人与自然和谐共生之美。

2.材料展示：为实现人与自然和谐共生，北票政府这样做……

材料一：朝阳北票政府积极践行生态优先，绿色发展理念，协同推进降碳、减污、扩绿、增长，生态环境持续向好，造就了生物多样性的变化。

材料二：每年10月中旬到次年3月，在此越冬的天鹅数量由最初的几只达到目前的400余只，当地组织乡政府工作人员、派出所民警和志愿者、护河员等加强巡护和宣传，引导游人爱护生态环境。

材料三：北票市立足强化文旅品牌效应，通过抓品牌、树形象，全面叫响天鹅之城金字招牌，通过开展"来天鹅之城，游生态北票"主题宣传活动，进一步擦亮天鹅之城、生态之城、魅力之城的名片，用环境保护的良性、健康、可持续发展，全力打好"三年行动"首战之年的收官战，实现绿色生态循环的全面振兴。

提问：根据材料总结北票红村是如何实现人与自然和谐共生的。

通过大量阅读材料的展示，引导学生探究式思考，并提取有效信息，组内总结，分组展示。

学生活动：分组讨论，总结，汇报。

教师活动：总结：要以资源环境承载能力为基础，以自然规律为准则，以可持续发展、人与自然和谐共生为目标。要坚持节约资源和保护环境的基本国策。贯彻创新、协调、绿色、开放、共享的新发展理念，实现中华民族永续发展。

设计意图：通过大量文字材料展示北票红村的一系列保护自然环境，守护天鹅的举措，锻炼学生阅读材料、分析材料和总结材料的能力，在探究中提取有效信息，在小组合作中提升能力，明确如何实现人与自然和谐共生。

环节四：议题三——天鹅助力，绿色行动如何激发经济增长？

教师活动：走绿色发展道路，建设生态文明，实现可持续发展，已经成为当代中国的发展共识！那么请同学们思考一下，生态环境保护和经济发展是否矛盾？

1.材料展示：北票红村"天鹅经济"的发展之路给我们的启示。

南八家子乡红村位于朝阳北票市南端，地处大凌河北岸，被誉为"全国生态文化村""国家森林乡村""游客喜爱的美丽乡村"。由于天鹅对生存环境的要求极为苛刻，北票政府的生态环境保护政策也越来越严，这让以曾经以资源消耗为主的北票地区一度陷入发展困境。在北票，当地的老百姓都知道这样一个规定，在天鹅栖息区域的附近，是禁止随意开垦、禁止开办矿场的。不仅如此，当地老百姓还会响应政府号召，在取食困难的情况下，尽己所能地为天鹅提供食物，自发捐款购买玉米，给天鹅投食，以保障天鹅食物充足，平安过冬。"那些年我们附近居民的生活真是紧紧巴巴。"家住天鹅栖息地区核心地带的村民志愿者坦言。

2.视频展示：北票首届"天鹅节"。

活动以"绿水青山就是金山银山，人与自然和谐共生"为主题，吸引河北承德东、内蒙古赤峰以及省内多市文旅部门，三省区六地百名摄影家，国家级和省级媒体记者齐聚北票，共同参加天鹅节摄影展、非遗展示展销、万名志愿者徒步走、观赏天鹅等活动。如今的北票红村以"天鹅经济"解锁了财富密码！

提问：（1）北票红村的致富密码说明经济发展和生态环境保护有何关系？（提示：①保护生态环境就是保护生产力，改善生态环境就是发展生产力；②我们既要绿水青山，也要金山银山。）（2）北票红村的致富密码对走绿色发展道路又有何启示？（提示：①要处理好经济发展与生态环境保护的关系。②坚持绿色富国，让人民群众切实感受到经济发展带来的环境效益。）

总结：（1）坚持走绿色发展道路，要处理好经济发展与生态环境保护的关系。（2）坚持绿色富国，让人民群众切实感受到经济发展带来的环境效益。坚持绿色惠民，将良好生态环境作为最普惠的民生福祉，激发人民群众的绿色创造热情，实现绿色富国之梦。

3.材料展示：相关部门也在进一步加强对迁徙、越冬等野生动物的保护管理工作，明确工作举措、明确工作职责、明确责任分工，持续加大对重点区域的巡护频次和密度，增强对迁徙、越冬候鸟等野生动物的监控、检测，及时掌握动态变化，并加大执法监督力度，全力为候鸟的迁徙越冬"保驾护航"，以法治之力保护好天鹅湾的蓝天绿水青山。

提问：这对走绿色发展道路有何启示？

总结：（3）建设生态文明，必须严守生态保护红线、环境质量底线、资源利用上线。只有实行最严格的生态环境保护制度，全面建立资源高效利用制度，健全生态保护和修复制度，严明生态环境保护责任制度，才能为生态文明建设提供可靠保障。

拓展：用制度与法治划定生态红线。（近些年陆续出台的关于生态保护的法律）

4.视频展示：首个全国生态日来啦！

提问：视频中的"过节方式"对于走绿色发展道路有何启示？

总结：（4）走绿色、循环、低碳发展之路，要坚持节约优先、保护优先、自然恢复为主的方针，大力倡导节能、环保、低碳、文明的绿色生产生活方式。

5.视频展示美丽中国的大好河山：你觉得美丽中国应该是什么样的呢？

总结：内涵：美丽中国，不仅山清水秀、天蓝地绿，而且是留住乡愁、守望相助的生命家园。

时代图景：走绿色发展道路，建设资源节约型、环境友好型社会，实现经济繁荣、生态良好、人民幸福，是建设美丽中国的时代图景。

学生活动：观看视频，自主阅读文字材料，分组讨论，结合实际情况，得出结论。

设计意图：通过保护天鹅曾经对村民造成经济损失，但是如今依靠天鹅形成各种品牌效应，优秀良好的生态环境为朝阳北票带来致富密码，明确保护环境和发展经济并不矛盾，我们要走绿色发展道路。在此过程中，几次呈现材料对比，以锻炼学生的辩证思考能力，总结归纳能力。

（二）课堂小结（总结升华）

生态文明建设是关系中华民族永续发展的根本大计，是关系党的使命宗旨的重大政治问题，是关系民生福祉的重大社会问题。习近平总书记在首个全国生态日之际作出重要指示强调，希望全社会行动起来，做绿水青山就是金山银山理念的积极传播者和模范践行者，身体力行、久久为功，为共建清洁美丽世界作出更大贡献。

生态文明是人民群众共同参与共同建设共同享有的事业，为了我们共同的美好家园，每个人都应增强使命感责任感，提高积极性主动性，牢固树立和践行绿水青山就是金山银山的理念，内化于心、外化于行，让良好生态环境造福人民！我们每个人都贡献一份力量，从自身做起、从小事做起，把美丽中国建设转化为自觉行动，形成节约适度、绿色低碳、文明健康的生活方式和消费模式，定能汇聚全面推进美丽中国建设的强大合力，让人与自然和谐共生的现代化蓝图一步一步变为现实。

（三）板书设计

共筑生命家园

坚持人与自然和谐共生　　　　坚持绿色发展道路

（四）作业设计

实践作业二选一：

1.重回北票红村"天鹅湾"，做一天环保志愿者。

2.根据本课所学内容设计一个问卷调查，进行走访并对发现问题进行分析，形成可行性报告，为建设家乡提出建设性的意见和建议。

（五）参考资料

1.中华人民共和国教育部：《义务教育道德与法治课程标准（2022年版）》，北京师范大学出版社，2022年。

2.《教育部司法部全国普法办关于印发〈青少年法治教育大纲〉的通知》（教政法〔2016〕13号），中华人民共和国教育部，2016年7月4日。

3.《党的二十大报告辅导读本》，人民出版社，2022年。

八、教学总结与反思

在议题式教学推进过程中，我所采取的策略是使知识生活化，促进知行合一。

在生活中，通过课前布置的实践活动，实现自学知疑，用生活化问题来引导知识的学习。在教学过程中进行案例的交互、教师的引导、学生的再次学习，用生活化例证深化对知识的理解，用生活化情境促进知识的生成。

在教学中，要想让教材承载的理念入脑入心，仅仅依靠教师的讲解是难以奏效的，需要从学生真切的生活体验入手，让学生在参与、扮演、体验和感悟中，内化学科观点，达到价值认同，最终落实到学生的实践行动。本次的课后作业布置环节，引导和鼓励学生进行社会环境保护的实践行动，用生活化的形式来活化知识的运用。

1.案例选择紧扣家乡实际情况和二十大时代主题，反映身边具有真实性的又在学生的认知和接受能力范围内的现实问题。

2.采取体验式、议题式、合作探究式的教学方法，引导学生参与体验，促进感悟和建构。

3.通过实地调查等方式走向社会。增进学生对社情的了解、家乡的了解，提升自己的能力，学以致用，知行合一。

共建生态文明　促进和谐发展

大连市普兰店区第三十八中学　金　妍

一、课程基本信息

主讲课程：高中思想政治

使用教材版本：人民出版社2021年版

教材章节出处：《习近平新时代中国特色社会主义思想学生读本·高中》第五讲第五课《促进人与自然和谐共生》

二、教学设计概述

习近平生态文明思想是习近平新时代中国特色社会主义思想的重要组成部分，是马克思主义关于人与自然关系思想在中国的最新发展，是我们党对人类社会发展规律和中国特色社会主义事业发展规律认识所取得的重大理论成果。本课程结合我国生态文明建设的实践案例，系统阐释了习近平生态文明思想的丰富内涵——坚持生态兴则文明兴、坚持人与自然和谐共生、坚持山水林田湖草沙是生命共同体、坚持良好的生态环境是最普惠的民生福祉、坚持绿水青山就是金山银山、坚持用最严格的制度保护生态环境、坚持建设美丽中国全民行动、坚持共谋全球生态文明建设。

本节课的教学理念如下——

（一）坚持以人为本，以学生为中心

授课过程关注高中生的内心世界，了解青少年学生的情感诉求和心理特征，提升思政课的亲和力和针对性，增强本课程教学的感染力和实效性。

（二）以四维目标为导向，提升课程内容的思想性和理论性

重视启迪学生的思想，启发学生独立思考理论，使理论入脑走心，从而更加坚定"四个自信"。

（三）不断改革创新，加快新媒体手段与思政课教学相融合

信息化时代，新媒体手段更容易为学生所接受，授课中引入网络教学平台、学习强国、微视频等手段，积极发挥现代信息技术在授课中的作用和影响，提高教学水平。

三、学情分析

中学生作为国家未来的建设者，应认识到当今世界所面临的严峻的环境问题。要提升当前中学生的生态文明意识就有必要加强中学生的生态文明意识教育。而我们通过日常的调查分析得出：当前中学生的生态文明意识状况堪忧，中学生对生态文明的理解不深，生态文明建设的责任意识存在年龄差异，主动意识缺乏，节约意识不强。中学生生态文明意识的教育仍需要大力推进。父母对中学生的生态文明意识教育比较缺乏，学校的生态文明意识教育以及社区和社会的生态文明环境教育没有建立起完整有效的机制。

四、教学目标

（一）政治认同

通过让学生观看相关视频，阅读辽宁这十年的生态建设材料、从几个不同的方面聆听习近平总书记对于生态文明建设的重要表述等设置情境，让学生深刻理解生态治理与经济发展的辩证统一关系；理解中国在环境治理方面的决心、贡献及国际担当；学会分析推进人与自然和谐共生的现代化建设的政策措施。

（二）科学精神

引导学生树立绿色发展理念；增强学生对中国生态文明建设的信心；强化青年学生责任担当，增强学生使命感，引导学生身体力行，践行绿色生活创建活动，能够结合梦想、结合专业、结合生活实际为推进人与自然和谐共

生的现代化建设做出贡献。

（三）法治意识

引领学生阅读材料《辽宁这十年》，分组讨论，交流心得，分析应该怎样坚持和完善生态文明制度体系，从而更好地树立保护生态法治意识，遵守相关法律法规。

（四）公共参与

能够透过现象看本质，分析发达国家和发展中国家在气候治理方面博弈的实质；能够辩证地分析环境治理与经济发展的关系；能够理解并运用国家相关政策导向。

五、教学重点难点

（一）教学重点

理解如何坚持和完善生态文明制度体系，建设美丽中国。重点让学生理解生态治理与经济发展的辩证统一关系。深刻理解我国在生态环境治理方面的决心、成就以及大国担当，进而分析如何推进人与自然和谐共生的现代化建设。

（二）教学难点

知道生态环境保护的重要性，努力践行"绿水青山就是金山银山"理念。

本部分内容难点是让学生理解"生态治理与经济发展是辩证统一关系"这一理念。只有理解了二者的辩证关系，才能理解我国在生态环境治理方面的决心和政策；才能明白青年学子的使命和担当，真正践行绿色发展观；才能坚定"四个自信"，坚定不移地贯彻和执行国家的生态文明建设政策。

六、教学设计总体思路

（一）总体教学思路

始终贯彻以学生为中心，针对本课重难点，采用"课前读—课中学—课后练"的教学模式进行教学。"课前读"让学生通过课前预习《读本》内容以及拓展学习资料，对我国的生态文明建设状况有一个初步的认知和理解；

"课中学"解决学生思想困惑,学会分析问题能力;"课后练"让学生学以致用,锻炼解决问题能力。

(二)多种教学方法综合运用

多种方法灵活变通综合使用,实现教学目标。

1.问题启发法。采用提问问题或思考题的形式引出讲述内容,让学习具有针对性。

2.案例分析法。结合生动形象的案例分析解读相关知识,让学生更直观地接受知识。

3.情境创设法。通过播放相关视频,调动学生的兴趣和知识储备,从而更加调动学生学习的积极性。

4.任务驱动法。课前导学和课后作业安排方面采用任务驱动式教学,通过布置教学任务,让学生真正理解所学知识,并加以运用。

七、教学过程

(一)教学流程设计

环节一:导入新课

教师活动:播放视频《人与自然和谐共生》,让学生思考视频讲了一个怎样的道理。

总结:党的十八大以来,我国深入贯彻落实习近平生态文明思想并取得了良好成效。人类越来越深刻地认识到:人和自然的关系紧密相连,我们要努力促进人与自然的和谐共生。

学生活动:观看视频,思考并回答问题。

设计意图:创设情境,激发学生兴趣点。

环节二:讲授新课

教师活动:展现五个议题。

议题一:命运与共——人与自然同呼吸。

习近平总书记曾经说过:"山水林田湖草是生命共同体。生态是统一的自然系统,是相互依存、紧密联系的有机链条。人的命脉在田,田的命脉在水,水的命脉在山,山的命脉在土,土的命脉在林和草,这个生命共同体是人类生存发展的物质基础。"

同学们阅读《读本》,思考下面三个问题——

1.人与自然是什么关系?

2.人类为什么要正确处理与自然的关系?

3.我们应当如何正确认识与处理人与自然的关系?

学生活动:阅读《读本》,学习理论知识,思考并回答问题。

1.为什么:生态兴则文明兴,生态衰则文明衰。人类只有在良好的生态条件下,才能够发展繁荣起来。

2.如何处理:自然是生命之母,人与自然是生命共同体。人类必须敬畏自然、尊重自然、顺应自然、保护自然。保护自然就是保护人类,建设生态文明就是造福人类。

教师活动:同学们回答得非常好,接下来让我们来听一听习近平总书记是怎样看待人与自然的关系的(聆听"习语"):

"人类应该以自然为根,尊重自然、顺应自然、保护自然。……我们要像保护眼睛一样保护自然和生态环境。"

"把人类活动限制在生态环境能够承受的限度内,对山水林田湖草沙进行一体化保护和系统治理。"

教师活动:议题二:两山之论——人与青山不相负。

播放视频:《绿水青山就是金山银山》。

2005年8月,时任浙江省委书记的习近平在余村考察时首次提出"绿水青山就是金山银山",为余村指明了绿色发展之路。

同学们观看视频并思考两个问题:

1.绿水青山和金山银山二者关系的实质是什么?

2.绿水青山为什么能变成金山银山?

学生活动:观看视频,思考并回答问题。

1.实质:绿水青山与金山银山的关系实质上是经济发展与生态环境保护的关系。

2.为什么：良好生态本身蕴含着无穷的经济价值，能够源源不断创造综合效益。只要我们调整发展思路，优美的生态环境、自然风光完全可以作为优质的资产，为当地群众吸引外来的消费和投资，让资源变资产、农民变股东，让绿水青山变成金山银山。

教师活动：我们从余村的绿色蝶变中可以看出：人不负青山，青山定不负人。在"两山"理念的指引下，余村人唱响了"绿色变奏曲"，用实际行动实现了从"卖石头"到"卖风景"的华丽转身。就像习近平总书记所说："我们既要绿水青山，也要金山银山。宁要绿水青山，不要金山银山，而且绿水青山就是金山银山。"这是重要的发展理念，也是推进现代化建设的重要原则。

学生活动：聆听"习语"："在新的起点上，我们将坚定不移推进绿色发展，谋求更佳质量效益。……绿水青山就是金山银山，保护环境就是保护生产力，改善环境就是发展生产力。"

教师活动：议题三：攻坚克难——污染防治要打赢。

请同学们精读《读本》第三小节，泛读拓展材料第三节，小组讨论，交流心得，代表发言。

问题一：为什么要打赢污染防治攻坚战？

问题二：如何打赢污染防治攻坚战？

学生活动：分组讨论，代表发言。

1.为什么：良好的生态环境是最普惠的民生福祉，实现全面小康就不能忽视生态环境保护。

打好污染防治攻坚战，是加强生态文明建设，建设美丽中国的重大战略部署，是决胜全面建成小康社会三大攻坚战的重要内容之一。

2.如何打好这场攻坚战？集中力量攻克老百姓身边的突出生态环境问题。

要以改善生态环境质量为核心，以解决人民群众反映强烈的大气、水、土壤污染等突出问题为重点，全面加强环境污染防治。

坚决打赢蓝天保卫战是重中之重，要以空气质量明显改善为刚性要求，强化联防联控，基本消除重污染大气，还老百姓蓝天白云、繁星闪烁。

教师活动：随着社会发展和人民生活水平不断提高，人民群众对优美的环境等要求越来越高。过去"盼温饱"，现在"盼环保"；过去"求生存"，现在"求生态"。

如何打好这场攻坚战？

总结：略。

通过多方努力，我国的污染防治攻坚战取得了明显的成效。在我们生活的城市，我们就惊喜地发现：我们身边的生态环境质量持续好转，出现了稳中向好趋势。下面，同学们就跟着老师一起感受一下我们家门口的美景吧！

播放视频：《感受莲城之美》。

学生活动：聆听"习语"："中国生态文明建设进入了快车道，天更蓝、山更绿、水更清将不断展现在世人面前。"

教师活动：议题四：可靠保证——制度法治在行动。

精读《读本》第四小节，通读拓展材料，小组讨论，交流心得，并由代表发言。

问题一：为什么坚持和完善生态文明制度体系？

问题二：怎样坚持和完善生态文明制度体系？

学生活动：分组讨论，代表发言。

1.为什么：建设生态文明，是一场涉及生产方式、生活方式、思维方式和价值观念的革命性变革。

实现这样的变革，必须依靠制度和法治。

当前，我国生态环境保护中存在的突出问题，大多同体制不健全、制度不严格、法治不严密、执行不到位、惩处不得力有关。必须把制度建设作为推进生态文明建设的重中之重，深化生态文明体制改革，着力破解制约生态文明建设的体制机制障碍。

2.怎样做：

实行最严格的生态环境保护制度。

全面建立资源高效利用制度。

健全生态保护和修复制度。

严明生态环境保护责任制度。

教师活动：大屏幕展现习近平生态文明思想的主要内容：

（1）坚持生态兴则文明兴。

（2）坚持人与自然和谐共生。

（3）坚持绿水青山就是金山银山。

（4）坚持良好生态环境是最普惠的民生福祉。

（5）坚持山水林田湖草是生命共同体。

（6）坚持用最严格制度最严密法治保护生态环境。

（7）坚持建设美丽中国全民行动。

（8）坚持共谋全球生态文明建设。

学生活动：聆听"习语"：

"要加快形成绿色低碳交通运输方式，加强绿色基础设施建设，推广新能源、智能化、数字化、轻量化交通装备。"

"要倡导环保意识、生态意识，构建全社会共同参与的环境治理体系，让生态环保思想成为社会生活中的主流文化。"

设计意图：通过综合运用不同的教学方法，解答同学们的疑问，点明本课重难点，从而更好地实现教学目标。

（二）课堂小结

本节课我们学习了人与自然的关系，了解到生态环境对我们生活的重要性，知道了应该如何去维护我们的生态。自然生态的发展离不开人类对它的维护，在未来的发展中我们也需要平衡与自然的关系，希望大家都能学会从身边的小事做起，尊重自然，维护环境。（学生建构知识体系）

（三）板书设计

共建生态文明，促进和谐发展

1.人与自然是生命共同体

2.绿水青山就是金山银山

3.坚决打好污染防治攻坚战

4.坚持和完善生态文明制度体系

（四）作业设计

议题五：绿色辽宁——你我携手建家园。

播放视频《绿满辽宁》。

议学主题：共建"绿色辽宁"，我们能做些什么？（分组讨论，课后完成200字左右的发言稿）

（五）参考资料

1.《学习强国》"每日一习话"，2021年10月10日，2022年8月25日，2022年6月25日，2023年7月11日。

2.《"辽宁这十年"辽宁推进生态优先绿色发展》，中国日报网，2022年8月18日。

3.《2022年六五环境日国家主场（辽宁）宣传片》，https://www.mee.gov.cn/ywdt/spxw/202206/t20220604_984332.shtml.

4.《碧水清波　川流不息——美丽的鞍子河》，https://weibo.com/tv/show/1034:4811710650056735.

八、教学总结与反思

本课运用视频导入新课，创设情境引出本课主题；利用浙江余村视频直观形象地阐述本课重点：绿水青山就是金山银山；议题三和议题四都采用小组讨论的形式完成，充分发挥学生的主体作用与合作探究精神；在议题三中给同学们播放视频《莲城之美》，让同学们深切体会身边的生态环境有了明显的变化，更加坚定坚持和落实习近平生态文明思想的自信和决心；前四个议题结尾都以习近平总书记的原声做结束语，加深学生对习近平生态文明思想的印象和理解；议题五播放《绿满辽宁》视频，激发学生的自豪感和自信心，同时激励学生为家乡的生态文明建设贡献自己的一份力量。

受实际条件限制，本课设置的学生实践环节不足，如条件允许，应尽可能让学生多参与实践，在实践中获得的认识更加深刻。

守住生态文明"底色"
绘就最美中国蓝图

沈阳市第四十中学 王 茜

一、课程基本信息

主讲课程： 高中政治、语文、地理学科整合大思政课

使用教材版本：《经济与社会》，人民教育出版社2019年版；《语文》，人民教育出版社2019年版；《地理》，人民教育出版社2019年版

教材章节出处： 高中思想政治必修二《经济与社会》第二单元第三课第一框《坚持新发展理念》、高中语文必修上册第四单元《家乡文化生活》、高中地理必修二第五章《环境与发展》

二、教学设计概述

当全社会都在担忧要留给子孙后代一个怎样的世界的时候，教育更要忧虑的是留给世界怎样的子孙后代。本节课的设计理念是关注二者融合、关注"时代新人"，将"生态文明素养"融入学生的血液中去，让他们既能够关注时代、关注未来，又能够关注自我、关注成长，还能够将二者有机结合，真正地成为"眼中有光、肩上有责、手上有招、脚下有路"的国之栋梁。这样才能真正实现"大思政"的要义，才能切实做到"为国选才"，才能真正实现基础教育为国家选拔培养优质拔尖人才服务。

在中华民族伟大复兴的战略全局和世界百年未有之大变局相互交织、相互作用、相互激荡的时代背景下，"大思政课"应时而生、应时而用。"大思政课"的教学内容要突破恪守思想政治教育领域的教学限制，对传统思政

课的教学内容进行有效延伸拓展，巧妙利用学科之间的联系，找准思政知识点和学科之间的切入点，精准地融合各个学科富含思政要素的教学内容，综合运用人文社会科学知识、自然科学知识中蕴含的思政要素进行思想政治教育，打破学科壁垒，形成学科合力，发挥立德树人的重要作用。

提升学生的生态文明素养是我国进入新发展阶段对学校教育的必然要求，也是"双新"背景下高中教学对学生的生态文明素养提出的新的要求。这一要求，可以引导学生树立科学生态伦理观，促进学生形成正确生态文明认知，引导学生养成良好生态行为习惯。对教育教学的启示是：在观念层面，坚持立德树人，明确生态文明教育目标；在内容层面，以高考为引领，拓展生态文明教育内容；在方法层面，构建协同机制，凝聚生态文明教育力量。

本课程的设计，着眼于"生态文明"这一思政要素，将政治、语文、地理三学科的相关内容进行关联整合，结合古今中外生态文明建设的实践案例，融合高中语文教材必修上册第四单元《家乡文化生活》以及地理学科中有关环境保护的内容，并寻求课堂内外多方力量的协助，对习近平生态文明思想的丰富内涵有全面、系统、深入的掌握，以此为基础，宏观认知当今时代生态文明的现状，着力为解决家乡生态文明建设的问题建言献策。

本节课教学理念：

1.从学生视野出发，落实"以生为本"的教育理念。

本节课的课堂设计始终以学生活动为核心，充分了解和尊重学生的思维方式和认知特点，善于观察和捕捉学生的兴趣和需求，理解他们的思考方式，这样才能实现更好的教学效果。

2.以教材为抓手，以课标为圭臬，让"新课标"落地有声。

本节课致力于时代的发展赋予思想政治教学工作新的内涵、任务、使命。对传统思想政治教育模式中开设的一门或几门思想政治理论课教学形式进行扩展。让"大思政课"成为"移动"的课、"行走"的课。将"第一课堂"和"第二课堂"教学活动有机联结，既抓好了思想政治教育的主阵地，又抓牢了思想政治教育的主渠道，打破了理论学习与实践之间的藩篱。

3.以多学科整合为基点，落实"大思政课"的目标，探索"大思政"的发展路径。

思政课要摆脱传统照本宣科、千篇一律的模式，从"没有生命"和"干巴巴"转变为"活生生"和"有滋有味"。"大思政课"视野下的思想政治教育不再仅仅是思政课教师的"单打拳""独角戏"，而是学校、家庭、社会等多方的"组合拳""大合唱"。"大思政课"是社会、学校、家庭共同搭建而成的社会思政课、学校思政课、家庭思政课，其有效实施得益于社会、学校、家庭的广泛参与和通力协作。

三、学情分析

1.从生态文明素养的现状来看，学生生态文明素养程度不够，在对资源与环境的尊重意识方面有待提高；生态文明知识"高知晓度与低认知度"问题严重。

2.从学生的政治素养角度来看，学生们对国家新发展理念有一定的了解，绿色发展和可持续发展观也深入人心，但是对国家近些年在生态文明建设中做出的努力和取得的成绩了解太少。

3.从多学科融合的角度来看，日常教学中更多的是单科教学，学科融合的教学形态很少，学生对学科知识的融合程度较低，不能找到正确的路径。

4.从学生的实践能力来看，生态文明的实践能力高度欠缺，在课业负担较重的情况下，很难有机会走出校园、走出课堂、走出课本，去亲身实践、亲身感受，更遑论去深入实地调查研究，这是我们现阶段学校教学普遍存在的问题。

四、教学目标

（一）政治认同

学生通过自主搜集材料，制作PPT、小视频等方式来讲述生态故事，设置真实情境，引导学生树立绿色发展理念；增强学生对国家及家乡生态文明建设的信心；理解中国在环境治理方面的决心、贡献及国际担当。

（二）科学精神

能够辩证地分析环境治理与经济发展的关系；能够理解并运用国家相关政策导向，学会综合运用政治地理学科知识分析推进人与自然和谐共生的现代化建设的政策措施。

（三）法治意识

在分组讨论、交流心得及与专家面对面交流的过程中，更好地树立保护生态的法治意识，遵守相关法律法规。

（四）公共参与

强化青年学生责任担当，增强学生使命感，引导学生身体力行，践行绿色生活创建活动，能够结合梦想、结合专业、结合生活实际为推进人与自然和谐共生的现代化建设做出贡献。

五、教学重点难点

（一）教学重点

1.了解生态文明的相关知识及丰富内涵。

2.分析生态文明建设过程中取得的成绩以及遇到的困难和问题。

3.为生态文明建设出谋划策。

（二）教学难点

1.分析理解生态治理与经济发展的辩证统一关系。

2.多学科知识的整合运用。

六、教学设计总体思路

首先，"生本"教育理念贯彻实施。

本课教学设计本着"以学生为主体"的原则，设计的教学活动充分尊重学生的层次性、差别性、主动性与创造性，活动设计"有点有面"，有个性化突显，也有小组化合作，有个人能力与魅力的展示，也有合作共赢的团队合作精神的发挥，最大限度地提高学生参与的广度与深度，既有"参与面"的关照，又有"参与度"的挖掘，力争顾及每一名学生的感受和收获，不放弃、不冷落任何一个学生，提升课堂的温度，让学生感受到被尊重地学习。

其次，"大思政"的思想全面呈现。

"大思政课"之"大"在于教学内容的大范围。"大思政课"的一大特色是教学内容不再局限于思想政治教育专业这一领域，坚持了教学内容的综合性。本节课充分挖掘了政治、语文、地理学科中等蕴含的思想政治教育资源和各学科带有思政要素的学科知识理论，整合并优化了课程资源，融合了其他学科的观点、方法、思维工具等，共同完成对"思政"的学习。

本节课的活动设计有着高度的融合意识："第一课堂"到"第二课堂"的延伸、老师与学生的深度沟通、学生与学生的互补共赢、师生与专家的对面交流……这样的课堂，实现了丰富性与立体性的整合，突显了"大思政"的精神。

最后，教学手段的丰富多样。

课前布置预习作业的实践性与可操作性，引导学生亲身实践，积极参与；古今中外案例分析，打开学生视野，实现知识呈现的广度与深度；小组合作研讨发言，体现团队的精神和集体力量的强大；外请专家与学生面对面交流，让学生对问题的认识不只停留在理论层面，并且能够提升关注家乡建设的责任感；我为家乡生态文明建设建言献策，启发学生将理论与实践相结合，养成伟大的实践精神；调查报告的生成锻炼学生的理论基本功及语言表达能力。

总之，丰富的教学手段，能够整合各种学习资源，加之信息化手段的加持，实现了课堂重点突出、难点突破的高效高质。

七、教学过程

（一）教学流程设计

环节一：学生展示预习成果：讲好"生态文明故事"

教师活动：布置预习：讲好"生态文明故事"。请同学们收集古今中外的有关生态文明的故事，或者是自己亲身经历的故事，与同学们分享。

要求：①形式多样，可以自由录制小视频，可以结合PPT讲述，可以组内合作表演等。

②讲好故事，尊重事实，注意语言表达的规范性及感染力。

学生活动：部分同学展示预习成果。

案例	名称	内容	生态文明知识链接	思考启发
案例一	《新栽杨柳三千里，引得春风渡玉关》	左宗棠在西北植柳	生态文明与经济建设的关系	
案例二	《塞北江南——塞罕坝的前世今生》	荒漠变绿洲	荒漠化问题的探索与解决	
案例三	《从昆明到蒙特利尔到尼斯》	中法关于就生物多样性与海洋加强合作	海洋环境知识及路径	
案例四	《成都世园会 美丽中国行》	美丽中国新画卷	绿色发展理念	
案例五	《绿染沈水，浑河蝶变》《皇姑区为绿充"植""碳"索生态发展》	家乡生态文明建设	畅所欲言	

教师活动：设计并下发导学单，布置聆听思考的任务，指导完成导学单的内容。

学生活动：其他同学聆听、思考，也可以存疑。

学生在聆听的过程中，要认真思考每一个案例背后有关生态文明的知识及其丰富的内涵，随手记录自己的总结和发现，完成导学单上相应的内容。

教师活动：积极参与，倾听欣赏，积极互动。

设计意图：

1.课前导入的环节必须以激发学生的学习兴趣为基点，能够将学生带入学习情境中，高中的学习必须要有积极性主动性，有了内驱力，学习效果会事半功倍，因此，预习作业就是提供给学生寻找兴趣点的平台，让他们自由发挥，带着兴趣、带着自己的成果走进课堂，能够很好地实现这一目的。

2.收集资料、制作短视频、制作PPT、形成文字稿……这些活动的设计既能够提高学生的动手实践能力和表达能力，又能够增强学生自信心，让他们获得学习的成就感。

3.收集资料的过程本身就是学习的过程，在这个过程中，学生们其实已经开启了学习之路，可以说是"第二课堂"，这个课堂将与在学校学习的"第一课堂"形成合力，共同推进学生的学习。

4.边听边思边作记录,这一过程要求学生专注并开动脑筋,最大范围地调动学生参与的深度,同时调动知识储备,进而形成理性思考力,这是一个高效学习的环节,会生成高效课堂。发言体现学生思维能力和表达能力,大胆质疑也是科学精神的体现。

环节二:学生讨论思考:"生态文明知识"的总结与剖析

教师活动:

1.参与学生讨论,形成师生思维的碰撞。

2.聆听学生的发言,与学生对话。

3.与学生一起总结思考。

案例一:《新栽杨柳三千里,引得春风渡玉关》:生态文明与经济发展的关系,一代贤臣的责任担当。

案例二:《塞北江南——塞罕坝的前世今生》:荒漠化问题的探索与解决,实现了生态文明建设的壮举,创造了奇迹,意义重大,影响深远。

案例三:《从昆明到蒙特利尔到尼斯》:海洋环境知识及发展路径的探索,合作共赢是全球生态文明建设的必然之路,中国风范,大国担当。

案例四:《成都世园会　美丽中国行》:再展中国式现代化的万千气象。举办世界园艺界的"奥林匹克",如何体现绿色发展理念?

案例五:《绿染沈水,浑河蝶变》《皇姑区为绿充"植""碳"索生态发展》。(积极思考,畅所欲言)

学生活动:

1.小组合作谈论(结合导学单上的思考题)。

(1)交换导学单,互看互学,互评互补。

(2)每组确定一个品评的案例或者角度,形成发言提纲。

(3)推举代表发言。

2.其他同学聆听质疑,也可以补充阐释。

教师活动:提供思考方向。

(1)案例中蕴含着哪些思政知识?

(2)人类面临的主要生态问题有哪些?

（3）协调人地关系和可持续发展有哪些主要途径？

（4）国家重大发展战略具有怎样的地理背景？

（5）沈城在生态文明建设方面有哪些成果及经验？

学生活动：思考成果展示（预设）：

1.思政知识：

（1）新发展理念中绿色发展的解读。

（2）分析理解生态治理与经济发展的辩证统一关系。

2.主要生态问题：

（1）自然资源的枯竭。

（2）生态破坏。

（3）环境污染。

3.途径：

（1）政府：政策、立法、标准、监管。

（2）企业：参与实施。

（3）公众：参与、监督。

4.地理背景：

（1）长江经济带发展战略。

（2）京津冀协同发展战略。

5.家乡生态文明建设的成果及经验。（结合自身认识畅所欲言）

设计意图：课堂的生成环节是一节课的灵魂所在，本环节设计，学生将以案例为着眼点，回归真实情境进行思考与总结，并以小组为单位进行合作研讨。这一过程，学生优势互补，互帮互助，既完成对知识的本质内涵在具体情境中的准确把握，又有对问题的感性认识上升到理性认识的过程，达成了思维能力的提升和思维素养的养成，实现了教学目标。同时，能够增强学生对生态文明建设的切身感知，提升学生关注生态、关注未来的意识，增强责任感，实现了"立德树人"的目的。

环节三：家乡生态文明现状

教师活动：外请专家（从事环保工作的家长）来具体介绍沈阳生态文明

建设的现状及问题。

1.承接前文学生的案例分析，深入介绍浑河治理的前世今生及多年治理的概况和成果。

2.在治理过程中的问题，以及时至今日仍然存在的亟待解决的问题。

3.未来的治理方向。

4.与学生对话，征求建议和意见。

学生活动：积极思考，根据自身搜集整理的材料，结合课本的理论知识，与专家面对面交流，勇敢质疑，大胆猜想，实现对生态文明问题的全面认知和深入解读。

设计意图：

1."大思政课"的教师不仅包括校内的思政课教师、专业课教师和学校党政管理人员，还包括校外带有思政色彩的育人力量，形成育人合力。专家进课堂，带来了与传统课堂截然不同的教学效果，既拓展了学生的认知范围，也促进教师反思教学，磨砺内功，提高本领。

2.善用"大思政课"就是要将"在课堂上讲"与"在社会生活中来讲"融贯起来，打通"思政小课堂"同"社会大课堂"之间的壁垒，真正把思政课的场域有效扩展至社会大舞台。

环节四："我为家乡建言献策"

教师活动：布置微写作——"沈城振兴，我来发声"。

近年来，东北振兴正在走向如火如荼的大道上，沈城的旅游经济发展水平达到了前所未有的高度，这与沈城美好的生态文明密不可分。就此，沈阳文旅向全社会征集"沈城振兴，我来发声"宣传语，请同学们以高度的责任感和与家乡同频共振的主人翁意识为指导思想，在"浑河生态走廊""蒲河湿地公园"等你所熟悉的沈阳生态建设卓有成效之处任选其一，为沈阳文旅拟写宣传语。

要求：语言简洁凝练、生动形象，善用修辞及句式，能够体现我市生态文明发展的状态，有号召力，有感染力，具备宣传的特征，能够达到为家乡代言的目的。（不超过150字）

学生活动：根据要求，拟写宣传语。积极展示，分享交流。

设计意图：

1.本活动设计结合语文的微写作能力，将理论知识与写作实践相结合，跨越科学限制，整合学科知识，完成"学以致用"的教学目标，也锻炼了学生的语言文字应用能力。

2.引导学生关注家乡，激发学生爱家乡、建家园的责任感与自豪感，实现"立德树人"的终极目的。

（二）板书设计

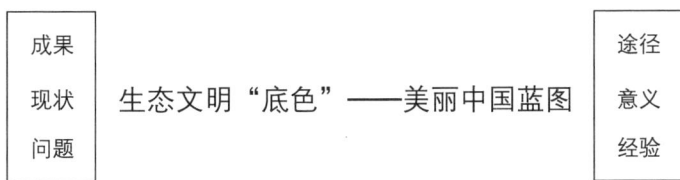

（三）作业设计

1.搜集整理有关生态文明建设的素材及名言，完成作文素材的整理。

2.组内合作完成一份调查报告，利用周末时间，亲身实践，考查沈城生态文明建设的成果及问题。

（四）参考资料

1.中华人民共和国教育部：《普通高中思想政治课程标准（2017年版2020年修订）》，人民教育出版社，2020年。

2.《中法关于就生物多样性与海洋加强合作的联合声明：昆明—蒙特利尔到尼斯》，中国新闻网，2024年5月7日。

3.《"大思政课"的基本内涵、显著特点与发展路径》，中国德育网，2021年11月10日。

八、教学总结与反思

本节课教学设计整体安排是围绕"学生为主体"的原则进行，以"大思政"为平台，以学科整合为切入点，延展课堂的可容性，拓展课堂的宽度，试图寻找"双新"背景下"大思政课"的实践路径，在具体的教学过程中，发现问题如下：

1.各学科知识的整合是一大难题，需要多方合作完成，由于专科教师缺乏对其他学科知识的深入掌握，会出现知识整合的漏洞，或者出现融合深度不够的问题。

2.外请专家与学生面对面交流的难度比较大，涉及领域很多，周围可用资源较少。

3.部分同学的参与积极性还是不够，课堂不能够顾及每一位学生，因材施教也就无法实施，课堂效果会集中在某部分学生身上。

生态校园伴我行

大连市第十一中学　高晓玉

一、课程基本信息

主讲课程：高中思想政治

使用教材版本：人民教育出版社2019年版、人民出版社2021年版

教材章节出处：高中思想政治必修二《经济与社会》第三课《我国的经济发展》、《习近平新时代中国特色社会主义思想学生读本·高中》第五讲《总体布局：统筹推进"五位一体"》

二、教学设计概述

本节课采取大单元教学模式、情境教学法、沉浸式学习法，授课对象为高一学生，涉及新发展理念、习近平生态文明思想等内容，通过这部分内容的学习可以提升学生总结归纳的水平、理性分析问题的能力，学习并认同新发展理念中的人与自然和谐共生的观点，认同习近平生态文明思想，培养学生科学精神，通过探究真实情境提升学生的公共参与能力，树立正确的人生观、价值观，培养认识问题、分析问题、解决问题的能力，增强政治学科核心素养的培养。

三、学情分析

高一学生的逻辑思维能力、透过现象看本质的能力、理论联系实际的能力有了一些积累，这对他们理解本节课内容奠定了基础。学生在初中道德与法治课程学习中已经涉及了新发展理念，对其已经有了初步的概念。同时高

一的学生具有一定的分析能力和知识储备，真实情境会让学生身临其境去感受并且体悟国家政策的合理性和艰巨性。相比较传统的教学模式，这种学习模式更能激发学生的学习热情，主动参与到学校、社会的建设中，增强责任感和主人翁意识。

四、教学目标

1.通过"生态校园找一找"活动，寻找校园生态环境建设素材，提高学生的参与度，加强对人与自然和谐共生问题的认识。通过了解校园的生态建设文化，认同国家新发展理念和习近平生态文明思想，培养学生的科学精神，理性分析问题的能力。

2.通过"国家建设我知道"活动，分析国家近年来生态建设所取得的成就，分析习近平生态文明思想，认同并践行国家构建人与自然生命共同体的大战略。

3.通过"我是前线小记者"的采访活动，使学生深刻理解"美丽校园、你我共建"的意义，培养学生为校园建设作贡献的公共参与能力。

4.通过布置"家乡由我来建设"的课后作业，对自己家乡的生态环境进行调研，撰写调研报告，增强学生公共参与的能力，做为生态文明建设作贡献的新时代青年。

五、教学重点难点

（一）教学重点
新发展理念中绿色发展理念的含义、特点、意义。

（二）教学难点
习近平新时代中国特色社会主义思想中"五位一体"促进人与自然和谐共生内容。

六、教学设计总体思路

1.本节课采用议题式教学法、情境教学法，以"生态校园伴我行"这一主议题为引导，在大单元教学模式指引下，通过"生态校园找一找""国家建设我知道""我是前线小记者"这三个分议题情境为线索，通过探究真实情境，精心设计议学问题，启发学生思维，层层递进，最后以"家乡由我来建设"作为课后作业，首尾呼应，使学生理解并掌握习近平生态文明思想。

2.本节课涉及的知识点是一种大单元整合式教学，内容不局限于一本教材，而是将必修二与习近平新时代中国特色社会主义思想中的生态文明思想以及国家政策相结合，符合学生认知规律，增强学生政治认同、科学精神和公共参与意识等核心素养。

七、教学过程

（一）教学流程设计

环节一："生态校园找一找"

教师活动：提前布置"生态校园找一找"的探究任务，组织学生到学校生态园参观，分成小组寻找有关生态文明建设的素材，并进行汇报。

学生活动：

1.深入校园实景，寻找生态校园足迹。

2.小组展示探究成果，班级汇报。

设计意图：通过生态校园素材积累，学生能够感受学校生态文明建设的成果，从而进一步体会国家大政方针政策的合理性。

环节二："国家建设我知道"

教师活动：布置搜集你了解的有关"国家生态文明建设的成就"相关资料这一探究任务，学生分成小组搜集并在课堂上分享。

问题：

1.思考国家生态文明政策与校园文明建设的关系。

2.谈谈你对习近平生态文明思想的认识和感受。

学生活动：

1.小组分享搜集的"国家生态文明建设成就"相关资料。

2.小组展示探究成果，班级汇报。

设计意图：分析国家近年来生态建设所取得的成就，理解人与自然和谐共生这一新发展理念内容，从而分析习近平生态文明思想，理解并认同国家战略。

环节三："我是前线小记者"

教师活动：布置"我是前线小记者"这一采访活动，寻找本校同学进行随机采访。

采访问题：

1.对比校园建设的昨天与今天，分析这些变化的原因有哪些。

2.你对校园的生态环境建设有什么意见和建议？

学生活动：

1.小组随机采访同学对校园生态建设的感想，并给出一些完善校园生态环境的建议。

2.小组整理采访结果，在课堂上汇报。

设计意图：设计真实情境，使学生更深刻体会生态文明建设带给我们的益处，认同国家大政方针政策，培养政治认同和公共参与能力。

环节四："家乡由我来建设"

教师活动：布置"家乡由我来建设"这一课后作业，学生利用课余时间拍摄家乡有关生态环境保护现状及相关素材的照片，撰写调研报告。

学生活动：以小组为单位利用周末时间收集相关素材，撰写调研报告并在下次课上分享。

设计意图：学生能够理论与实践相结合，将所学知识运用到实际生活中，为自己家乡生态环境保护做贡献，培养公共参与能力。

（二）课堂小结

本节课的亮点是由学生探索校园生态文明建设为真实议学情境，同学们能够更好地感同身受，融入议学情境，沉浸在政治课堂中来，从而在情境中发现问题、分析问题、解决问题；教师在课堂中充分尊重学生、相信学生，采取自主探究、小组合作探究等多种形式让学生思辨，从始至终贯彻思维课堂，提高学生的分析和解决问题的能力，培养学生科学精神、法治意识、公共参与等学科核心素养。

（三）板书设计

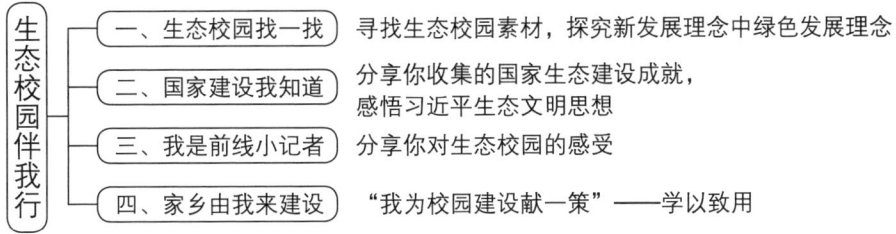

（四）作业设计

学生分小组拍摄家乡有关生态环境保护现状及相关素材的照片，在课堂上分享，并撰写一份调研报告，为家乡生态环境保护提出可行性建议，完成时间一周，小组汇报分享。

（五）参考资料

1.中华人民共和国教育部：《普通高中思想政治课程标准（2017年版2020年修订）》，人民教育出版社，2020年。

2.教育部基础教育课程教材专家工作委员会：《普通高中思想政治课程标准（2017年版2020年修订）解读》，高等教育出版社，2023年。

3.人民教育出版社课程教材研究所、中学德育课程教材研究开发中心：《普通高中教科书　思想政治　必修2　经济与社会　教师教学用书》，人民教育出版社，2023年。

八、教学总结与反思

本课采取大单元教学的教学模式，通过探究真实情境，学生课堂参与度和学习效果有了很大提高，避免了讲授课的枯燥和以往政治课的单项教学等弊端。通过学生作业的验收和课堂表现综合评价，本节课的学习目标基本达成，学生能通过亲身感受去体会校园和家乡的变化，通过课堂案例分析认同国家的生态文明政策，培养学生的科学精神，理性分析问题，推动构建人与自然生命共同体。

经济社会发展与生态文明建设协调发展

大连市王府高级中学　徐　帆

一、课程基本信息

主讲课程： 高中思想政治

使用教材版本： 人民教育出版社2019年版、人民出版社2021年版

教材章节出处： 高中思想政治必修二《经济与社会》第一单元《生产资料所有制与经济体制》、第二单元第三课《我国的经济发展》；《习近平新时代中国特色社会主义思想学生读本·高中》第五讲《总体布局：统筹推进"五位一体"》

二、教学设计概述

《普通高中思想政治课程标准（2017年版2020年修订）》明确指出：基于立德树人的根本任务，着力用习近平新时代中国特色社会主义思想铸魂育人；着力培养担当民族复兴大任的时代新人；为有效实现知行合一的目标构建活动性课程。本教学设计紧紧围绕新课标的要求展开，生态文明建设和经济发展并举是一项重要的课题，既涉及国家长远的可持续发展战略，又直接关系到人民群众的切身利益。在高中政治必修二的课程中，我们可以通过深入研究生态文明建设和经济发展的相互关系，引导学生认识到环境保护与经济增长之间的密切联系，培养他们的环保意识和社会责任感。

（一）教学设计思路

1.生态文明建设的重要性：通过辽宁省近十年生态嬗变，引导学生认识到生态文明建设是人类社会可持续发展的必然选择。

  2.生态文明与经济发展的协调发展：通过辽宁省发展生态经济探讨如何实现生态文明与经济发展的良性互动，促进经济发展与生态环境保护的协调发展。

  3.主题升华：坚持以人民为中心的发展思想，实现二者良性互动，实现人的全面发展。

（二）理论依据

  1.习近平生态文明思想。介绍习近平生态文明思想，阐述生态文明建设的指导思想和基本要求。

  2.可持续发展理论。引入可持续发展理论，让学生理解经济增长与生态环境保护的平衡关系。

  3.生态经济学原理。帮助学生理解经济活动与生态环境之间的相互作用关系。

（三）设计特色

  1.问题导向式学习。设计生态文明建设和经济发展的相关问题，引导学生通过自主探究和合作学习，形成对课题的深入理解。

  2.案例分析与实地考察。通过真实案例和给学生布置实地考察的作业，让学生感受到生态文明建设和经济发展的现实问题，增强他们的实践能力和创新思维。

  3.多媒体教学手段。运用多媒体教学手段，如图片、视频等，生动形象地展示生态环境问题和经济发展情况，提高学生的学习兴趣和参与度。

  4.小型辩论赛与讨论。激发学生的思辨能力和批判性思维，培养他们的社会责任感和团队合作精神。

  通过以上设计，在高中政治课程中有效地引导学生深入理解生态文明建设和经济发展的相互关系，培养学生的环保意识和社会责任感，促使其全面发展，为未来的可持续发展贡献力量。

三、学情分析

  在进行学情分析时，首先需要综合分析学生的思想特点、知识储备、能力水平以及对本课所学内容的情况。针对不同学段的学生，需要考虑到他们对于经济社会发展与生态文明建设的认知水平和理解程度可能存在差异。

对于高中阶段的学生，他们通常具有初步的社会认知能力，但对于抽象的政治概念的理解较为模糊。因此，需要通过生动的案例和实践活动，引导他们从日常生活中的实际经验出发，逐步理解经济社会发展与生态文明建设的重要性，并引导他们形成正确的发展观和生态观。

学生对于本专题有一定的学习经验，初中阶段明确涉及绿色的新发展理念及人与自然和谐共生的内容，学生有知识基础和知识储备。但初中阶段并未直接将经济社会发展与生态文明建设建立联系，二者之间相辅相成的关系是高中阶段需要研究的课题。

四、教学目标

"十四五"时期，我国生态文明建设进入了以降碳为重点战略方向、推动减污降碳协同增效、促进经济社会发展全面绿色转型、实现生态环境质量改善由量变到质变的关键时期。在经济社会发展和生态文明协调发展的情境下，对绿色的发展理念有初步了解后，结合现阶段我国生态环境方面面临的问题，给出相应解决方案，以达到生态文明发展与经济社会发展协调发展的最佳效果。

理解和认同以人民为中心的发展思想，明确以人民为中心的人民立场是新时代坚持和发展中国特色社会主义的根本立场。理解和认同新发展阶段下的新发展理念，明确新发展理念、建设现代化经济体系贯穿新时代我国经济社会发展的全过程。学习关于经济社会发展和生态文明建设的基本理论知识，拓展对于环境问题的认知，了解全球范围内的环境挑战和解决方案。

明晰坚持新发展理念的重要意义，能够阐释新发展理念的内涵、解决的问题和实践要求，深化对习近平新时代中国特色社会主义经济思想的认识，坚持不懈用习近平新时代中国特色社会主义思想凝心铸魂。

学习新发展理念的要求，明确发展要遵守相关的法律知识，应当在宪法和法律范围内活动，引导学生尊重法律、遵守法律、依法行事，形成自觉守法的习惯和意识，提高他们的法律素养和法治观念。

学生积极参与社会公共事务，培养公民意识和社会责任感。通过参加志愿者活动、组织环保讲座、制定环保倡议等，从而积极参与到环保事业中来。认识到在经济活动中不能唯经济利益是图，应积极承担社会责任，践行社会主义核心价值观。能够根据实际情况运用新发展理念对经济社会发展提出合理化的建议。

采用启发式教学方法，学生通过实践探索、问题解决等方式，主动构建知识体系，增强学习的广度和深度。学生将参与到小组合作、项目研究等实践性活动中，通过团队合作和交流讨论，不断提高对环保问题的认知和解决能力。

评价过程将注重学生的个性发展和创新能力，鼓励他们提出新颖的环保理念和解决方案，激发他们的创造力和探索精神。

通过以上教学目标的实现和评价方式的设计，学生将在高中阶段提高环保意识和社会责任感，为未来的环境保护和可持续发展做出积极贡献。

五、教学重点难点

（一）教学重点

引导学生深入理解经济社会发展与生态文明建设的内涵，帮助他们树立正确的环保意识和可持续发展观念。重点包括：

1.理解概念内涵。学生需要准确理解经济社会发展与生态文明建设的关系，明确环境保护在社会发展中的重要性，初步理解并达成人与自然和谐共生的共识。

2.探索解决途径。引导学生思考环保问题的解决途径，包括政策制定、技术创新、社会参与等方面。

3.培养实践能力。通过实践活动培养学生的环保实践能力和创新精神，使其能够积极参与到环保行动中来。

（二）教学难点

如何让学生在理论学习与实践活动中形成深刻的认识和体验，以及如何激发他们的环保意识和参与热情。难点包括：

1.理论与实践结合。如何将理论知识与实际环保实践结合起来，使学生在实践中理解和应用环保理念。

2.环保意识的培养。如何引导学生树立正确的环保意识，培养他们珍惜资源、爱护环境的行为习惯。

3.参与热情的激发。如何激发学生对环保事业的热情，使其能够积极主动地参与到环保活动中去，形成良好的社会责任感和行动意识。

六、教学设计总体思路

根据高中学生的认知水平和学习特点，采用启发式教学方法，结合案例分析、小组讨论等形式，深入探讨经济社会发展与生态文明建设的关系。

首先，通过梳理必修二教材的整体框架，复习之前学过的贯彻新发展理念促进高质量发展。通过小型辩论赛的形式引发学生的兴趣和思考，探讨优先发展生态还是优先发展经济抑或是二者齐头并进。通过案例分析，学生将意识到环境保护与经济社会发展的密切关系。

其次，组织小组讨论和思辨性活动。运用具体实例分析辽宁省响应国家号召贯彻落实习近平生态思想，发展生态经济取得的成就，引导学生深入探讨经济发展与生态文明建设的平衡点。注重信息化手段的运用，利用多媒体课件、网络资源等丰富教学内容，增加教学的趣味性和互动性，激发学生的学习兴趣和积极性。

最后，布置课后作业："我为辽宁省实现生态文明建设与经济发展有机融合、良性互动提建议。"探讨以生态文明建设促进经济可持续发展的实现途径。通过小组合作，学生将从不同角度思考和交流，形成对于问题的深刻理解，培养其环保意识和社会责任感。

七、教学过程

（一）教学流程设计

环节一：梳理教材，导入新课

教师活动：情境一：

提问：必修二教材是围绕什么展开的？

学生活动：回答必修二教材是围绕"蛋糕"展开的。

第一课：做大蛋糕（制度保障）。

以公有制为主体，多种所有制经济共同发展。

第二课：做大蛋糕（体制保障）。

社会主义市场经济体制。

第三课：怎样做大蛋糕（微观方法）。

贯彻新发展理念，推动高质量发展。

第四课：分好蛋糕（分配制度）。

以按劳分配为主体，多种分配方式并存。

教师活动：情境二：

总结：在之前的课程中我们已经学习了贯彻落实创新、协调、绿色、开放、共享的新发展理念以促进经济高质量发展。

究竟是发展经济优先还是生态文明建设优先，抑或是经济社会发展与生态文明建设协调发展呢？

现将在座的各位同学分为三个小组，根据不同观点展开讨论后，各组派代表发言。

学生活动：各组展开激烈讨论，进入学习的最佳状态。

观点一：发展经济优先。

学生代表发言：从人类发展的终极目标看，我们想要彻底地解决环境问题，必须标本兼治。要治本，必须优先发展经济，从根本上优化经济结构，堵住产生环境问题的源头；要治标，同样要优先发展经济，为解决眼前的环境问题提供技术、资金等支持，只有这样才能为人类生存和发展提供环境保障。

观点二：生态文明建设优先。

学生代表发言：经济发展是指社会能够提供更丰裕的商品来改善人类的物质生活，生态文明建设则是采取一定的政策措施保持生态平衡，经济要发展意味着企业需要更多的厂房与原材料来保障商品的供应，那便会存在一个问题：自然分给人类的土地与原材料是有限的，经济发展优先就一定会侵占原本不属于人类的自然资源与天争地。

观点三：经济社会发展与生态文明建设协调发展。

学生代表发言：发展是党执政兴国的第一要务。生态环境问题是关系党的使命宗旨的重大政治问题，也是关系民生的重大社会问题。应当处理好经济发展与环境保护的关系，实现两者的良性互动。

教师活动：总结：习近平总书记强调："要保持加强生态文明建设的战略定力。保护生态环境和发展经济从根本上讲是有机统一、相辅相成的。不能因为经济发展遇到一点困难，就开始动铺摊子上项目、以牺牲环境换取经济增长的念头，甚至想方设法突破生态保护红线。"这就要求我们牢固树立绿水青山就是金山银山的理念，正确处理发展与环保的关系，坚持从经济发展与环境保护两个方面同时发力、相向而行，力争经过一个时期的努力，实现两者有机融合、良性互动。

辽宁省是我国重要的老工业基地之一，工业生态化转型潜力大，让我们从过去、现在、未来三个维度看看辽宁省是如何实现经济社会发展与生态文明建设协调发展的。

设计意图：使学生从整体的角度明确本教材的逻辑框架，理解第三课作为关键部分在本册教材中的重要性。打造活动型课堂，教师提供学生思考的情境，学生有自我表达的机会，以学生为主体。

环节二：议题式教学

教师活动：

议题一：辽宁这十年的生态嬗变

播放视频：《辽宁老工业基地十年生态嬗变观察》。

这十年，辽宁打响蓝天、碧水、净土三大保卫战。2021年全省PM2.5等六项主要大气污染物年均浓度首次全部达到国家二级标准；河流水质自有环境监测数据记录以来首次达到良好水平；森林覆盖率已达40%以上……"绿色"已成为辽宁新的底色，也为辽宁全面振兴、全方位振兴注入更多活力。

设置问题：根据视频并结合所学知识，分析过去十年辽宁省是如何推进生态文明建设的。

学生活动：

1.小组讨论，完成问题。

2.小组派代表展示和阐述讨论结果，每组所用时间不超过3分钟。

总结凝练：

1.坚持中国共产党领导，扛牢生态文明建设和生态环境保护政治责任。

2.深入贯彻习近平生态文明思想，推进绿色低碳发展。

3.坚持以人民为中心的发展思想，深入打好污染防治攻坚战。坚持良好的生态环境是最公平的公共产品和最普惠的民生福祉。

4.加强生态保护与修复，坚持山水林田湖草沙系统治理，强化国土空间规划和用途管控，向实现人与自然和谐共生的目标迈进。

教师活动：总结：同学们分别从中国共产党的领导、习近平生态文明思想、以人民为中心的发展思想等角度分析概括，表述恰当合理。

近年来，辽宁省委、省政府把生态文明建设摆在全局工作突出位置，坚定不移走以生态优先、绿色发展为导向的高质量发展新路子，推进生态文明建设和生态环境保护取得了新进展新成效。今天的辽宁，天蓝地绿水清，生态环境更加秀美宜居。

议题二：辽宁省大力发展生态经济成效显著

阅读材料：辽宁本溪桓仁满族自治县是林业大县，县域经济发展一度靠林业经济独撑。国家实施天然林保护工程后，该县财政和林农收入锐减，被迫开启转型之路。最终，该县选择了一条以林养林的路子，形成林药、林果、林禽等"林+N"经济模式，促进"木头财政"向生态经济转变，让传统产业重焕生机。该县出台《关于鹅全产业链高质量发展的实施意见》等政策，发挥养鹅传统优势，以"鹅"为链，促进企业集聚、产业集群。通过招商引资，引进知名羽毛球生产企业，投建羽毛球产业园；通过订单农业、入股分红等方式，将小农户融入鹅产业链，为羽毛球企业提供原料，带动鹅产业迅速扩大；同时，以羽毛球比赛为牵引，积极打造集农文旅康为一体的精品旅游线路，向着"康养之都运动之城"目标进发。从林木重生到鹅毛轻舞，该县走出了一条高质量发展之路。

结合材料，运用《经济与社会》知识，分析该县是如何发展生态经济实现产业转型发展的。

学生活动：小组讨论，完成问题。

1.该县贯彻绿色新发展理念，利用资源禀赋，开展产业化经营，推进传统产业升级；发挥养鹅传统优势，以"鹅"为链促进企业集聚、产业集群。

2.坚持有效市场与有为政府相结合，完善产业链供应链，做强传统优势产业；通过招商引资，引进知名羽毛球生产企业，投建羽毛球产业园。

3.推动产业融合，调整优化产业结构，实现产业转型发展。通过订单农业、入股分红等方式，将小农户融入鹅产业链，为羽毛球企业提供原料，带动鹅产业迅速扩大；同时以羽毛球比赛为牵引，积极打造集农文旅康为一体的精品旅游线路，向着"康养之都运动之城"目标进发。

教师活动：总结：辽宁省大力发展生态经济所取得的成效印证了习近平总书记在主持十九届中共中央政治局第二十九次集体学习时强调的"生态环境保护和经济发展是辩证统一、相辅相成的，建设生态文明、推动绿色低碳循环发展，不仅可以满足人民日益增长的优美生态环境需要，而且可以推动实现更高质量、更有效率、更加公平、更可持续、更为安全的发展，走出一条生产发展、生活富裕、生态良好的文明发展道路"。

所以，生态文明建设与经济发展是辩证统一，经济发展不能以破坏生态为代价，生态本身就是经济，保护生态就是发展生产力。

议题三：辽宁省推进生态文明建设和经济发展良性互动的目的

设置问题：通过之前的视频和案例，同学们知道辽宁省此举的原因和目的吗？

学生活动：齐答：坚持以人民为中心的发展思想，实现人的全面发展。

教师活动：总结：马克思主义认为，人民是社会历史的创造者，社会历史发展的根本目的是实现人的全面发展。

设计意图：议题一通过视频《辽宁老工业基地十年生态嬗变观察》让学生明确生态文明建设在社会发展中的重要性。通过小组讨论的方式，提高全体学生的参与度，以学生为中心；议题二通过辽宁省大力发展生态经济的案例旨在引导学生深入探讨经济发展与生态文明建设的平衡点；议题三主题升华，阐明推进生态文明建设和发展经济的目的是满足人民对美好生活的需要，实现人的全面发展。

（二）课堂小结

同学们，今天我们开课复习了必修二的整体框架，知道必修二是围绕"蛋糕"展开的。在学习完微观方法做大蛋糕后，设置专题课具体分析辽宁省生态文明建设与经济发展的良性互动。同学们通过激烈讨论、视频、案例等各种形式，认识到二者的辩证统一关系，以及认识到辽宁省此举的底层逻辑是坚持以人民为中心、实现人的全面发展。国务院总理李强在政府工作报告中介绍2024年政府工作任务时提出，加强生态文明建设，推进绿色低碳发展。深入践行绿水青山就是金山银山的理念，协同推进降碳、减污、扩绿、增长，建设人与自然和谐共生的美丽中国。希望同学们课后深入社会实践，找到二者共同发展的平衡点，为我们的家乡出谋划策，为谱写辽宁省中国式现代化新篇章厚植生态底色。

（三）板书设计

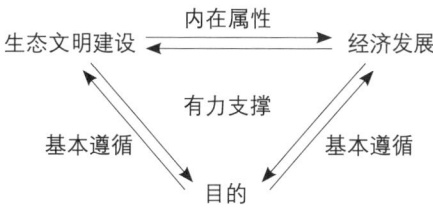

以人民为中心　实现人的全面发展

（四）作业设计

"我为辽宁省实现生态文明建设与经济发展有机融合、良性互动提建议"统筹推进生态文明建设和经济发展，同学们通过实地考察的形式形成实践报告，探索以生态文明建设促进经济可持续发展的实现途径。

（五）参考资料

1.中华人民共和国教育部：《普通高中思想政治课程标准（2017年版2020年修订）》，人民教育出版社，2020年。

2.《辽宁省人民政府办公厅关于印发辽宁省"十四五"生态经济发展规划的通知》（辽政办发〔2022〕3号），辽宁省人民政府网，2022年1月3日。

3.《政府工作报告——2024年3月5日在第十四届全国人民代表大会第二次会议上》，中国政府网，2024年3月12日。

八、教学总结与反思

在围绕辽宁省生态文明建设和经济发展的良性互动这一课题的教学中，我认识到了生态与经济之间的密切关系，以及如何引导学生理解并探讨这一关系对于培养他们的环境意识和社会责任感的重要性。

首先，我通过视频、案例分析等形式，将生态文明建设和经济发展的现实问题引入课堂，激发了学生的学习兴趣。

其次，我注重引导学生探讨解决问题的途径与方法。通过小组讨论等方式，培养了学生的团队合作能力和问题解决能力。学生们积极提出各种创新性的建议，为辽宁省生态文明建设和经济发展提供了新的思路与方法。

最后，我反思到在今后的教学中，应更加注重实践性教学，加强与实际生产、生活结合，让学生在实践中感受生态文明建设和经济发展的紧密联系。同时，也需要不断提升自身的专业知识和教学能力，以更好地引导学生思考、探索，培养他们的环保意识和社会责任感，为促进地区可持续发展作出更大的贡献。

和谐共生　共护家园

大连长兴岛高级中学　吴智敏

一、课程基本信息

主讲课程：高中思想政治

使用教材版本：人民出版社2021年版

教材章节出处：《习近平新时代中国特色社会主义思想学生读本·高中》第五讲第五课《促进人与自然和谐共生》

二、教学设计概述

本课教学设计以学校所在地的生态环境保护的真实案例创设情境，以此为起点设计了三个议题。以案例为起点首先加强对生态保护的重要性的多维度理解，并引申到对习近平生态文明思想对生态保护重要性的相关理论的认识与理解。以现实案例中生态保护与经济发展的矛盾冲突为主题，引发对二者关系的辨析，进而深入到对习近平生态文明思想中关于绿水青山与金山银山关系的论述的学习与理解。课前各个小组从不同角度去调查本地生态保护的情况。结合课前各小组的微型社会调查情况，课上提供展示各小组调查结论的机会，以此为依托总结保护生态的具体举措，深化对习近平生态文明思想的理解，增强对社会现实的关注与理解以增强学生自身的责任与担当。

围绕三个议题分别设计了相应的课前活动和课堂活动。每项活动的完成以小组为单位进行，每个小组有任务，每位组员有任务，组员通过完成自己的任务，再共同合作完成小组任务，实现人人有事做，提升学生参与度，发挥学生的主体作用。

本课设计的辩论设置在正确理解经济发展与环境保护的关系这一议题。通过辩论实现对经济发展与环境保护对立统一关系的认识，实现价值引领。新课标指出高中思想政治课程具有课程实施的实践性特征，上好高中思想政治课要紧密结合社会实践。从高中思想政治的四个学科核心素养来看，高中思想政治的第四个核心素养是公共参与，同样指向了实践。从课程改革的角度，本轮课程改革的基本理念之一是要构建以思想政治学科核心素养为主导的活动型学科课程，让学生在社会实践中历练，自觉地践行社会主义核心价值观。新课标在课程实施建议中指出，要走出教室，要迈入社会实践活动的大课堂。以上充分说明高中思想政治课学科内容与社会生活密切相关，学生了解社会需要社会实践，学科核心素养的培育，要进行社会实践，社会实践是学好思政课的重要途径之一。由于经常开展大型社会实践活动有限，本设计尝试通过易操作的微型社会调查来增强学习的实践性。

三、学情分析

学生在小学和初中阶段的学习中对生态文明已经有了具象的认识，明确了生态文明建设的必要性，明确可作为社会的一员，有义务通过自己力所能及的实际行动保护环境。但对生态文明的理解多停留在感性认识层面缺乏理性思考，有待于提升对生态文明建设理性认识。

高中学生认知上有能力进行理性的分析与思考，对于涉及现实问题的社会调研和实践活动有着浓厚的兴趣，更愿意关注社会现实。同时高中生已经具有一定的资料搜集和筛选能力，材料的分析理解能力，能够通过一系列社会实践为社会发展提出自己的看法与意见，也期待通过自身的努力对社会有所贡献，表现出一定的社会关怀和担当意识。

四、教学目标

思想政治课应该坚持八个统一，努力培养有信仰、有思想、有尊严、有担当的社会主义建设者和接班人。作为海岛学校的学生，对于本地保护动物有基本的了解，有条件进行简单的调查活动，坚持理论性与实践性的统一，在调查中发现问题，通过合作学习和辨析争论以实现积极的价值引领，学生通过学习，更加关注现实问题，善用学科知识分析解决问题，习近平生态文明思想内化于心，外化于行。

学生在学习过程中，加深了对习近平生态文明思想内容的理解，更加认同党和国家生态文明建设的理论与实践，提升了学生对国家大政方针政策的政治认同。在进行社会调查过程中，搜集并了解生态文明的相关法律，丰富了法律知识，在学法的过程中增强了学生法治意识。对搜集到的资料进行科学分析，提高了数据分析能力，交流中进行探究讨论提高了合作能力和语言表达能力，在数据分析中，在合作辩论中，追求真知灼见，培养了学生的科学精神。在积极参与社会调查中，增进了对周围生态保护情况的了解，发现了存在的问题、取得的成绩，针对本地生态保护提出可行性建议，提升了学生的社会参与意识和能力，利于培养公共参与的学科核心素养。

五、教学重点难点

综合运用生物学和哲学学科知识多维度地理解生态保护的重要性。关键在于运用多学科知识理解问题，学习创新思维方法。以小组为单位尝试设计微型调查问卷，总结分析调查问卷，进行数据统计，交流展示调查结果。针对调查中发现的问题，深入领悟习近平生态文明思想，总结提炼如何全面有效地进行生态保护，自觉担当生态保护的主体责任和义务。问卷问题设计、分析并总结措施，全面深入理解习近平生态文明思想是活动中的重点环节，需要分工合作有序进行。

六、教学设计总体思路

本课以本地生态保护的案例为起点，以学生的调查、合作、讨论、辨析等学生活动为载体，以三个议题为中心，注重通过调查关注现实，合作完成任务，交流分享思想，辨析实现价值引领，借助信息化手段分析调查问卷，总结表现调查结果，综合运用教材、网络、视频资源，丰富课堂的内容和呈现形式。对于高度概括抽象的体现生态文明建设规律的习近平生态文明思想采用讲授的教学方法，对于结合学科知识学生可以提炼和概括的生态文明建设的具体措施采用合作讨论的教学方法。通过上述设计着力培养学生的政治认同、科学精神、法治意识和公共参与的核心素养。

七、教学过程

（一）教学流程设计

环节一：阅读资料，合作探究，理解人与自然是生命共同体

教师活动：PPT展示背景资料：

2016年至2019年间，被告人翟允涛为获取非法利益，先后纠集多人，多次非法收购被告人陈云、王凤朋、刘家勇等多人猎捕的斑海豹幼崽，直接出售或转运进行饲养，再运输并出售给位于河南、云南、浙江等多地的海洋馆及个人，先后共涉斑海豹幼崽200余只。

某地人民法院对非法猎捕、运输、出售和收购珍贵野生动物斑海豹系列案件42名被告人及7家被告单位进行公开宣判。以非法收购、运输出售珍贵野生动物罪判处被告人翟允涛有期徒刑十四年，并处罚金人民币五百万元；其余各被告人分别被判处有期徒刑十二年至十个月不等的刑罚，并处罚金；被告单位洛阳正赫旅游发展有限公司等7家被告单位分别被处以人民币三百万元至十五万元不等的罚金；依法追缴各被告人及被告单位违法所得并没收犯罪工具。

兔饥食山林，兔渴饮川泽。与人不瑕疵，焉用苦求索。天寒草枯死，见窘何太迫。上有苍鹰祸，下有黄犬厄。一死无足悲，所耻败头额。敢期挥金遇，倒囊无难色。虽乖猎者意，颇塞仁人责。

——［宋］秦观《和裴仲谟放兔行》

习近平生态文明思想在继承中华优秀传统文化的基础上提出：

"生态兴则文明兴，生态衰则文明衰。"

"自然是生命之母，人与自然是生命共同体，人类必须敬畏自然、尊重自然、顺应自然、保护自然。"

"保护自然环境就是保护人类，建设生态文明就是造福人类。"

和谐共生　共护家园

学生活动：

1.观看视频：《可爱的斑海豹》。

2.阅读资料，以小组为单位合作探究完成议题一，并呈现小组观点。

预设小组1：从生物链的角度看，人类如果没有将保护动物生物链作为共同生存法则，由于虚荣心和占有欲，人们有意识无意识地将自然存在物和一切可以实施的方法，纳入到自己的利益中。因为人类的行为而造成的动物生态的影响，将对人、自然和动物都产生很大的变革。人类智慧的强大却让大多数手无寸铁的动物受到了伤害，长此以往甚至会危害到我们人类自己的生存，因此从生物链角度需要维持人与自然的和谐相处，实现人与自然的共同发展。

预设小组2：从马克思主义哲学唯物辩证法的角度看，事物的联系是多种多样的，有直接联系和间接联系，有直接的、表面的和眼前的联系，也有间接的、本质的和长远的联系。我们往往忽视间接的、本质的和长远的联系，忽视事物联系的中间环节。斑海豹被猎杀虽然似乎对我们没有产生直接的影响，但从长远看必将危害我们人类自身。

设计意图：加强对生态保护的重要性的多维度理解，并引申到对习近平生态文明思想对生态保护重要性的相关理论的认识与理解。

环节二：观点辩论——理解经济发展与生态保护的关系

教师活动：PPT展示斑海豹的相关材料，让我们更进一步了解它们的生存环境，以期更好地保护它们！

斑海豹是国家一级保护动物，是唯一能在中国海域繁殖的鳍足类动物。在全球，共有8个斑海豹繁殖区，而渤海辽东湾结冰区是8个繁殖区中最南端的一个，也是我国唯一的斑海豹繁殖区。但一些养殖户却把养殖区偷偷地建到斑海豹的繁殖地，极大影响了斑海豹的繁衍。

是要经济发展还是要生态保护呢？

观点一：有人认为发展经济应优先于生态保护。

观点二：有人认为生态保护应优先于发展经济。

请同学们对此发表自己的观点。

学生活动：组内交流意见后表达观点。

预设学生1：经济发展是指社会能够提供丰裕的商品来改善人类的物质生活。环境保护最终目的也是改善人的生存环境。发展经济改善人们的物质生活，也为解决眼前的环境问题提供技术、资金等支持，因此发展经济应优先于环境保护。

预设学生2：经济发展依赖于自然资源，人的生存发展依赖良好的生态环境，没生态环境的良好保护，一切发展都无从谈起，所以生态保护要优先于经济发展。

预设学生3：经济发展和生态保护并不是完全对立的，生态保护有利于经济发展，经济发展好了也可以更好地保护生态。

教师活动：PPT展示材料：

"我们既要绿水青山，也要金山银山。宁要绿水青山，不要金山银山，而且绿水青山就是金山银山。"

"绿水青山可带来金山银山，但金山银山却买不到绿水青山。"

"绿水青山就是金山银山"的理念深刻解释了保护生态环境就是保护生产力，改善生态环境就是发展生产力的道理，阐明了经济发展与环境保护的辩证统一关系。

设计意图：深入理解生态文明建设与经济发展之间对立统一的关系，理解习近平生态文明思想中的"绿水青山就是金山银山"。

环节三：总结提炼调查结论

教师活动：提出问题：理解习近平生态文明思想如何得到落实的？

PPT展示：坚持中国共产党的领导和习近平生态文明思想的指引；有立法权的国家机关，完善生态保护的相关立法工作；政府部门要积极履行生态文明建设的职能，严格执行相关法律；司法机关要公正司法，保障环保相关法律有效实施；公民要提高保护生态的自觉意识和法律意识，主动承担保护生态的公民责任。

学生活动：在听取各个小组调查结果展示的基础上，以小组为单位共同讨论，总结提炼保护生态谁应该负什么责任。

讨论结束后以小组为单位做本组的总结发言。

设计意图：辨识理解生态文明建设的具体举措，理解习近平生态文明思想的实践。

（二）课堂小结

本课从生态保护的重要性、生态保护与经济发展的关系、生态保护的措施三方面学习了习近平生态文明思想的内容，理解了习近平生态文明思想的必要性、正确性及其实践。

播放《绿色辽宁》宣传片，升华情感。

（三）板书设计

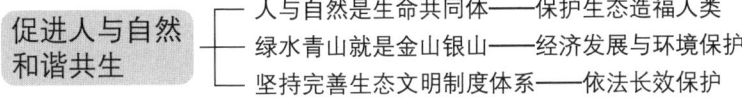

（四）作业设计

拟写一篇倡导爱护环境，提升环保意识，增强环保自觉的倡议书。

（五）参考资料

中华人民共和国教育部：《普通高中思想政治课程标准（2017年版2020年修订）》，人民教育出版社，2020年。

八、教学总结与反思

学生普遍提高了对生态保护的理性认知，提升了对习近平生态文明思想的政治认同，通过调查、搜集资料、表达观点等活动，不仅获得了知识，更提升了社会实践能力、合作探究能力、沟通能力、语言表达能力等，通过作业布置促进学生学习到的知识转化为保护生态的实际行动。

微型调查问卷的使用，突出了思想政治课实践性的特点，更能激发学生关注现实，而不是仅仅停留在关注知识层面。从发放问卷到问卷分析并得出结论，有助于锻炼学生的合作、沟通、数据分析等多种综合能力的培养。调查问卷的设计、分析需要专业知识，在这个方面可以开设专题课，提高相关能力。

守护绿水青山　共建美丽家园

大连大学　聂洪秋

一、课程基本信息

主讲课程： 习近平新时代中国特色社会主义思想概论

使用教材版本： 高等教育出版社2023年版

教材章节出处：《习近平新时代中国特色社会主义思想概论》第十二章《建设社会主义生态文明》

二、教学设计概述

（一）教学思路

本讲以建设社会主义生态文明为主题，以习近平生态文明思想为指引，围绕为什么建设生态文明、怎样建设生态文明以及如何建设全球生态文明展开，通过学习使学生进一步坚定必须坚持党的领导才能取得美丽中国建设的重大成就，正确理解中国在全球生态文明建设中的贡献，激励学生积极参与美丽中国建设并共谋全球生态文明建设之路，引导学生自觉担负起作为青年一代的使命和担当，树立绿色发展理念，提高用历史的观点、发展的观点、联系的观点来认识问题、分析问题和解决问题的能力。

（二）理论依据

1. 习近平关于大中小学思想政治教育一体化的重要论述。

2. 马克思主义生态观和习近平生态文明思想。

3. 驱力论、需要论、动力论、主体性教育理论、情境教育理论等。

（三）设计特色

1.问题引领与情境创设相结合。以富有实效性的问题链为引导，增强课程的趣味性和吸引力。在问题驱动教学理论的指导下，提出学生关心又不解的问题或者列举时下热门的社会现象，创设学习情境来引导学生进行思考，有利于引起其求知欲。

2.线上与线下相结合。将传统教学手段与现代多媒体教学手段相结合，将线上学习通学习和线下课堂学习结合，有利于提高教学和学生学习效率。

3.理论与实践相结合。以理论学习和切实可行的实践活动为载体，提高所学内容的实践性。在理论学习过程中，引导学生分析实践问题，正确认识历史和现实问题；指导学生完成实践活动，有利于验证理论，在实际行动中感悟真理、践行真理。

4.课前、课中、课后相结合。体现了学习的连贯性和衔接性，有利于学生对所学知识的理解和掌握。

5.小组讨论、辩论和自由发言相结合。有利于提高学生的团队意识、参与意识，活跃课堂气氛，给学生带来愉悦的上课体验。

三、学情分析

该门课在大二学生中开设，前期已经开设过思想道德与法治课、中国近现代史纲要课以及马克思主义基本原理课和形势与政策课，有了一定的人生观、价值观基础和世界观、方法论基础以及知识基础。学生在高中阶段对"尊重自然、顺应自然、保护自然""生态系统及其稳定性""人与环境""促进人与自然和谐共生"等内容有一定的知识积累。但他们进入大学之前尚处于青少年时期，思想还不够成熟，所以前期主要侧重知识层面、概念层面的学习以及保护环境的教育，对生态文明的理论学习还不够深入。大二学生有了一定的阅历和视野，思想较以往更加成熟，也积累了一些在大学的学习方法，有一定的分析问题、理解问题和辨别是非的能力，通过进一步深入学习，能够更深刻理解为什么建设生态文明、怎样建设生态文明以及我国生态文明建设对世界的贡献，可以进一步增强民族自豪感和爱国情，增强责任和担当意识，树立生态文明理念，并把所学专业知识和生态文明理念结合起来，不断进行创新性探索和研究，通过实际行动更好地为生态文明建设做出自己的努力和贡献。

四、教学目标

（一）知识目标

通过专题教学，学生了解习近平生态文明思想的主要内容以及建设社会主义生态文明是关系中华民族永续发展的根本大计，深刻理解生态环境是关系党的使命宗旨的重大政治问题，也是关系民生的重大社会问题。理解和掌握坚持人与自然和谐共生、生态兴则文明兴以及绿水青山与金山银山的关系；深入理解建设美丽中国的主要任务；了解保护生态环境、应对气候变化，是全人类面临的共同挑战，认识保护人类共同家园的重要性，了解全球环境治理的中国担当和中国方案。

（二）能力目标

学会用辩证唯物主义的立场、观点、方法来认识问题、分析问题，培养理论思维；培养学生用全面的、系统的方法分析问题，提高学生的系统思维能力。

（三）情感目标

通过学习，学生进一步坚定矢志不渝听党话、跟党走的决心；进一步理解生态文明理念，形成绿色生活方式的自觉性；进一步增强保护环境意识，提高参与生态文明建设的自觉性；进一步树立法制观念，培养法治思维，提高守法意识；进一步树立全局观念，增强民族自信心、爱国情和自豪感，增强责任意识和使命担当。

五、教学重点难点

（一）教学重点

1.理解和掌握绿水青山就是金山银山的科学内涵

首先，要正确处理生态环境保护与经济发展之间的关系。经济发展不能以破坏生态为代价，生态环境保护和经济发展不能割裂开来，二者是辩证统一、相辅相成的关系。

其次，绿水青山作为金山银山的基础，可以为创造金山银山提供条件，利用绿水青山可以直接创造出金山银山。保护生态环境就是保护生产力，改善生态环境就是发展生产力。

最后，实现发展和保护协同共生，保持经济效益、社会效益和生态效益同步提升。

2.理解建设美丽中国的任务

建设美丽中国是全面建设社会主义现代化国家的重要目标，也是满足人民对美好生态环境新期待的必然要求。建设美丽中国的主要任务：一要加快形成绿色生产方式和生活方式；二要坚持山水林田湖草沙一体化保护和系统治理；三要用最严格制度最严密法治保护生态环境。要实行最严格的生态环境保护制度；全面建立资源高效利用制度；严明生态环境保护责任制度。

（二）教学难点

1.如何建设美丽中国？建设美丽中国的具体措施怎样才能落地生效？

2.中国方案如何推动全球可持续发展？发达国家和发展中国家在生态文明建设中如何做到各司其职？

六、教学设计总体思路

主要设计思路是课前自学—课堂导学—学生互学—课堂小结—课后巩固，把课前、课中、课后贯穿起来。

课前自学——主要采取任务驱动法。

旨在通过学生前期自学和调研，完成老师布置的学习任务，对本讲的学习内容形成一定的感性认识，充分发挥学生的主体性，体现以学生为中心。

课堂导学——主要采取课堂演示法。

选取具有代表性的案例，并通过多媒体进行图片和漫画展示、短视频播放，激发学生学习兴趣并进行深入思考，发挥学生主观能动性，培养他们的思维能力。

学生互学——主要采取学生自由发言以及讨论、辩论。

在教学过程中,通过发放一些热点问题和学生有疑惑的问题,由学生进行讨论、辩论和自由发挥,调动学生课堂参与的积极性,提升教学效果。

课堂小结——主要采取教师讲解和学生回顾相结合。

由学生对社会主义生态文明建设的学习内容进一步归纳总结,把所学内容由感性认识进一步上升到理性认识。

课后巩固——主要采取理论作业和实践作业相结合、线上线下相结合。

把学习重点以及实践任务布置给学生,既调动了学生的积极性、巩固了学习内容,又达到了知行合一。

通过课前、课中、课后紧密衔接,实现本讲教学的知识目标、能力目标、情感目标三者的有机统一。

七、教学过程

(一)教学流程设计

环节一:课前准备

教师活动:在学习本讲内容的前一周,布置学习任务。由学生阅读教材及相关文献,并查找改革开放以来自己家乡环境的变化。用带有图片的案例或视频资料来说明这种变化,同时以PPT形式上传到学习通平台,把其作为一次实践作业,并由组长安排好小组成员做好上课发言的准备。

学生活动:

1.通过课前阅读文献等资料初步了解与本章相关的知识,为课堂学习及实践活动做好必要的准备。

2.完成教师布置的课前任务。学生上网或去图书馆查找相关资料,或与家人沟通,了解在本人出生之前家乡的发展与环境状况。

设计意图:学生通过阅读教材及相关资料了解习近平生态文明思想。通过亲自查找资料,引导学生更好地了解家乡改革开放以来的发展变化以及生态文明建设给家乡带来的新的改变,增加感性认识,提升由生态美所带来的幸福感、获得感。

环节二：导入新课

教师活动：登录超星学习平台或打开学习通，通过投屏并以滚动播放的方式查看学生交作业的情况，随后按之前的安排随机点两个小组，小组派代表进行课堂展示。

学生活动：两个小组分别派代表进行课前展示，展示的内容是课前准备的改革开放以来家乡发展与环境的变化。其他学生认真观看。

教师活动：根据学生的发言进行总结：从同学们家乡的环境变得越来越好，说明什么问题呢？说明我国生态文明建设给我们带来的巨大变化。生态文明建设是我国"五位一体"总体布局的重要组成部分，它关系着美丽中国目标能否实现，也决定着现代化强国目标能否最终实现的问题。

学生活动：思考"五位一体"的总体布局是什么。

教师活动：

1.总结并用PPT展示：今天学习第十二章《建设社会主义生态文明》。

2.讲解并用图片展示：介绍习近平生态文明思想的主要内容。

设计意图：通过学生参与课堂，调动学生学习的积极性，发挥学生的主观能动性。通过老师总结，提升理论高度和理论认知，了解环境变化背后的原因是我国生态文明建设，为本讲学习做好铺垫。

环节三：呈现学习目标

教师活动：通过PPT展示本讲的教学目标：知识目标、能力目标以及情感目标。

学生活动：观看PPT。

设计意图：学生对本讲的教学目标有清晰的认识，有助于把握本讲学习内容。

环节四：课程内容学习

1.人与自然和谐共生（为什么要建设社会主义生态文明）

（1）生态兴则文明兴

教师活动：讲解：改革开放以来我国经济发展取得了巨大成就，也积累了大量生态环境问题。生态文明是我国经济社会的短板弱项。不抓紧补短板，不扭转生态环境恶化趋势，必将付出惨痛的代价。

提出问题：生态环境保护和经济发展到底是一种什么关系？引导学生进行讨论。

学生活动：讨论："该优先发展经济还是优先保护环境？"

一方：优先发展经济。

一方：优先保护环境。

教师活动：讨论之后先不做出结论，通过多媒体播放视频并请同学们进行观看：这个小县城开了300多家咖啡店，"咖啡密度"远超一线城市。

然后进行总结并导入到下一个问题。

学生活动：思考生态保护与经济效益、社会效益和生态效益之间关系。

教师活动：我们通过下一个问题的学习，将得出答案。

（2）绿水青山就是金山银山

讲解：绿水青山就是金山银山的理念阐明的就是生态环境保护与经济发展之间的关系。表面上看，生态环境保护和经济发展是矛盾对立的关系，是鱼和熊掌不可兼得的两难选择。但从根本上讲，二者是辩证统一、相辅相成的关系。发展经济不能对资源和生态环境竭泽而渔，生态环境保护也不是舍弃经济发展而缘木求鱼，而是要坚持在发展中保护、在保护中发展。保护生态环境就是保护生产力，改善生态环境就是发展生产力。

播放视频：《习语｜"绿水青山就是金山银山"》。

处理好"两山"的关系，关键在人，关键在思路。通过高水平环境保护，不断塑造发展的新动能、新优势。要坚持正确的发展理念，要实现经济效益、社会效益、生态效益同步提升。

展示案例：内蒙古库布齐沙漠是世界上唯一被整体治理的沙漠。

总结：建设社会主义生态文明是因为"生态兴则文明兴""绿水青山就是金山银山"。

设计意图：帮助学生结合具体事例深入理解"绿水青山就是金山银山"理念的内容及其重要意义，理解经济效益、社会效益、生态效益的相互促进关系。

（3）把生态文明建设摆在全局工作的突出位置

教师活动：为什么要把生态文明建设摆在全局工作的突出位置？

导入：生态文明建设不仅是重大经济问题，也是关系党的使命宗旨的重大政治问题、关系民生福祉的重大社会问题。党的十八大以来，我们党把生态文明建设摆在全局工作的突出位置。

讲解：党对生态文明建设的重视如何体现？

通过案例展示战略地位更加凸显、制度体系更加健全、污染防治和生态保护更加有力三方面的表现。

通过数据展示新时代十年生态文明建设主要成就，说明党的重视给人民带来的好处。

然后提出问题：我国生态文明建设还有哪些成就？提示学生可以根据课前布置的作业来进行回答。

学生活动：讨论并回答我国生态文明建设还有哪些成就。了解我国新时代生态文明建设所取得的历史性成就，思考取得这些成就的原因，认识坚持党的全面领导的重要性以及对习近平生态文明思想的指导作用。

2.建设美丽中国（怎样建设社会主义生态文明）

教师活动：案例导入："天空日记"刷屏上热搜，网友接龙晒出"家乡蓝"。"天空日记"为何能够感动人心？

通过以上案例引发学生思考问题："天空日记"为何能够感动人心？

学生活动：回答天空日记为何能够感动人心。

教师活动：讲解：十年间的变化说明美丽中国渐行渐近，美丽中国是建设生态文明在我国的具体目标，是全面建设社会主义现代化国家的重要目标，也是满足人民日益增长的优美生态环境需要的必然要求。那么，如何建设美丽中国？

（1）加快形成绿色生产方式和生活方式

展开互动：如何形成绿色生产方式和生活方式？

学生活动：举例说明有哪些绿色生产方式、生活方式。作为大学生，在日常生活中可以为美丽中国建设做些什么？

教师活动：播放视频：《北京十年脱霾记》。

通过视频得出以下结论：必须加快推动产业结构、能源结构、交通运输结构等调整优化。除此之外，还要进一步推进各类资源节约集约利用；积极稳妥推进碳达峰碳中和；健全绿色发展的保障体系；坚持把建设美丽中国转化为全体人民自觉行动。

举例：支付宝蚂蚁森林获得联合国最高环保荣誉——"地球卫士奖"。引发学生思考：蚂蚁森林为什么会获得该奖项？

学生活动：讨论并回答蚂蚁森林获奖的原因是什么。支付宝挂号、网购电影票有什么优点？

教师活动：蚂蚁森林因带动5亿人参与低碳生活，把碳减排量转化成荒漠地区的1.22亿棵树而获奖。支付宝挂号、网购电影票同样可以减少碳排放。

（2）坚持山水林田湖草沙一体化保护和系统治理

讲解：习近平总书记指出："生态是统一的自然系统，是相互依存、紧密联系的有机链条。人的命脉在田，田的命脉在水，水的命脉在山，山的命脉在土，土的命脉在林和草，这个生命共同体是人类生存发展的物质基础。"

播放视频：《塞罕坝六十年变化》。

通过塞罕坝六十年的变化，说明中国人在这一方面所做的努力和所取得的成果。

（3）用最严格制度最严密法治保护生态环境

展示案例：陕西延安削山造城、新疆卡山自然保护区违规瘦身、秦岭北麓西安段违规圈地建别墅。

讲解：上面这些问题的出现，多与体制不健全、制度不严格、法治不严密、执行不到位、惩处不得力有关，然后得出结论：保护生态环境必须依靠最严格制度、依靠最严密法治。

展示案例：我国首部流域法律《长江保护法》正式实施。长江"十年禁渔"计划实施。

设计意图：用学生感兴趣的例子引发学生学习兴趣，直观深切感受在习近平生态文明思想的引领下，美丽中国建设的具体举措以及所取得的巨大成就，思考在未来应如何谱写新时代中国特色社会主义生态文明建设新篇章，并树立系统思维、法治观念、规矩意识和责任意识。

3.共谋全球生态文明建设之路（如何共谋）

教师活动：导入新课：先播放视频《日本民众抗议政府强推核污染水排海计划》，引发学生思考。

学生活动：思考并回答日本核污染水排海为什么会引起公愤。

教师活动：引用案例——约翰·多恩的诗歌《没有人是一座孤岛》：没有人是与世隔绝的孤岛；每个人都是大地的一部分；如果海流冲走一团泥土，大陆就失去了一块，如同失去了一个海岬，如同朋友或自己失去家园；任何人的死都让我受损，因为我与人类息息相关；因此，别去打听钟声为谁鸣响，它为你鸣响。

导入新课：人类只有一个地球，要共谋全球生态文明建设之路，而不是破坏地球。

（1）保护人类共同家园

讲解：顺应自然、保护自然、绿色发展，人类才有美好的未来。建设绿色家园是各国人民的共同梦想，也是全球可持续发展的大势所趋。那么如何保护人类共同家园？导入下一问题。

（2）共建清洁美丽世界

讲解：①坚持以人为本；②坚持科学治理；③坚持多边主义；④坚持共同但有区别的责任原则。

展示：中国与世界部分国家居民碳排放量占本国总排放量比例。

（3）积极推动全球可持续发展

讲解：中国作为世界上最大的发展中国家，深度参与全球气候治理，同世界各国共同推进全球生物多样性治理，积极共建绿色"一带一路"，承担大国责任，展现大国担当。

案例讲解：①积极参与全球气候治理；②积极推进全球生物多样性治理；③积极打造绿色"一带一路"。

播放视频：《让绿色成为共建"一带一路"的底色 中国这样做》。

讲完这个问题后，请学生进行总结：如何保护人类共有家园？

学生活动：回答如何保护人类共有家园。

设计意图：利用问题链引发学生思考，学生从新时代以来的热点事件中，通过思考形成自己的独立见解，理解保护生态环境、应对气候变化，是全人类面临的共同挑战。要秉持人类命运共同体理念，积极参与全球环境治理。从中国对全球生态建设所做的努力和贡献中感受中国的大国担当和责任意识，树立爱国情怀。

环节五：总结回顾，留课后作业

教师活动：讲完全部章节内容后，梳理本讲内容。然后由学生进行课堂总结，就本讲重点问题提问学生，并留课后作业。

学生活动：尝试进行课堂总结，回答老师问题——如何建设美丽中国？

完成课后作业。理论作业写到笔记上，并拍照上传到学习通；同时完成实践作业并上传到学习通。

设计意图：主要考查学生的学习效果以及理论应用于实践的能力。

（二）课堂小结

生态文明建设是关系中华民族永续发展的根本大计。建设美丽中国，是全面建设社会主义现代化国家的重要目标，是满足人民美好生活新期待的必然要求。党的十八大以来，以习近平同志为核心的党中央坚持绿水青山就是金山银山的理念，把生态文明建设摆在全局工作的突出位置，推动生态文明建设和生态环境保护发生历史性、转折性、全局性变化，走出一条人与自然和谐共生的现代化道路。

建设美丽中国，要从我国国情和生态文明建设的实际出发，加快形成绿色生产方式和生活方式，坚持山水林田湖草沙一体化保护和系统治理，用最严格制度最严密法治保护生态环境。

地球是全人类赖以生存的唯一家园，中国致力于推动共建地球生命共同体，积极参与全球环境治理，是全球生态文明建设的重要参与者、贡献者、引领者。

（三）板书设计

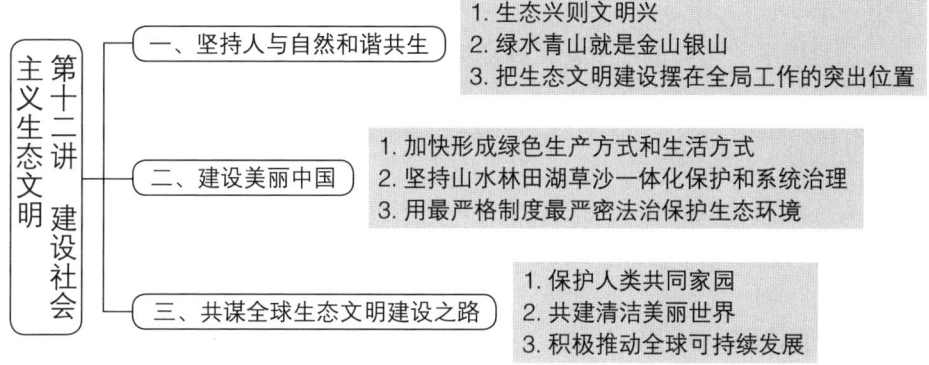

（四）作业设计

1.理论作业：

（1）如何理解"生态兴则文明兴"？

（2）怎样建设美丽中国？你认为美丽中国建设还可以怎么做？请举例说明。

（3）中国为全球环境治理作出了哪些重要贡献？

2.实践作业：

新时代青年应该担负起时代赋予的使命，从身边小事做起，积极投身志愿服务，广泛开展环保知识宣传，积极发挥示范引领作用，引导身边群众提高环保意识，共同参与环境保护，引领我国环保事业建设开辟新境界、迈上新台阶。

请同学们以小组为单位，在校园内外开展切实可行的环保志愿行动，并拍摄微视频，视频时间在10分钟以内，上传至学习通。

（五）参考资料

1.习近平：《论坚持人与自然和谐共生》，中央文献出版社，2022年。

2.中共中央宣传部、中华人民共和国生态环境部：《习近平生态文明思想学习纲要》，学习出版社、人民出版社，2022年。

3.《中共中央关于党的百年奋斗重大成就和历史经验的决议》，人民出版社，2021年。

4.习近平：《推动我国生态文明建设迈上新台阶》，《求是》2019年第3期。

5.习近平：《高举中国特色社会主义伟大旗帜　为全面建设社会主义现代化国家而团结奋斗——在中国共产党第二十次全国代表大会上的报告》，人民出版社，2022年。

6.《焦点访谈：伟大的历史变革——绘就生态新画卷》，https://news.cctv.com/2024/07/10/ARTIrw2HKNihCWXnJ2OTlRxj240710.shtml。

八、教学总结与反思

（一）教学总结

本讲教学从课前、课中、课后三大环节，把理论学习和实践作业相结合，通过较丰富的教学方法和教学手段，调动了学生的学习积极性，发挥了学生的主体作用；通过教师讲解和学生讨论、发言以及观看视频等多种学习方式，学生对习近平生态文明思想对我国生态文明建设的指导作用有了更深入的理解，对为什么建设生态文明、怎样建设生态文明以及中国在全球生态文明建设中的贡献有了更进一步的把握。通过发放问题引发学生思考，提高了学生认识问题、分析问题和解决问题的能力。通过本讲的学习，对学生的爱国情怀、责任意识、大局意识、法治意识、系统思维、辩证思维的培养也有着潜移默化的作用。

（二）教学反思

1.教学设计考虑了"〇〇后"大学生的思维特点和行为习惯，充分发挥案例教学吸引学生的优势，在教学中使用的图片+视频+漫画等案例都是精挑细选，同时在教学中充分发挥学生的主体性，产生了较好的教学效果。但教学中选取的案例多为本省以外的，今后可以适当选取本地区具有代表性的教学案例，有利于省外学生更好了解本地区的生态环境与发展状况。

2.教学中不足之处在于，没有针对不同专业的学生作出不同的教学设计。今后针对不同专业的学生在教学设计方面可以稍作调整。比如，针对环境、化学专业的学生，可以把所授内容与其专业相结合，并发挥学生在专业上的优势。

3.此次教学促进了我对"思政课大中小学一体化"的进一步思考。对不同学段学生的学情分析很有必要，下一步要和中小学思政课教师进行进一步的交流，有机会去中小学听课学习，更深入地了解不同学段学生的学习状况，以便更有针对性地进行教学。

绿水青山就是金山银山
做美丽中国建设的积极践行者

沈阳师范大学　汪云芳

一、课程基本信息

主讲课程： 习近平新时代中国特色社会主义思想概论

使用教材版本： 高等教育出版社2023年版

教材章节出处：《习近平新时代中国特色社会主义思想概论》第十二章第一节第二课《绿水青山就是金山银山》

二、教学设计概述

（一）教学设计思路概述

本教学设计以《高等学校思想政治理论课建设标准（2021年本）》、习近平新时代中国特色社会主义思想概论课程教学大纲为基本遵循，以习近平总书记在学校思想政治理论课教师座谈会上的重要讲话为指导，以立德树人目标为重要指向，深入调研学生思想和学习实际，按照问题导入，激发学习兴趣—课堂辩论和合作探究剖析绿水青山就是金山银山的科学内涵—观看教学视频和在线参观感受中国共产党对青山绿水的牵挂以及新时代十年生态文明建设成就—分析教学案例得出推动高质量发展和高水平保护协同共生的生态发展路径顺序展开教学。融合使用系统讲解法、问题链教学法、案例教学法、多媒体演示法等教学方法，引导学生正确认知自身责任使命，以积极主动的生态文明建设实践展示出建设美丽中国的青年担当。

（二）理论依据

第一，《高等学校思想政治理论课建设标准（2021年本）》中关于思政课改革创新的"八个相统一"、积极探索教学方法改革等要求和习近平新时代中国特色社会主义思想概论课程教学大纲中关于准确理解绿水青山就是金山银山理念的要求是本教学设计的主要理论依据。

第二，习近平总书记在学校思想政治理论课教师座谈会上的重要讲话中关于思想政治理论课是落实立德树人根本任务的关键课程、思政课改革创新的"八个相统一"要求，对思政课教师"六个要"要求等是本教学设计的重要理论依据。

（三）设计特色

一是设计理念和思路新。首先，实现了价值性和知识性相统一。在绿水青山就是金山银山内涵的知识讲授中，充分挖掘该理念蕴含的"人与自然和谐共生"等生态文明价值理念和中国共产党的"环境就是民生""以人民为中心"等生态政绩观，引导学生增强对中国共产党的政治认同，增强自身责任使命感，积极投身新时代美丽中国建设的实践。其次，实现了主体性和主导性相统一。突出强调学生主体地位，以学生为中心。教师综合使用多种教学方法，组织引导学生通过问答、辩论、合作交流和汇报展示等方式充分参与课堂活动。最后，实现了理论性和实践性相统一。突出强调将思政小课堂与社会大课堂相结合，通过课上的理论学习和课后的实践作业，将生动鲜活的实践和课堂教学紧密结合，全面提升育人效果。

二是教学内容的充实丰富与重组。以关联学生实际和关联相关知识为原则，本节课按绿水青山就是金山银山的科学内涵、中国共产党多年如一日情系"绿水青山"、推进高质量发展和高水平保护协同共生的顺序对教材内容进行了充实丰富、编排重组，更符合学生认知的逻辑特点。

三、学情分析

授课对象为大二本科生，经过学期调查发现：

在知识储备方面，学生已经具备了马克思主义理论等先修课程的内容基础，具有一定辩证思维能力。

在思想特点方面，学生较为关注国家大事，具有强烈爱国主义情感，学风良好。但学习的自觉性和主动性不足，自制力有待提高。

在能力水平方面，学生思维活跃，善于独立思考，易于接受新鲜事物，具备一定互助协作能力，但运用马克思主义立场、观点、方法分析和解决问题的能力有待提高，集体意识不强。

此外，近些年我国生态文明建设成就斐然，很多来自城市和农村的学生的家乡生态生活环境都发生了翻天覆地的变化，学生切身直观地感受到了生态文明建设带来的改变，所以本课程的讲解会更易于为学生所接受，理解起来也有一定现实基础。

四、教学目标

（一）价值引领

能够站在新时代生态文明建设的高度把握绿水青山就是金山银山的重要理念，增强对美丽中国建设的认同，并树立以青春之我建设美丽中国的远大志向。

（二）知识传授

深刻理解绿水青山就是金山银山的科学内涵，全面把握新时代生态文明建设的重大成就，正确认识高质量发展和高水平保护的辩证关系。

（三）能力培养

通过课堂辩论、小组合作探究活动，充分参与课堂教学，有效培养、提升辩证思维能力、互助协作能力和言语表达能力；通过思考回答问题链教学问题，提升针对性地运用马克思主义立场、观点、方法发现问题、分析问题和解决问题的能力。

（四）素质养成

矢志不渝听党话跟党走，正确认识自身的责任使命，主动学习习近平生态文明思想，积极利用多种形式参与生态文明建设实践，展示出建设美丽中国的青年担当。

五、教学重点难点

（一）教学重点

1.绿水青山就是金山银山的科学内涵。

2.推动高质量发展和高水平保护协同共生。

（二）教学难点

绿水青山就是金山银山的科学内涵。

（三）教学重难点分析

1.绿水青山就是金山银山的内涵在教材的逻辑结构中占比较重，也是本节课首先需要澄清的关键概念，因而构成教学重点。由于需要运用辩证视角，多角度逐步剖析得出结论，需要学生具备较强的逻辑思维能力和教师具备较精准的言语表达能力和引导能力，所以构成教学难点。

2.推动高质量发展和高水平保护协同共生作为践行绿水青山就是金山银山理念的实践路径，是本节课的教学重点。

六、教学设计总体思路

本门课程授课对象为大二学生。

在环节一，以问题为导向，通过讲解《人民日报》刊发的理论文章导入教学，引导学生自主思考"绿水青山就是金山银山"，实现开门见山，直接点题，激发学习兴趣。

在环节二，教师拆解分析习近平总书记的经典论述，综合使用问题链教学法、案例教学法、合作探究法，用3个问题、2个教学案例、1个经典论述串联教学过程。学生则通过听取讲解、课堂辩论、合作探究方式展开学习，进行充分的课堂参与。经过层层分析和充分讨论，实现对绿水青山就是金山银山内涵的理解。

在环节三，教师通过组织学生观看教学视频，在线参观生态文明建设成就展，引导学生感受到党的十八大以来，以习近平同志为核心的党中央对"绿水青山"的重视和记挂，进而认识到正是在党中央坚强领导下，在习近平生态文明思想指引下，我国生态文明建设才取得如此显著成就，从而增强对党的生态文明建设方针政策的理解认同，树立矢志不渝听党话跟党走的坚定信念。

在环节四，教师通过课前布置教学任务，引导学生思考如何践行绿色低碳生活方式，组织课上进行汇报展示，增强学生课堂参与感。在此基础上，从两个方面详细讲解推动高质量发展和高水平保护协同共生，实现对如何践行这一理念的深刻把握。

在课程小结和课后作业部分，通过总结提升和课后环保志愿实践活动，激发学生投身于祖国生态文明建设实践的使命担当意识，号召学生用实际行动助力美丽中国建设。

七、教学过程

（一）教学流程设计

环节一：课程导入——《不负绿水青山　方得金山银山》

教师活动：问题导向：如何理解"绿水青山就是金山银山"？

教学资料：祖国的一山一水、一草一木，时时牵挂在习近平总书记心头。新冠肺炎疫情防控期间，习近平总书记赴浙江、陕西、山西考察，在繁花似锦的之江大地，要求"把绿水青山建得更美，把金山银山做得更大"；在绿意盎然的三秦大地，指出"人不负青山，青山定不负人"；在山峦叠翠的三晋大地，强调"要牢固树立绿水青山就是金山银山的理念"……在世界经济深度衰退、中国经济历经"压力测试"、绿色发展面临考验的关键时刻，这些重要指示起到了定盘星的作用，充分展现了党和国家坚定不移走生态优先、绿色发展之路的信心和决心。

——《人民日报》2020年6月9日第05版

学生活动：

1.听取教师讲解，理解课程内容。

2.独立思考教学问题并作答。

设计意图：教师以《人民日报》刊发的题为"不负绿水青山　方得金山

银山"的理论文章部分内容为切入点，开篇点题，设置如何理解"绿水青山就是金山银山"问题，引导学生认识到在世界经济深度衰退、新冠肺炎疫情的重重考验之下，习近平总书记仍始终牢固树立和践行绿水青山就是金山银山理念，考察调研足迹行至大江南北，重视和牵挂着生态文明建设。进而激发学生学习兴趣，引发对如何践行绿水青山就是金山银山等问题的思考，带领学生进入课程内容的学习。

环节二：把握绿水青山就是金山银山的科学内涵

教师活动：

经典讲读："我们既要绿水青山，也要金山银山。宁要绿水青山，不要金山银山，而且绿水青山就是金山银山。"

——《习近平关于社会主义生态文明建设论述摘编》，中央文献出版社，2017年版，第21页

知识点1："宁要绿水青山，不要金山银山"体现了二者之间的彼此对立关系。

"绿水青山"与"金山银山"喻指发展经济与保护生态的辩证关系。这里的"绿水青山"指的是良好的生态环境与自然资源，"金山银山"指的是经济发展成果与物质财富。在处理两者关系上，我们决不能以牺牲生态环境为代价去换取一时的经济发展，在这种情况下我们"宁要绿水青山，不要金山银山"。

*学生活动：*听取教师讲解，理解课程内容。

教师活动：

提出教学问题1：当绿水青山与金山银山发生矛盾时应怎样处理呢？

展示教学案例：20世纪世界十大环境公害事件之一：伦敦烟雾事件。

1952年12月5日至9日，伦敦上空受反气旋影响，大量工厂生产和居民燃煤取暖排出的废气难以扩散，积聚在城市上空。伦敦被浓厚的烟雾笼罩，交通瘫痪，行人小心翼翼地摸索前进。市民不仅生活被打乱，健康也受到严重侵害。许多市民出现胸闷、窒息等不适感，发病率和死亡率急剧增加。直至12月9日，一股强劲而寒冷的西风吹散了笼罩在伦敦的烟雾。据统计，当月

因这场大烟雾而死的人多达4000人。此次事件被称为"伦敦烟雾事件",成为20世纪十大环境公害事件之一。

学生活动:

课堂辩论:围绕"当绿水青山与金山银山发生矛盾时应怎样处理"展开课堂辩论。

具体要求:

1.全班同学分为两组,持"要绿水青山,不要金山银山"观点为正方,持"要金山银山,不要绿水青山"观点为反方。

2.每组选出四位同学分别为一、二、三、四辩手,另选出1人计时,1人记分,4位学生评委。

3.比赛由立论陈词、攻辩、自由辩论、总结陈词四部分组成。

4.辩论时间15分钟。

教师活动:

提出教学问题2:绿水青山和金山银山可否兼得?

知识点2:"既要绿水青山,也要金山银山"体现了二者的互融互补关系。

"既要绿水青山,也要金山银山"喻指保护生态与发展经济的兼顾性、互补性。绿水青山与金山银山是一个有机统一体。有绿水青山就不愁没有金山银山,但获取金山银山必须以保护绿水青山为前提,金山银山必须建立在绿水青山的坚实基础上。

经典讲读:我们不要过分陶醉于我们人类对自然界的胜利。对于每一次这样的胜利,自然界都对我们进行报复。……美索不达米亚、希腊、小亚细亚以及其他各地的居民,为了得到耕地,毁灭了森林,但是他们做梦也想不到,这些地方今天竟因此而成为不毛之地,因为他们使这些地方失去了森林,也就失去了水分的积聚中心和贮藏库。

——恩格斯:《自然辩证法》,人民出版社,2018年版,第313页

学生活动:

1.听取教师讲解,理解课程内容。

2.独立思考教学问题2,并作答。

教师活动：

知识点3："绿水青山就是金山银山"体现了二者的辩证统一关系。

绿水青山既是自然财富、生态财富，又是社会财富、经济财富。包含两层含义：一是绿水青山作为金山银山的基础可以为创造金山银山提供条件；二是利用绿水青山可以直接创造出金山银山，特别是通过发展生态产业，将生态优势直接变成经济优势，让绿水青山不断"产出"金山银山。

此理念指明经济发展与生态环境保护间的辩证统一、相辅相成关系。经济发展不能对资源和生态环境竭泽而渔，生态环境保护也不是舍弃经济发展而缘木求鱼，而是在高质量发展中保护、在高水平保护中发展，实现发展和保护的协同共生。

学生活动：听取教师讲解，理解课程内容。

教师活动：

提出教学问题3：绿水青山如何变成金山银山？

展示教学案例：绿水青山塞罕坝，金山银山发展路。

俯瞰地球，一弯深绿，像展翅雄鹰，扼守在浑善达克沙地南缘。这就是塞罕坝机械林场。从飞鸟无栖树到呼吸能挣钱，从多风少雨到气候改善，从茫茫荒原到"华北绿宝石"，从一穷二白到场强民富，从一棵树到一片"海"，从屋顶扬沙到绿色屏障，从艰苦创业到绿色奇迹，从不毛之地到物种基因库……三代人接力，这里创造了荒原变林海的人间奇迹！59年巨变，这里生动诠释了绿水青山就是金山银山。

学生活动：合作探究：围绕教学案例，以小组为单位展开合作讨论，思考回答：绿水青山如何变成金山银山？选出代表做总结发言。

设计意图：教师在本环节首先展示习近平总书记关于"绿水青山就是金山银山"内涵的经典论述。通过拆解分析总书记论述的三句话剖析绿水青山就是金山银山科学内涵。紧接着，教师使用问题链教学、案例教学法和系统讲解法，学生使用课堂辩论、合作探究方法进行学习。具体而言，教师通过设置"当绿水青山与金山银山发生矛盾时应怎样处理呢？""绿水青山和金山银山可否兼得？""绿水青山如何变成金山银山？"3个教学问题按顺序展现给学生，3个问题分别以"伦敦烟雾事件"、恩格斯关于人和自然关系的经典论述以及塞罕坝沙漠变绿洲的教学案例创设不同教学情境，串联起教学过程。学生则通过课堂辩论、自主学习、合作探究方式展开对问题的思考作答，在思考、辩论、探究中对绿水青山就是金山银山科学内涵的认识层层递进、逐步深入，认识到绿水青山确实可以转化为金山银山。

环节三：中国共产党多年如一日情系"绿水青山"

教师活动：

知识点4：党的十八大以来，我们党把生态文明建设摆在全局工作的突出位置，从思想、法律、体制、组织、作风上全面发力，谋划开展了一系列根本性、开创性、长远性工作。

《中华人民共和国环境保护法》（2014年4月24日修订通过）

《中共中央国务院关于加快推进生态文明建设的意见》（2015年4月25日）

《中华人民共和国大气污染防治法》（2015年8月29日第二次修订通过）

《生态文明体制改革总体方案》（2015年9月11日）

《中华人民共和国水污染防治法》（2017年6月27日第二次修正）

《关于划定并严守生态保护红线的若干意见》（2017年2月7日）

《中华人民共和国土壤污染防治法》（2018年8月31日）

《"十四五"生态保护监管规划》（2022年3月18日）

……

学生活动：听取教师讲解，理解课程内容。

教师活动：播放教学视频：《十年——习近平的江河情怀》。

祖国的大江大河见证了习近平心系中华民族永续发展的赤子情怀。党的十八大以来，总书记考察调研的足迹行至大江南北、大河上下。自古文明依水而兴，习近平总书记的"江河战略"，正是着眼国家发展大局，对中华民族永续发展的战略谋划。

学生活动：

1.观看教学视频。

2.听取教师讲解，理解课程内容。

教师活动：组织学生在线参观《十年发展 绿意盎然——"奋进新时代"主题成就展》，展现十年来我国生态文明建设成就。

学生活动：

1.在线参观主题成就展。

2.听取教师讲解，理解课程内容。

设计意图：首先，教师播放讲解教学视频，学生跟随习近平总书记近十年的足迹，学习总书记作出的重要指示，感悟党的十八大以来，以习近平同志为核心的党中央对生态文明建设念兹在兹，倾注巨大心血。其次，教师带领学生参观"奋进新时代"主题成就展网上展馆中央综合展区生态文明建设单元，线上全景式参观展览现场，生动感受展览全貌，形象进行虚拟现场体验。学生能更为直观地感受到在以习近平同志为核心的党中央坚强领导下，在习近平生态文明思想的科学指引下，美丽中国建设正不断迈出新的步伐。进而理解成就的取得正是因为我党把始终把生态文明建设摆在全局工作的突出位置上，对生态文明建设高度重视并进行长远谋划。

环节四：推动高质量发展和高水平保护协同共生

教师活动：

知识点5：加强生态建设投入、生态环境保护修复、造林绿化工程、生态休养生息。通过高水平环境保护，不断塑造发展的新动能、新优势，着力构建绿色低碳循环经济体系，有效降低发展的资源环境代价，持续增强发展的潜力和后劲。

学生活动：听取教师讲解，理解课程内容。

教师活动：

实践活动：绿色生活方式汇报展示——做绿色低碳生活方式积极践行者。

具体要求：教师课前布置任务，以小组为单位（共4组）围绕典型绿色生活方式主题搜集相关资料并制作PPT，课上展示如何践行绿色生活方式。

学生活动：课前以小组为单位准备实践活动，进行课堂展示。

教师活动：

知识点6：要依靠绿色科技、壮大绿色经济、推行绿色生产、增值绿色产品。通过坚持正确的高水平发展理念，产业和生态完全可以相得益彰、和平共处，实现经济效益、社会效益、生态效益同步提升。

展示教学案例：江苏泰兴：家庭光伏电站"绿色"又富民。

江苏省泰兴市积极推进居民家庭光伏电站建设，开通审批"绿色通道"，实行一站式并网接入服务。居民利用闲置的屋顶空间建设家庭光伏电站，除去自家用电外，剩余的电量并入国家电网销售，在使用绿色能源的同时增加家庭收入。截至2017年9月，泰兴市已受理576个家庭光伏电站并网申请，累计320个已实现并网发电。

学生活动：听取教师讲解，理解课程内容。

设计意图：针对知识点5，教师课前布置任务，将学生分成4组，围绕典型绿色生活方式主题搜集相关资料并制作PPT，以小组为单位在课堂上进行绿色低碳生活方式汇报。通过实践活动，既能调动起学生学习的积极性，更好提升课堂参与感，也能在实践中将绿色生活理念和方式入脑入心，引导学生在日常生活中做绿水青山就是金山银山理念的积极实践者。针对知识点6，教师设置家庭光伏电站"绿色"又富民案例，引导学生认识到坚持正确的发展理念，产业发展和生态保护完全可以相得益彰、和平共处。

（二）课堂小结

理论在一个国家实现的程度取决于理论满足现实需要的程度，理论作用发挥的效能取决于理论见诸实践的深度。"绿水青山就是金山银山"之所以能够发挥出巨大理论效能，回应时代发展带来的新问题新挑战，主要是因为满足了新时代中国特色社会主义建设的客观要求。

青年是生态文明建设的生力军，生态文明建设的伟大征程离不开一代又一代青年的求实钻研和奋勇担当。新征程上，青年学生要深刻理解把握习近平生态文明思想，积极利用多种形式参与生态文明建设，在建设美丽中国的道路上书写下青春的"绿色答卷"！

（三）板书设计

绿水青山就是金山银山 ┬ 把握绿水青山就是金山银山的科学内涵
　　　　　　　　　　├ 中国共产党多年如一日情系"绿水青山"
　　　　　　　　　　└ 推动高质量发展和高水平保护协同共生

（四）作业设计

主题实践活动：低碳环保，由我先行。

一代人有一代人的使命，一代人有一代人的担当。新时代青年应该担当起时代赋予的使命，积极主动投身于美丽中国建设的实践中，从身边做起、从小事做起，进行环保宣传，参加环保志愿活动。要求以小组为单位进行切实展开环保志愿行动，并形成10分钟的微视频，下次课进行汇报展示。

（五）参考资料

1.习近平：《论坚持人与自然和谐共生》，中央文献出版社，2022年。

2.中共中央宣传部、中华人民共和国生态环境部：《习近平生态文明思想学习纲要》，学习出版社、人民出版社，2022年。

3.中共中央文献研究室：《习近平关于社会主义生态文明建设论述摘编》，中央文献出版社，2017年。

八、教学总结与反思

经过课堂实践的教学反馈情况发现，本门课程存在如下成功之处：

1.使用问题链教学方法和案例教学法，设置不同问题并创设不同教学情境，引导学生层层深入理解知识点，学生学习兴趣较高，课堂注意力较为集中，课堂反馈效果较好。

2.课前布置小组活动，成员分工合作，课上展示汇报，有效地锻炼了学生的合作沟通能力和言语表达能力。课后布置实践作业，有效促进了知识和实践相结合。

但也存在一定不足，如课堂辩论展开不够充分，主要原因有二：其一是学生为大二学生，虽然有先修课程的知识储备，具备一定辩证思维能力，但是运用辩证思维去分析、解决问题的能力还有待提高。其二是部分学生学习的主动性和课堂参与的积极性不足。

针对上述问题,在今后教学中要注意通过言语引导、针对性分析反馈学生作答内容,不断提高学生辩证思维能力,探索更丰富的教学方法,引导学生更好更充分地参与到课堂中来。

树立正确生态文明观
坚持人与自然和谐共生

沈阳工业大学　王有良

一、课程基本信息

主讲课程：习近平新时代中国特色社会主义思想概论

使用教材版本：高等教育出版社2023年版

教材章节出处：《习近平新时代中国特色社会主义思想概论》第十二章第一节《坚持人与自然和谐共生》

二、教学设计概述

（一）教学设计思路

本讲以"树立正确生态文明观　坚持人与自然和谐共生"为主题，以习近平生态文明思想为指引，以新时代十年生态文明建设主要成就为内容支撑，采用问题链教学法，围绕站在什么高度看待生态文明建设、用什么样的理念建设生态文明以及生态文明在全局工作中是什么样的位置三个问题，层层推进，逐步展开。通过本讲的学习，让学生学懂新时代为什么突出强调生态文明建设，弄通绿水青山就是金山银山的辩证关系，争做生态文明建设的促进派与实干家。

（二）理论依据

第一，教学内容理论依据。马克思主义生态观和习近平生态文明思想是本讲主要内容的理论依据。

第二，教学设计理论依据。习近平总书记在学校思想政治理论课教师座谈会上的重要讲话中关于思政课改革创新的"八个相统一"要求是本教学设计的理论依据。

（三）设计特色

一是设计理念新。按照思政课改革创新"八个相统一"的要求，以富有实效性的问题链为引导，增强课程的趣味性和吸引力。在问题驱动教学理论的指导下，突出强调学生主体地位，以学生为中心，提出学生关心又不解的问题，创设学习情境来引导学生进行思考，有利于引起其求知欲。

二是教学内容的充实丰富与重组。以关联学生实际和关联相关知识为原则，以符合学生认知的逻辑特点，建立问题链，层层推进，逐步展开。

三、学情分析

（一）知识基础

授课学生为大学本科二年级学生，已先修了其他思想政治理论相关课程，初步掌握了马克思主义生态观和我国生态文明建设的举措和成就等。

（二）能力基础

学生具有一定的观察、思考、辨析、批判能力以及透过现象看本质的能力，具备一定的自主学习能力，能够初步做到理论联系实际。

（三）教学策略分析

根据学情分析，教师在本专题授课过程中，可以充分利用学生已经掌握的知识基础，做到以学生为中心，通过启发式、案例式等教学方式，实现感性认知和理性认知的结合。

学习本课程的学生来自学校文、理、工各学院。尽管他们已经具备了一定知识基础，但是由于专业背景不同，知识储备差异化明显。因此，在具体教学过程中，教师应针对学生存在的不同情况，做到因材施教，采取学生容易接受方式，知识点难易程度相结合的方式进行专题讲授。

四、教学目标

（一）知识目标

通过对问题的探索，了解生态兴则文明兴，生态文明建设是关系中华民族永续发展的根本大计；掌握绿水青山与金山银山的辩证关系；理解生态文明建设是关系党的使命宗旨的重大政治、关系民生福祉的重大社会问题，把生态文明建设摆在全局工作的突出位置。

（二）能力目标

深刻领会习近平生态文明思想的精神实质，学会用辩证唯物主义立场、观点、方法来认识问题、分析问题，培养理论思维；学会用全面的、系统的方法分析问题，培养系统思维能力。

（三）情感目标

通过本节的学习，形成热爱自然、尊重自然、保护自然的价值观念；另外，大学阶段是青年人形成职业价值观最重要的时期，通过"塞罕坝精神"的介绍，提升使命担当意识，培养爱岗敬业、无私奉献精神。

五、教学重点难点

（一）教学重点

掌握绿水青山就是金山银山的科学内涵，弄懂绿水青山和金山银山的辩证关系，理解生态环境保护与经济发展之间的关系和保护生态环境就是保护生产力、改善生态环境就是发展生产力的内涵。

（二）教学难点

如何理解"绿水青山"和"金山银山"的辩证关系。在实践中牢固树立绿水青山就是金山银山的理念，关键要把握好"绿水青山"与"金山银山"之间的关系。习近平总书记曾明确指出：我们既要绿水青山，也要金山银山。宁要绿水青山，不要金山银山，而且绿水青山就是金山银山。这些重要论述蕴含着深刻的哲理，引导学生从三个维度上认识和把握"绿水青山"与"金山银山"之间的辩证统一关系。

六、教学设计总体思路

本教学设计主要包括课前准备、课程导入、新课讲授、课堂小结等四个方面。

首先，课前准备。发放学习资料，分好小组，分工合作调查新时代以来家乡环境的变化。

其次，课程导入。播放"恐龙为人类维权"联合国气候变化大会特别短片（微视频），启发学生思考：人与自然的关系到底哪里出现了问题？引出本节课程主题即坚持人与自然和谐共生。

再次，新课讲授。按照新时代为什么强调生态文明建设、用什么理念建设、怎么建设的问题逻辑，结合具体案例引发课堂互动，讲清楚理论问题。

最后，课堂小结。总结课程内容，布置课后作业和推荐拓展资料。

七、教学过程

（一）教学流程设计

环节一：课前准备

教师活动：通过雨课堂平台提前发布课件（《大美中国》《聚焦两会：加强生态文明建设　推进绿色低碳发展》等）。

学生活动：分好小组，调研新时代家乡环境变化状况。

教师活动：布置学生分组调查进入新时代以来自己家乡环境的变化，并对比这种变化。

提出思考问题：新时代以来，生态环境为什么会发生历史性、转折性、全局性的变化？人与自然是什么样的关系？我们应该如何正确处理人与自然的关系？

学生活动：查找相关资料并讨论，初步了解与本章相关的知识，为课堂学习及实践活动做好必要的准备。

设计意图：通过学生认真调查，引导学生更好地了解生态文明建设给家乡带来的新的变化，增加感性认识，提升理论学习的动力。

环节二：导入新课

教师活动：视频导入：播放"恐龙为人类维权"联合国气候变化大会特别短片（微视频），启发学生思考：人与自然的关系到底哪里出现了问题？我们应该如何处理人与自然的关系？

学生活动：观看视频，并思考回答问题。

教师活动：总结：生态文明是人类社会进步的重大成果，是实现人与自然和谐共生的必然要求。建设生态文明，要以资源环境承载能力为基础，以自然规律为准则，以可持续发展、人与自然和谐为目标，坚定走生产发展、生活富裕、生态良好的文明发展道路，建设美丽中国。

通过案例的分析，引出本节课的主题——坚持人与自然和谐共生。

设计意图：通过视频形式来进行课程内容的导入，可以激发学生的求知欲，引导学生有意识地在课堂中寻找答案。

环节三：新课讲授

◎知识点1：生态兴则文明兴

教师活动：习近平总书记指出："要像保护眼睛一样保护生态环境，像对待生命一样对待生态环境。"新时代为什么突出强调生态文明建设？引出知识点1：生态兴则文明兴。

展示案例1：古埃及、古巴比伦的衰落。

提问1：古埃及、古巴比伦衰落的原因是什么？

四大文明古国均发源于森林茂密、水量丰沛、田野肥沃的地区。而生态环境衰退特别是严重的土地荒漠化则导致古埃及、古巴比伦衰落。恩格斯在《自然辩证法》中写道："美索不达米亚、希腊、小亚细亚以及其他各地的居民，为了得到耕地，毁灭了森林，但是他们做梦也想不到，这些地方今天竟因此而成为不毛之地。"

提问2：古代中国为什么不称为古中国？

中华民族向来尊重自然、热爱自然，绵延5000多年的中华文明孕育着丰富的生态文化，"天人合一"思想是中华文明的鲜明特色和独特标识，代表着我们祖先对处理人与自然关系的重要认识。得出结论：生态兴则文明兴，生态衰则文明衰。

学生活动：掌握生态兴则文明兴，生态衰则文明衰，必须站在中华民族永续发展的高度重视生态文明建设。

设计意图：以正反案例的方式，引导学生思考生态环境对于一个国家、一个民族永续发展的重要意义，使学生对"生态兴则文明兴，生态衰则文明衰"有深刻感悟。

◎知识点2：绿水青山就是金山银山

教师活动：改革开放以来，我国经济发展取得巨大成就，也积累了大量生态环境问题，如果不抓紧扭转生态环境恶化趋势，必将付出极其沉重的代价。如何回应经济发展与生态环境保护之间的关系？引出知识点2：绿水青山就是金山银山。

学生活动：列举改革开放以来积累的生态环境问题。

教师活动：

展示案例2：浙江"千村示范、万村整治"工程——安吉余村。

改革开放初期，浙江安吉余村靠开山采石成为"首富村"，然而生态环境却逐渐恶化，烟尘笼罩、污水横流，严重影响人民生活。2005年8月，时任浙江省委书记的习近平同志来到余村考察，首次提出"绿水青山就是金山银山"的理念。在此理念的引领下，余村淘汰重污染企业，开展村庄整治，转型发展农家乐休闲旅游，努力修复生态，走出了一条生态美、百姓富的绿色发展之路。

经典讲读："我们既要绿水青山，也要金山银山。宁要绿水青山，不要金山银山，而且绿水青山就是金山银山。"

——《习近平关于社会主义生态文明建设论述摘编》

学生活动：通过阅读案例和总书记的论述，思考并回答如何理解"既要绿水青山，也要金山银山""宁要绿水青山，不要金山银山""绿水青山就是金山银山"三句话的含义。

教师活动："既要绿水青山，也要金山银山"体现了二者的互融互补关系。

"既要绿水青山，也要金山银山"喻指保护生态与发展经济的兼顾性、互补性。绿水青山与金山银山是一个有机统一体。有绿水青山就不愁没有金山银山，但获取金山银山必须以保护绿水青山为前提，金山银山必须建立在绿水青山的坚实基础上。

"宁要绿水青山，不要金山银山"体现了二者之间的彼此对立关系。

提问：当绿水青山与金山银山一旦发生矛盾时究竟应怎样处理呢？

"绿水青山"与"金山银山"喻指的是发展经济与保护生态的辩证关系。在处理两者关系上，我们决不能以牺牲生态环境为代价去换取一时的经济发展，在这种情况下我们"宁要绿水青山，不要金山银山"。

"绿水青山就是金山银山"体现了二者的辩证统一关系。

绿水青山既是自然财富、生态财富，又是社会财富、经济财富。包含两层含义：一是绿水青山作为金山银山的基础，可以为创造金山银山提供条件；二是利用绿水青山可以直接创造出金山银山，特别是通过发展生态产业，将生态优势直接变成经济优势，让绿水青山不断"产出"金山银山。这一理念指明了经济发展与生态环境保护间的辩证统一、相辅相成关系。经济发展不能对资源和生态环境竭泽而渔，生态环境保护也不是舍弃经济发展而缘木求鱼，而是在高质量发展中保护、在高水平保护中发展，实现发展和保护的协同共生。

提问：绿水青山如何变成金山银山？

学生活动：讨论："该优先发展经济还是优先保护环境？"

一方：优先发展经济。

一方：优先保护环境。

教师活动：

展示案例3：河北塞罕坝林场创造了荒原变林海、沙地变绿洲、青山变金山的人间奇迹；吉林查干湖渔场实现了保护生态和发展旅游相得益彰；陕西安康的茶农们因茶致富、因茶兴业。

展示案例4：生态农业：位于道朗镇的山东巴富洛生态农业科技有限公司是一家以"绿色农业种植和加工"为主的生态农业公司。在葡萄种植基地里，一棵棵葡萄藤长势正旺，技术员们正忙着给葡萄疏果搭蔓。近年来，公司不断扩大绿色农业种植规模，进一步夯实了道朗镇绿色发展的产业基础。

展示案例5：生态工业：近年来，甘肃省张掖市临泽县牢固树立"大抓工业、抓大产业"导向，紧紧围绕生态工业大县建设目标，聚焦凹凸棒石、通用航空、清洁能源、绿色食品加工等四大产业，全力实施强工业行动，加快构建"3+N"产业体系，推动产业基础高级化、产业链现代化，努力实现工业经济突破发展。

展示案例6：生态旅游：青海雄奇壮美的自然风光、多彩的民族风情，吸引着来自世界各地的旅行者们。青海有闻名世界的可可西里、穿越时空的唐蕃古道和三江源头，拥有得天独厚的生态环境，为人们提供珍稀的旅行体验。近年来，在生态优先、绿色发展的理念下，青海不断完善游览、观赏、科考、探险等精品旅行线路，打造国际生态旅游目的地，而这里丰富的生态人文资源也正被不断发掘。

通过上述案例，提问学生：如何把绿水青山变成金山银山？

学生活动：阅读案例，思考并回答为什么说绿水青山就是金山银山，绿水青山如何变成金山银山。

教师活动：总结：处理好绿水青山和金山银山的关系，关键在人，关键在思路。让绿水青山充分发挥经济社会效益，不是要把它破坏了，而是要把它保护得更好。坚持正确的发展理念，产业和生态完全可以相得益彰、和平共处，实现经济发展、社会效益、生态效益同步提升。

设计意图：通过经典讲读和案例分析，把感性认识和理性认识相结合，提高认识能力，并学会用联系的观点、历史的观点、发展的观点看问题。

◎知识点3：把生态文明建设摆在全局工作的突出位置

教师活动：生态文明建设不仅是重大经济问题，也是关系党的使命宗旨的重大政治问题、关系民生福祉的重大社会问题，导入知识点3：把生态文明建设摆在全局工作的突出位置。

播放视频《奋力谱写新时代生态文明新篇章》和数据，展示新时代党把生态文明建设摆在全局工作的突出位置。

提问：党对生态文明建设的重视如何体现？

学生活动：思考并回答党对生态文明建设的重视是如何体现的。

教师活动：重点讲解"四个重大转变"。

结合数据、案例讲解党的十八大以来生态文明建设战略地位更加凸显、生态文明制度体系更加健全、污染防治和生态保护更加有力。

提问：从新时代青年的角度，谈谈你对生态文明建设的认识。并给学生抛出问题：我国生态文明建设还有哪些成就？

学生活动：结合自身实际，谈谈对生态文明建设的认识。

设计意图：引导学生从战略层面深入理解生态文明建设的重要意义，并通过对我国新时代生态文明所取得的历史性成就，深刻认识绿色成为新时代中国的鲜明底色，深刻感受中国共产党建设美丽中国的决心和能力，增强学生对国家发展战略布局的深刻认知，激发学生投身生态文明建设意识。

（二）课堂小结

生态文明建设是关系中华民族永续发展的根本大计，生态兴则文明兴，生态文明是人类文明发展的历史趋势，强调的是协调人与自然关系。党的十八大以来，以习近平同志为核心的党中央坚持绿水青山就是金山银山的理念，把生态文明建设摆在全局工作的突出位置，推动生态文明建设和生态环境保护发生历史性、转折性、全局性变化，走出一条人与自然和谐共生的现代化道路。新时代生态文明建设的成就举世瞩目，我国天更蓝、地更绿、水更清，万里河山更加多姿多彩，绿色成为新时代中国的鲜明底色。我们有幸生活在这样一个美丽的国家，希望同学们能担负起青春的使命，为美丽中国的建设做出自己的贡献。

（三）板书设计

坚持人与自然和谐共生
- 1. 生态兴则文明兴
- 2. 绿水青山就是金山银山
- 3. 把生态文明建设摆在全局工作的突出位置

（四）作业设计

如何理解"绿水青山"和"金山银山"的辩证关系？

（五）参考资料

1.习近平：《高举中国特色社会主义伟大旗帜　为全面建设社会主义现代化国家而团结奋斗——在中国共产党第二十次全国代表大会上的报告》，人民出版社，2022年。

2.中共中央文献研究室：《习近平关于社会主义生态文明建设论述摘编》，中央文献出版社，2017年。

3.习近平：《推动我国生态文明建设迈上新台阶》，《求是》2019年第3期。

八、教学总结与反思

在教学过程中，教师充分运用多媒体、案例的演绎，丰富完善内容体系，做到"内容为王"，层层推进，符合学生的认知特点。学生能够较好掌握了本节课所讲授的全部重难点内容，达到了较好的教学效果。

但也存在一些不足，课堂上部分学生还存在缺乏对所学知识深入了解的情况，文献阅读不足，问题意识不突出。在课堂上，师生互动的方式还可以更加丰富多元一些，紧紧围绕主线，同时增强教学效果的持续改进。

牢固树立人与自然和谐共生理念

大连民族大学　孙振琳

一、课程基本信息

主讲课程：习近平新时代中国特色社会主义思想概论

使用教材版本：高等教育出版社2023年版

教材章节出处：《习近平新时代中国特色社会主义思想概论》第十二章第一节《坚持人与自然和谐共生》

二、教学设计概述

（一）教学设计思路

本教学设计的授课阶段是大学阶段，在坚持问题导向和系统观念的基础上，主要按照课前准备、课程导入、新课讲授、课堂小结的思路展开课程设计。

课前准备	发放预习资料；将学生分成小组，以小组形式课前讨论和搜集我国实现人与自然和谐共生的具体举措和案例。
课程导入	以习近平总书记每年参加植树节植树活动为课程导入，引导学生深刻认识党的十八大以来以习近平同志为核心的党中央高度重视生态文明建设，倡导人与自然和谐共生。
新课讲授	第一部分，为什么要坚持人与自然和谐共生。选取古今中外具体案例为出发点，引导学生思考人破坏自然将会导致什么后果，从而得出结论生态兴则文明兴，即人与自然是生命共同体、生态环境变化直接影响文明的兴衰演替、生态文明是人类文明发展的历史趋势等。
	第二部分，人与自然和谐共生的核心理念是什么。通过引导学生思考人为什么破坏自然，引出经济发展与环境保护之间的关系，运用浙江安吉余村的鲜活事例阐明绿水青山就是金山银山的创新理论，并结合校情案例进一步阐述民族院校师生助力民族地区守护绿水青山、带来金山银山的故事。
	第三部分，如何践行人与自然和谐共生。引导学生结合具体案例从加快形成绿色生产方式和生活方式、坚持山水林田湖草沙一体化保护和系统治理、用最严格制度最严密法治保护生态环境等方面了解我国的主要举措。
课堂小结	总结课程内容，进行主题升华，布置课后作业，推荐参考资料。

（二）理论依据

本教学设计的理论依据主要是通知中的《意见》《措施》，以及《习近平新时代中国特色社会主义思想概论（2023年版）》教材，在大学阶段注重开展理论性学习，强化大学生使命担当，优化教学方法，坚持"八个统一"，切实提高教书育人实效性。

（三）设计特色

1.按照为什么、是什么、怎么办的思维逻辑，以问题设问的形式引发学生自主思考，逐渐得出正确结论，形成正确理论认知。

2.采用网络教学法、案例分析法、问题启发法、课堂讨论法等多种方法开展教学，提升学生课堂积极性和参与度，强化其理论认同。

3.结合课程内容布置针对性的课后作业和拓展资料，使学生将学习的理论知识自觉应用到日常生活中，以不断巩固其实践自觉。

三、学情分析

本教学设计主要从思想特点、知识储备、能力水平等方面分析学情状况。

（一）思想特点

大学阶段是学生"三观"成熟的关键时期，当代大学生思维活跃、思想多样，自我意识明显。他们既有一定的理性思维能力、强烈的求知欲和参与意识，同时又存在着认知局限，这就需要在教学中对学生进行正确而系统的理论指导，以灵活而现代化的教学方法设置议题、创设学习情景，吸引学生融入课堂。

（二）知识储备

大学生在经历小学、初中、高中等阶段的学习之后，在理论知识方面具有一定的知识积累。针对本节课教学设计的内容而言，已经初步认识了我们生活的自然环境、人与自然关系的重要性、如何解决生活中出现的环境问题等。

（三）能力水平

大学生具有一定的抽象思维和辩证能力，能够在掌握理论知识的基础上对当前的环境问题和实施举措进行更加深入的思考和分析，理性辨别国内外出现的环境问题,从而进一步深化理论认同,强化建设生态文明的责任意识。

四、教学目标

(一)知识目标

通过了解古埃及、古巴比伦王国的衰落以及近些年来愈演愈烈的全球气候变暖的现实案例,认识人与自然和谐共生的重要性。通过了解浙江安吉余村的绿色转型,掌握绿水青山就是金山银山的辩证关系。通过了解杭州绿色亚运、安徽生态补偿等现实案例和党的十八大以来我国实施的一系列举措,开展课堂讨论,深刻把握我国促进人与自然和谐共生的现实路径。

(二)能力目标

提高对人与自然和谐共生、绿水青山就是金山银山的理论认知能力,进一步提高用习近平生态文明思想、马克思主义生态文明观分析和解决我国乃至世界生态环境问题的能力。

(三)情感目标

通过学习教学设计中的正反案例,既深刻感受到坚持人与自然和谐共生的重要性,又认识到作为社会主义事业的建设者和接班人,应当承担保护生态环境的重大责任和使命担当,从而自觉投身于建设美丽中国、助力全球生态文明的积极行动中。

五、教学重点难点

(一)教学重点

1.如何理解绿水青山就是金山银山。

2.如何践行人与自然和谐共生理念。

(二)教学难点

1.如何践行人与自然和谐共生理念。

2.如何教育引导学生实现从理论认同到实践自觉的转化,并自觉投身美丽中国的建设中。

六、教学设计总体思路

（一）总体设计思路

本教学设计主要包括课前准备、课程导入、新课讲授、课堂小结等四个方面。

首先，课前准备。发放预习资料，分好小组。

其次，课程导入。以习近平总书记参加植树活动为课程导入，引出本节课程主题即坚持人与自然和谐共生。

再次，新课讲授。按照为什么、是什么、怎么办的问题逻辑，结合具体案例引发课堂互动，讲清楚理论问题。

最后，课堂小结。总结课程内容，布置课后作业和推荐拓展资料。

（二）教学方法

本教学设计采用线上+线下的混合式教学方法和启发式教学方法，通过设置学生感兴趣的问题，引导学生参与课堂讨论，积极发表观点，在思维碰撞中提升上思政课的获得感，掌握理论知识，强化理论素养。

（三）信息化手段的运用

依托超星学习通平台完成课前预习资料的准备、课堂讨论的参与以及课后作业的提交等，最大限度调动学生积极性、主动性和能动性。

七、教学过程

（一）教学流程设计

环节一：课前准备

教师活动：

1.发放预习资料。

2.进行学情分析。

3.准备教学内容及规划课堂设计。

学生活动：

1.分好小组。

2.查找相关资料并讨论。

设计意图：做好课前准备，确保授课环节顺利开展。

环节二：课程导入

教师活动：播放视频：《十年树木，百年树人——习近平与树的故事》。

2013—2023年，习近平总书记连续11年同青少年一起参加首都义务植树活动，为美丽中国建设贡献力量。

这个视频说明了什么？开启雨课堂弹幕功能，同时进行线上讨论。

学生活动：

学生1回答：习近平总书记高度重视生态文明建设，倡导人与自然和谐共生。

学生2回答：生态文明建设不是一蹴而就的，而是需要持之以恒、久久为功。

学生3回答：美丽中国建设需要每一个人的共同努力，大家都应该从我做起，从身边小事做起。

设计意图：通过习近平总书记与青少年植树的视频，引导学生认识到国家对于生态文明的高度重视，启发学生思考保护生态的使命和担当，并引出本节课牢固树立人与自然和谐共生理念的课程主题。

环节三：新课讲授

教师活动：

展示案例1：古埃及、古巴比伦的衰落。

四大文明古国均发源于森林茂密、水量丰沛、田野肥沃的地区。后来，生态环境衰退特别是严重的土地荒漠化，导致古埃及、古巴比伦衰落。恩格斯在《自然辩证法》中写道："美索不达米亚、希腊、小亚细亚以及其他各地的居民，为了得到耕地，毁灭了森林，但是他们做梦也想不到，这些地方今天竟因此而成为不毛之地。"

展示案例2：山火加剧全球气候变暖。

近些年世界各国爆发多起山火，如2019年澳大利亚山火，约30亿动物被烧死；2022年重庆连续40多天的高温天气引发山火；2023年美国夏威夷山火，是美国近些年死伤最严重的野火灾害……山火频繁爆发不仅严重毁损地球上的森林和植被，而且导致生物多样性锐减，加剧了全球气候变暖。全球气候变暖导致南北极冰川迅速融化，北极熊、企鹅等生物将因为无容身之所而逐渐灭绝，一些岛国也将因为海平面上升逐渐湮灭。

提问：从上述古今中外的鲜活事例中得出，我们为什么要坚持人与自然和谐共生？

学生活动：

学生1回答：人为了获得耕地、牟取私利而肆意破坏自然，最终导致自然界对人类的无情报复，例如土地荒漠化现象非常严重，加剧了全球性饥饿和贫困问题；全球气候变暖，导致极端天气频发，威胁人类的生存环境等。所以，自然是生命之母，人与自然是生命共同体。

学生2回答：从历史中看，古埃及、古巴比伦因为破坏生态环境而导致这两大古老文明逐渐消亡。我国历史上曾经也有类似的事件，例如河西走廊、黄土高原曾经也是水草丰茂，是连接中西文化交流的重要通道，然而由于毁林开荒、乱砍滥伐，致使生态遭到严重破坏，加剧了经济衰落。所以，生态环境变化直接影响文明的兴衰演替。

学生3回答：当前全球面临着一系列的全球性问题，其中最主要的原因是人的生态保护意识薄弱。在工业文明时代，科技进步创造巨大物质财富的同时也加速了对自然资源的攫取，造成人与自然关系紧张，限制了生产力的可持续发展。要解决这个问题，必须建设生态文明，顺应人与自然的和谐发展。所以，生态文明是人类文明发展的历史趋势。

设计意图：利用古今中外的鲜活事例，启发学生深入思考为什么要坚持人与自然和谐共生，并从人的生存、文明的兴替、人类文明的发展趋势等方面引导学生深入把握。

教师活动：提问：人为什么破坏自然？出现这些生态问题的原因是什么？

学生活动：

学生1回答：人为了从自然界获取生活资料和生产资料，无止境地追求个人私利，以破坏生态满足个人私利、实现社会发展。

学生2回答：出现生态问题的原因是人与自然、经济发展与环境保护之间存在矛盾，在关注经济发展的同时忽略了环境保护。

教师活动：

展示案例3：浙江"千村示范、万村整治"工程——安吉余村。

改革开放初期，浙江安吉余村靠开山采石成为"首富村"，然而生态环境却逐渐恶化，烟尘笼罩、污水横流严重影响人民生活。2005年8月，时任浙江省委书记的习近平同志来到余村考察，首次提出"绿水青山就是金山银山"。在此理念的引领下，余村淘汰重污染企业，开展村庄整治，转型发展农家乐休闲旅游，努力修复生态，走出了一条生态美、百姓富的绿色发展之路。

展示案例4：民族院校守护绿水青山，带来金山银山。

20世纪80年代，贵州铜仁地区玉屏油茶因树龄老化等原因，导致茶果含油量低、产量不稳定，制约着当地油茶产业的发展。为解决这个难题，大连民族大学选派阮成江教授团队赶赴玉屏开展油茶改良科技攻关，最终选育出9个适宜在铜仁市大面积推广的油茶良种，大大提高了油茶经济效益，使油茶种植成为人民致富增收的主导产业之一，为脱贫攻坚、推进乡村振兴作出了贡献。

提问：通过上述案例，人与自然能否实现和谐共生？基于此，习近平总书记提出了什么理论？如何理解？

学生活动：

学生1回答：根据案例表述，人与自然完全可以和谐共生。浙江安吉余村的发展历程，一方面保护生态环境，发展绿色经济，吸引了大量的游客、人才和投资者，使得绿水青山源源不断地转化成金山银山；另一方面增加生态建设投入，开展生态保护修护，用金山银山来促进绿水青山量和质的双重提升。这说明：一是绿水青山就是金山银山，二者既可以相互转化，也是辩证统一的。二是处理好绿水青山和金山银山的关系，关键在人，在思路。

学生2回答：通过民族院校赋能"两山论"的案例，作为少数民族学生深刻感受到民族院校在保护生态文明方面发挥的重要作用，真正把论文写在祖国大地上，既为民族地区守护了绿水青山，也带来了金山银山，让我备感自豪和光荣。

设计意图：首先，引导学生思考人与自然之间的矛盾实际上是经济发展与环境保护之间的矛盾，通过如何处理这一矛盾，引出绿水青山就是金山银山的核心理念。其次，运用浙江安吉余村的事例引导学生思考经济发展与环境保护、绿水青山与金山银山的辩证关系。最后，结合校情案例进一步阐述民族院校助力人与自然和谐共生的积极贡献，提升民族院校学生自豪感和使命感。

教师活动：

展示案例5：杭州亚运会中的"绿色"举措。

杭州奥体中心体育游泳馆引入室外自然光；杭州富阳水上运动中心利用绿植固碳释氧；数字火炬人实现零碳点火；与支付宝蚂蚁森林合作，助力碳中和。

展示案例6：安徽歙县实行生态补偿机制。

自皖浙两省2012年在新安江流域启动全国首个跨省生态补偿机制试点以来，截至2022年3月，仅黄山市累计投入超过200亿元，实施生态保护补偿项目325个，关停淘汰污染企业220多家，拒绝污染项目190多个。新安江成为全国水质最好的河流之一，下游千岛湖水质稳定保持为优。

展示案例7：我国生态文明制度体系更加健全。

党的十八大以来，以习近平同志为核心的党中央加快推进生态文明顶层设计和制度体系建设，相继出台《关于加快推进生态文明建设的意见》《生态文明体制改革总体方案》，制定了40多项涉及生态文明建设的改革方案，生态文明"四梁八柱"性质的制度体系基本形成。

提问：结合案例和课前分组预习，以小组的形式说说我国对践行人与自然和谐共生理念实施了哪些举措。

学生活动：

学生1回答：从清洁能源到节能建筑，杭州亚运会践行"绿色"办赛理念，交出了一份节约资源、保护环境的绿色答卷，这也是中国扎实推进双碳目标、生态文明建设的生动实践。此外，我国正在发展光伏等清洁能源、鼓励新能源汽车的研发、促进绿色科技的发展，有利于推动全社会形成绿色低碳的生产方式和生活方式。

学生2回答：山水林田湖草沙是生命共同体，是一个不可分割的生态系统。安徽歙县通过生态补偿，不仅治理了水，而且使得这里的树木和土壤有了健康水资源的滋养，山体因为丰富的植被而能涵养水分，防止水土流失，从而形成可循环的良好生态系统。所以，我国始终坚持山水林田湖草沙一体化保护和系统治理，例如加快实施重要生态系统保护和修复重大工程，推进自然保护地体系建设等。

学生3回答：保护生态环境必须依靠制度和法治。党的十八大以来，我国实行了史上最严厉环保法，建立多场所环境监测质量管理体系、实施排污许可制、深入推进中央生态环境保护督察等，真抓严管，用最严格制度最严密法治保护环境。

设计意图：课前让学生预习和查找相关资料，结合案例深刻认识我国如何坚持人与自然和谐共生，加强生态环境保护力度，提高学生课堂参与度。

（二）课堂小结

坚持人与自然和谐共生已经成为全球共识，关乎中华民族永续发展的大计。作为新时代的好青年，希望大家自觉融入美丽中国的伟大建设之中，从我做起、从小事做起，努力建设人与自然和谐共生的现代化，让祖国的天更蓝、山更绿、水更清，生态环境更美好，让锦绣河山造福人民、泽被子孙！

（三）板书设计

牢固树立人与自然和谐共生理念
- 一、为什么要坚持人与自然和谐共生
- 二、人与自然和谐共生的核心理念是什么
- 三、怎样践行人与自然和谐共生

（四）作业设计

学习通设置讨论题：新时代大学生如何助力人与自然和谐共生？

（五）参考资料

1.习近平：《高举中国特色社会主义伟大旗帜　为全面建设社会主义现代化国家而团结奋斗——在中国共产党第二十次全国代表大会上的报告》，

人民出版社，2022年。

2.中共中央宣传部、中华人民共和国生态环境部：《习近平生态文明思想学习纲要》，学习出版社、人民出版社，2022年。

3.习近平：《论坚持人与自然和谐共生》，中央文献出版社，2022年。

八、教学总结与反思

（一）教学总结

在知识层面，坚持理论与实践相结合，讲清楚为什么要坚持人与自然和谐共生、人与自然和谐共生的核心理念是什么、怎样践行人与自然和谐共生。在方法层面，运用线上线下融合式教学方法、案例分析法、问题启发法等多种方法，调动了学生教学参与积极性，引导学生循序渐进地得出结论，掌握理论知识。

（二）教学反思

一方面，继续深入研读思政课《新课标》《大纲》及大中小学教材，避免在教学内容上出现过多重复。另一方面，需结合学生的具体实际进一步优化案例的选取、问题的设置以及方法的运用。

守护绿水青山　共建生态文明

辽宁生态工程职业学院　李小舟

一、课程基本信息

主讲课程：习近平新时代中国特色社会主义思想概论

使用教材版本：高等教育出版社2023年版

教材章节出处：《习近平新时代中国特色社会主义思想概论》第十二章《建设社会主义生态文明》

二、教学设计概述

为了使生态高职院校林业技术专业学生在美丽中国建设的征途中，掌握什么是生态文明、为什么要建设生态文明、怎样建设生态文明等问题，从而激发学生投身生态文明事业的热情和行动，本专题的教学设计在落实"八个相统一"的基础上，增强了思政课的思想性、理论性、亲和力和针对性，从而提升了思政课的高度、热度、深度、温度以及学生参与度。

根据课程内容和学生的学情特点，按照"目标引领、师生共创、情理交融、多方协同"的教学策略，设计了三阶渐进（课前启知、课中明知、课后用知）、四法并用（启发式教学法、情境教学法、榜样示范法、实践教学法）的教学模式从而实现了师生联通、理实融通、情理相通、知行贯通。

设计特色：

1.教学内容专题化，提高施教精准性

针对本专题"建设社会主义生态文明"的教学内容，通过集体备课研讨，学生学情调研分析，深耕教学内容，明确教学目标，把脉重难点，头脑风暴探寻重难点的解决措施。

2.教学方法体系化,增强课堂有效性

根据学生的特点,本次课的教学,从任务安排到教学环节设置都迎合了学生的学习习惯,充分调动了学生的学习兴趣。特别是针对不同的教学目标,采用了对话连线固沙造林先进人物、播放教师课前到辽宁省沙地治理与利用研究所调研的Vlog视频、春晚歌曲导入、学生实训展示等教学环节,使学生由浅入深理解掌握了生态文明建设的相关知识。

3.教学手段信息化,提高课堂互动性

在本次课的教学过程中,充分利用腾讯会议、学习通、视频、音频等信息化手段,播放歌曲《上春山》、播放教师课前调研的Vlog视频、连线固沙造林先进人物等,不仅拓展了教学时空,更加强了课堂的师生互动、生生互动、校内校外互动,积极构建了"大思政"格局。

4.教学评价多元化,增强评价全面性

通过多元、多主体、多维度的考核实现了对学生在知识、能力、素质上的表现进行全方位、全过程评价,在"我为美丽家乡建设献计策"实训展示中,各小组的得分由组内自评、小组互评、教师点评而得出,对学生的作业及课堂表现及时鼓励、及时督促、及时纠错、及时指导,从而以评促学、以评促改、以评促行。

三、学情分析

本专题的受众是高职院校林业专业的二年级学生。为贯彻"以学生为中心"的课堂理念,通过问卷调查、大数据分析、课堂观察以及学生谈话等方式,全面进行了学情分析。

1.针对学生思想特点的调查:学生都是"〇〇后",思想较为活跃,熟悉信息化学习方式,喜欢趣味性强的活动,具有较强的表现欲。

2.针对学生知识储备的调查:学生普遍关心生态文明建设、绿色经济发展等,89%的同学基本具备本专题学习所需的基础知识。

3.针对学生能力水平的调查:75%的学生具有较明确的学习目标,并制定了学习计划,具有监控自我学习和反思改进的能力,但也有25%的学生没有学习目标,学习动力不足,监控自我学习和反思改进的能力较弱。

4.针对学生对本课所学内容的调查:身为二年级林业专业的学生,学生前期已经掌握了一定的林业相关知识,具有较高的生态文明意识,特别是对如何建设生态文明等问题较为关注。根据课前问卷调查发现,87.1%的同学具备本次课学习所需的基础知识。

四、教学目标

(一)知识目标

1.了解习近平生态文明思想的主要内容,理解生态文明建设的重要性,理解人类文明进程的生态趋向,掌握绿水青山就是金山银山的科学内涵。

2.理解我国要建设什么样的生态文明,掌握美丽中国建设的基本要求。

3.掌握全球环境治理的中国方案。

(二)能力目标

能够以习近平生态文明思想分析社会上的环境相关热点话题、指导自己的思想和行为,在日常生活中运用习近平生态文明思想正确处理人与自然的关系、践行绿色发展理念。

(三)价值目标

1.增强学生生态文明意识和生态安全意识。

2.树立社会主义生态文明观。

3.培养学生敬畏自然、尊重自然、顺应自然、保护自然的自觉性和建设美丽中国的使命感。

五、教学重点难点

(一)教学重点

1.理解绿水青山就是金山银山的科学内涵。

2.掌握美丽中国建设的主要任务。

解决措施:通过沉浸式观看教师课前前往辽宁省沙地治理与利用研究所

进行调研，参与固沙造林行动，采访造林英雄，录制Vlog视频，深刻体会绿水青山就是金山银山的科学内涵和生态文明建设的重要意义；通过现场连线治沙先进人物辽宁省农业科学院二级研究员宋晓东，理解在美丽中国建设中的主要任务，激发同学们发挥专业特长，积极投身绿色事业。

（二）教学难点

1.掌握建设美丽中国的主要任务。

2.掌握全球环境治理的中国方案。

解决措施：通过开展课堂实训活动，学生可以深刻理解建设绿色家园是人类共同的梦想，掌握全球环境治理的中国方案，促使学生从理论认知提升到行动意识，培养学生生态文明责任意识。

六、教学设计总体思路

本节课授课内容为《习近平新时代中国特色社会主义思想概论》第十二章《建设社会主义生态文明》。教学设计以问题为导向，采用沉浸式教学、启发式教学，层层深入解析什么是生态文明、为什么要建设生态文明、怎样建设生态文明这些问题。

通过歌曲《上春山》导入新课，让学生直观感受辽宁的春色美景。课中播放教师前往辽宁省沙地治理与利用研究所进行调研，参与固沙造林行动，采访造林英雄，录制Vlog视频，让学生沉浸式、直观感受"大漠风流"精神，深刻体会生态文明建设的重要意义；通过与辽宁省农业科学院二级研究员宋晓东进行连线，了解固沙造林中那些鲜为人知的故事，从而鼓励同学们发挥专业特长，积极投身绿色事业。通过开展实训活动"我为美丽家乡建设献计策"，引导学生们积极思考，促使学生从理论认知提升到行动意识，培养学生生态文明责任意识。

七、教学过程

（一）教学流程设计

环节一：课前

教师活动：

1.通过学习通平台发布课前学情调查问卷。

2.前往辽宁省沙地治理与利用研究所进行调研，参与固沙造林行动，采访造林英雄，录制Vlog视频。

3.在学习通平台发布视频《习近平谈生态文明》、《平"语"近人——习近平喜欢的典故》（第三季）第八集《不负青山不负人》。

4.发布实训任务：以小组为单位开展"我为美丽家乡建设献计策"活动。

学生活动：

1.登录线上教学平台完成课前调查。

2.登录学习通平台观看学习资料，进行预习，养成自学的习惯。

3.以小组为单位完成实训任务，组长做好组员参与情况统计，认真完成任务。

设计意图：

1.深入辽宁省沙地治理与利用研究所进行调研，拍摄Vlog视频，让学生直观感受"大漠风流"精神，紧贴学生专业实际，从而提高教学的针对性。

2.根据学生的自学和自测情况，作出诊断性评价，适当调整教学策略。

3.通过设置课前任务，使学生带着任务和问题学习，有利于增强学生学习的兴趣和动力，引发学生们积极主动思考。

环节二：导入（歌曲《上春山》打开辽宁春天）

教师活动：播放歌曲《上春山》，背景图片为辽宁春天的美景。

学生活动：合唱歌曲《上春山》，观看辽宁春天的美景。

教师活动：提问：同学们在短片中都看到了辽宁的哪些城市和美景？

学生活动：积极思考老师的提问，主动回答问题。

教师活动：总结：《上春山》是2024年春晚的一首新歌，描述了春三月里人们对于美景与美好情感的记忆和憧憬。这首歌描述了杨柳春烟、青草漫漫，一江春水绿如蓝，春意盎然，万物生长的景象。美丽中国人人向往，党的十八大以来，中国特色社会主义进入新时代，以习近平同志为核心的党中央把生态文明建设作为关系中华民族永续发展的根本大计，开展了一系列根本性、开创性、长远性工作，创造性提出一系列富有中国特色、体现时代精神、引领人类文明发展进步的新理念新思想新战略，形成了习近平生态文明思想，指引我国生态文明建设从理论到实践都发生了历史性、转折性、全局性变化，创造了举世瞩目的生态奇迹和绿色发展奇迹。

学生活动：聆听总结。

设计意图：

1.通过观看美丽辽宁的画面，聆听歌曲《上春山》，引发学生的共鸣，提升学习兴趣。

2.通过提问，引导学生认真观看画面，感悟生态环境的变化，得益于习近平生态文明思想，指引我国生态文明建设从理论到实践都发生了历史性、转折性、全局性变化，创造了举世瞩目的生态奇迹和绿色发展奇迹。

环节三：课中

教师活动：讲授新课。

学生活动：聆听新课。

教师活动：播放辽宁省沙地治理与利用研究所调研Vlog。

学生活动：观看教师课前前往辽宁省沙地治理与利用研究所调研拍摄的Vlog。

教师活动：连线辽宁省农业科学院二级研究员宋晓东，共同了解在沙地治理过程中那些鲜为人知的事。

学生活动：与辽宁省农业科学院二级研究员宋晓东连线对话，就固沙造林等自己感兴趣的问题向宋老师提出。

教师活动：组织开展实训展示：我为美丽家乡建设献计策。

学生活动：各小组分别进行实训展示。

教师活动：总结：生态文明建设关乎中华民族永续发展，更关乎人类未来，建设绿色美丽家园，是人类共同的梦想。保护环境，应对气候的变化，建设我们的美丽家乡，还需要同学们共同努力。习近平总书记强调，生态环境是关系党的使命宗旨的重大政治问题，也是关系民生的重大社会问题。在党的二十大报告中，更是要求我们站在人与自然和谐共生的高度，来谋划发展，实现中华民族伟大复兴进入了不可逆转的历史进程，生态文明建设在其中任重而道远，让我们遵循习近平总书记的指示，一起为美丽中国建设贡献力量。

学生活动：聆听教师总结。

设计意图：

1.通过播放辽宁省沙地治理与利用研究所调研Vlog，让学生沉浸式体验固沙人的辛勤劳作，直观感受"大漠风流"精神，从而激发学生们学好专业知识，增强投身美丽中国建设的使命感。

2.通过现场连线辽宁"时代楷模"固沙英雄宋晓东，聆听固沙造林那些鲜为人知的感人故事，深刻感悟造林利在千秋的意义。通过与宋晓东对话交流，从而鼓励同学们发挥专业特长，积极投身绿色事业。

3.通过开展"我为美丽家乡建设献计策"实训活动，引导学生们积极思考，如何把家乡建设得更加美丽，青年学生应该肩负起怎样的责任与使命，促使学生从理论认知提升到行动意识，培养学生生态文明责任意识。

环节四：课后

教师活动：学习通平台发布课后测试题。

学生活动：登录学习通平台完成测试，巩固知识。

教师活动：布置实践作业："美丽中国随手拍"。

每名同学将自己拍摄的作品上传学习通平台，根据个人自评、小组互评、教师评分等方式，优秀作品在下次课展出，并推荐给学院官方微信公众平台。

学生活动：以摄影的方式展现自己眼中的美丽中国，按照时间要求上传到学习通平台。

教师活动：完成教师教学反思日记。

学生活动：完成学生学习反思日记并上传到学习通平台。

_____ 反思日记

反思者：

事件 Facts	F1：今天的课程，让你印象深刻的内容是哪些？ 哪些点最触动你？你现在一下子就想到的最有价值的是哪些内容？
感受 Feelings	F2：这些内容让你联想到了什么？ 结合F1，对此请比推、描述自己的相关经验、感受、情绪、态度……
反思 Findings	F3：这些给你现在的学习和生活的启发、启示有哪些？ 结合F1、F2，让你深入反思的或让你深刻意识到的、学到的是……
行动 Actions	F4：未来你打算如何应用你的这些启发、启示？ 结合F3，下一步你会怎么做？下一步你的计划是……

说明：请填写完成后，将本页拍照后发布到学习通平台打卡。

设计意图：

1.通过完成课后测试，检验学生课堂学习情况。

2.通过实践作业，学生可以增强践行绿色使命的能力，成为文化传播行动者、道德培育行动者、社会共建行动者、美丽中国建设者。

3.教师完成教学反思日记，总结教学中的经验和不足，利于今后的改进；学生完成学习反思日记，巩固所学知识，有助于将知识应用到学习和生活中。

（二）课堂小结

生态文明建设是关乎中华民族永续发展的根本大计。党的十八大以来，以习近平同志为核心的党中央站在人与自然和谐共生的高度谋划发展，坚持绿水青山就是金山银山的理念，推动生态文明建设和生态环境保护发生历史性、转折性、全局性变化。作为全省唯一一所生态类高职院校，辽宁生态工程职业学院一直致力于美丽中国、美丽辽宁的建设。在全国职业院校中率先开设生态文明教育课程，牵头编写了《生态文明教育读本》，建立校外生态文明教育基地，向社会开放实验室，普及生态文明知识，成为文化传播行动者；常年开展植树造林活动，用实际行动建设绿色家园，成为生态道德践行者；学院多次为企业提供环保施工方案，助力水环境治理、服务水利工程建设。五年来，学校面向水利、林业、农业等行业企业开展社会培训4.5万余人次，成为社会共建行动者；学校在七十多年的建校历史中，为辽宁及东北地区水利与林业等行业培养了16万余名应用技术人才。这些优秀毕业生现在都奋战在生态文明建设的一线，立足平凡，创造不凡，用努力做桨，为梦想启航，守赤诚初心，显青年担当，成为美丽辽宁、美丽中国的建设者。希望同学们厚植学院绿色底蕴，增强爱绿、植绿、护绿的意识，勇扛生态大旗。一山一水皆风景，一枝一叶总关情。良好的生态就是最普惠的民生福祉，身为生态人，我们愿用一生的努力，换四季花香，万壑鸟鸣。

（三）板书设计

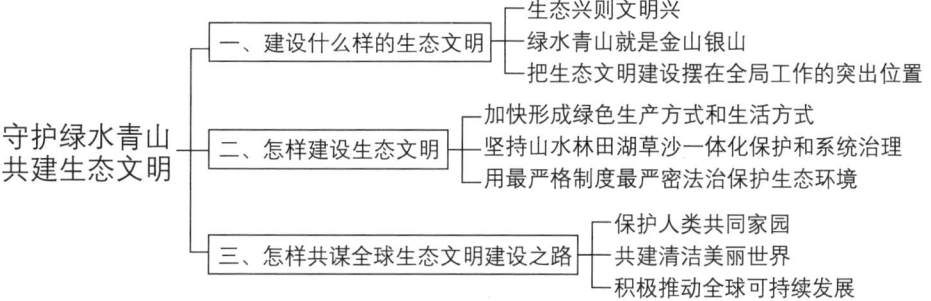

（四）作业设计

1.课后测试题：

◎单选题

（1）人类经历了原始文明、农业文明、工业文明，（　　）是工业文明发展到一定阶段的产物，是实现人与自然和谐发展的新要求。

A.精神文明　　　B.社会文明　　　C.生态文明　　　D.政治文明

（2）（　　）是习近平新时代中国特色社会主义思想的重要组成部分，是我们党不懈探索生态文明建设的理论升华和实践结晶。

A.习近平经济思想　　　B.习近平生态文明思想

C.习近平外交思想　　　D.习近平法治思想

（3）人因自然而生，人与自然是一种（　　）关系。

A.共生　　　　B.依赖　　　　C.信任　　　　D.保护

（4）对于资源的利用，应该把（　　）放在首位。

A.利用资源　　B.保护资源　　C.开发资源　　D.节约资源

（5）关于人类对自然的态度，下列说法错误的是（　　）。

A.尊重自然　　B.顺应自然　　C.驾驭自然　　D.保护自然

（6）生态系统是一个系统整体，山水林田湖草沙构成相依共存、有机关联的（　　）。

A.依存共同体　　　　B.生命共同体

C.共享共同体　　　　D.发展共同体

◎多选题

（1）下列属于习近平生态文明思想的内容是（　　）。

A.坚持党对生态文明建设的全面领导

B.坚持生态兴则文明兴

C.坚持人与自然和谐共生

D.坚持绿水青山就是金山银山

（2）如何实现人与自然和谐共生的现代化（　　）。

A.保护优先　　　　B.节约优先

C.自然恢复为主　　D.只讲发展不讲保护

（3）要注重经济发展与生态保护的和谐共进，坚持在保护中发展，在发展中保护，更加自觉地推进（　　）。

A.绿色发展　　B.大力发展　　C.循环发展　　D.低碳发展

（4）绝不能以牺牲生态环境为代价换取经济发展、坚决摒弃损害甚至破坏生态环境的发展模式和做法，要走经济发展和生态环境保护有机统一的绿色发展之路，走（　　）的文明发展道路。

A.生产发展　　B.生活富裕　　C.生态良好　　D.活力四射

（5）建设生态文明是一场涉及（　　）的革命性变革。

A.生产方式　　B.生活方式　　C.思维方式　　D.价值观念

2.实践作业：

"美丽中国随手拍",每名同学将自己拍摄的作品上传学习通平台,根据个人自评、小组互评、教师评分等方式,优秀作品在下次课展出,并推荐给学院微信公众平台。

(五)参考资料

1.习近平:《高举中国特色社会主义伟大旗帜 为全面建设社会主义现代化国家而团结奋斗——在中国共产党第二十次全国代表大会上的报告》,人民出版社,2022年。

2.《中共中央关于党的百年奋斗重大成就和历史经验的决议》,人民出版社,2021年。

3.习近平:《论坚持人与自然和谐共生》,中央文献出版社,2022年。

4.习近平:《习近平谈治国理政》第四卷,外文出版社,2022年。

5.中共中央宣传部、中华人民共和国生态环境部:《习近平生态文明思想学习纲要》,学习出版社、人民出版社,2022年。

八、教学总结与反思

(一)授课效果

1.教学目标有效达成。通过歌曲《上春山》、前期调研的Vlog视频,让学生全面地了解生态文明建设的重要性,理解什么是生态文明、建设什么样的生态文明、怎样建设生态文明等问题,知识目标达成。通过课堂实训活动"我为美丽家乡建设献计策"活动的开展,85%以上的学生能够运用习近平生态文明思想分析社会上的环境相关热点话题指导自己的思想和行为,在日常生活中运用习近平生态文明思想正确处理人与自然的关系、践行绿色发展理念,能力目标达成。通过现场连线固沙造林先进人物,使同学们增强学生生态文明意识和生态安全意识,树立社会主义生态文明观,价值目标达成。

2.教学重难点成功化解。通过沉浸式观看教师前往辽宁省沙地治理与利用研究所进行调研,参与固沙造林行动,采访造林英雄,录制Vlog视频,深刻体会绿水青山就是金山银山的科学内涵和生态文明建设的重要意义;通过现场连线治沙先进人物辽宁省农业科学院二级研究员宋晓东,理解在美丽中国建设中的主要任务，激发同学们发挥专业特长，积极投身绿色事业；通过课堂实训活动的开展，深刻理解建设绿色家园是人类共同的梦想，掌握全球环境治理的中国方案，促使学生从理论认知提升到行动意识，培养学生生态文明责任意识，成功化解教学重难点。

3.学生主体地位得到凸显，积极性极大提高。课程中，教师精心设计专题，学生发挥集体聪明才智，出色完成各项学习任务，配合默契，精彩纷呈，凸显了学生的主体地位，提升了学生学习的热情，使学生承担起绿色使命的责任意识得到提升。

（二）存在不足

课前上传的视频资料都需要学生自学完成，没有自主学习能力的学生明显知识掌握不好；受教学环境的限制，课堂连线可能出现信号中断现象，影响了学生与固沙造林专家之间的交流。

（三）改进设想

在今后的课程中，我将合理布置课前任务，并加入课前学习考核环节，以进一步引导和督促学生课前自主学习，从而养成自学的习惯。课堂连线环节，可在学生中间提前征集问题，老师与学生代表拜访嘉宾，拍摄视频，课堂播放。

共建生态文明　共享绿色未来

辽宁轨道交通职业学院　赵　菲

一、课程基本信息

主讲课程：习近平新时代中国特色社会主义思想概论

使用教材版本：高等教育出版社2023年版

教材章节出处：《习近平新时代中国特色社会主义思想概论》第十二章《建设社会主义生态文明》

二、教学设计概述

（一）教学设计思路

主要是"以学生为中心"，通过问题探究的方式，让学生自主探究知识内容，用"为什么—是什么—怎么做"三个问题，将本专题的主要内容串联起来，形成问题链，逻辑体系层层递进。以问题引导大学生思考，便于大学生对习近平生态文明思想有整体性、系统性的理解。同时，通过小组任务、案例分析的方式，调动学生的多重感官，提高大学生学习的积极性，培养大学生用习近平新时代中国特色社会主义思想的世界观和方法论去解决问题，不断提升大学生的学习能力和团队合作能力。

（二）理论依据

1.根据学习理论中的建构主义理论，学生作为课堂的主体自主构建知识，注重学生的参与和合作，教师作为引导者，鼓励学生主动学习。因此，在本专题教学中，课前教师会发布学习资源和布置相关小组任务，课堂上学生通过展示、分享、研讨等方式解决问题，课后通过实践巩固和强化理论知识并学会学以致用。

2.根据教学目标确立教学设计思路，本专题的教学目标主要是培养学生的生态环保意识，并用实际行动去践行。因此，教学设计中加入很多现实生活中的典型案例，并在课后安排了实践环节。

3.根据学生特点进行设计，大专学生普遍理论功底薄弱，完全讲授难以引起学生的兴趣和注意力。因此，教学设计中加入展示和研讨的内容，就是为了让学生更多地参与到课堂活动中，用多重感官调动学生的兴趣。

（三）设计特色

1.体现学生主体性。学生通过课前、课中、课后相关任务开展探究式学习，由传统的讲授思想政治理论课转变为学生主体参与的思政课，更加深刻地理解和运用所学知识。

2.增强课堂互动性。小组展示、研讨等方式的开展，可以极大地增强学生参与课堂教学过程，学生的体验感和参与度更强。

3.评价方式多元化。包括课前任务（25%）+课堂表现（30%）+课后测试（10%）+实践活动（35%），学生的评价考核方式丰富多样，体现分层次教学评价新模式，更加合理。

三、学情分析

（一）学生基本情况

本节课的教学对象是铁路物流22-1班学生，共计25人，其中，有27%是高考生（理科），其余都是单招生（中专生源）；所有学生在高中和中专阶段都学习了思政课，大一时也学习了思想道德与法治课、毛泽东思想和中国特色社会主义理论体系概论课，有一定的理论基础。

（二）学生特点

从年龄上看，大学生乐于接受新事物；从行为习惯上看，学生通过手机能够快速接触到社会热点问题；从思维方式上看，学生很容易认同网络中"有道理"的观点，片面认同或摇摆不定。同时，该专业学生普遍课堂活跃度不高，但学习认真，小组配合完成课后作业质量较好，因此，可以通过课前布置小组任务的方式，让学生做好准备，带着问题和思考的结果进行课堂学习，调动课堂参与积极性和活跃度。

（三）课前调研

课前对学生进行了关于"建设美丽中国"的调研。调研显示23名学生对"绿水青山就是金山银山"等习近平生态文明思想有所了解。25名学生认为必须推动绿色发展，促进人与自然和谐共生。关于保护环境和经济发展是否存在矛盾的问题，有14名学生认为没有矛盾，9名学生认为存在一定矛盾，2名学生认为存在很大矛盾。

通过调研总体了解到学生对习近平生态文明思想有一定的知识基础，对推动绿色发展认同度较高，但在保护环境和经济发展是否存在矛盾上存在较大分歧，授课中需要重点理解。

四、教学目标

（一）知识目标

1. 理解为什么要建设生态文明。
2. 理解建设什么样的生态文明。
3. 掌握如何建设生态文明。

（二）能力目标

根据学生专业特点，立足铁路物流产业和轨道交通业发展，培养参与绿色发展的能力，以及在实训实习中践行习近平生态文明思想的能力。

（三）素质目标

增强节约意识、环保意识、生态意识，培养良好的生态文明道德和行为习惯。

五、教学重点难点

（一）教学重点

习近平生态文明思想的内涵及其对人类社会发展的重要性。

（二）教学难点

将生态意识、环保意识融入日常行为之中，并在生活和工作中推动绿色发展，建设美丽中国。

六、教学设计总体思路

本专题主要采用问题探究法、讨论法、案例分析法、讲授法等，共设定了三个大问题，各问题之间层层递进，相互联系，形成链状知识体系，有助于学生将分散化的知识内容串联起来，便于学生对本专题内容的全面理解。运用理论阐释问题时，用分析的方法、讨论的方式和学生一起研究解决问题的思路，真正做到"以学生为中心"，提高学生学习的积极性。

通过自主探究法、研究学习法等，针对该专业学生含蓄的特点，将课堂互动比较活跃的几位同学设为组长，成立研究小组，课前将本专题设定的问题通过蓝墨云班课发布给学生，以小组为单位对问题进行分析和研讨，形成小组观点。课上各组同学将课前小组研究的观点抛出，形成头脑风暴，伴随教师的理性分析总结，学生不断加深对问题的认识和理解。

七、教学过程

（一）教学流程设计

环节一：课前导学

教师活动：资料推送。

云班课上发布案例资源：1.学习任务单；2.学习内容思维导图；3.三江源地区生态环境的演变；4.视频：打赢蓝天保卫战，辽宁省大气污染治理成效显著；5.视频：黄河流域治理成效显著；6.沈阳浑河从臭气熏天到风景宜人的变迁；7.视频：塞罕坝：美丽高岭上的绿色奇迹；8.毛乌素沙漠治理。

学生活动：预习新知：根据学习内容思维导图了解本节课的学习内容，提前学习云班课上的案例资源，了解相关案例的具体内容。根据自身学习需求，自行上网查阅相关内容。

教师活动：布置任务：

1.各学习小组搜集关于生态危机事件的典型案例，内容包括事件、起因、危害、结果等。

2.各学习小组搜集整理关于我国生态环境建设取得显著成效的典型案例，内容包括环境破坏情况、治理过程、治理成效等。

学生活动：完成小组任务：

1.组建学习小组，确定组长，组长分配任务，各成员根据课前任务完成相关案例的搜集和整理。

2.案例搜集好后开展组内研讨，补充和完善案例。

设计意图：

1.通过学习内容思维导图让学生了解本节课学习的内容，理清学习思路，引导学生独立思考。

2.案例资源为课程中所引用案例的详细内容，通过了解具体案例内容，可以有效帮助同学们深刻理解案例所蕴含的知识内容，提升学习效率。

3.通过自主探究式的小组学习，可以提高学生对知识内容的深入理解，培养学生自主学习能力。

环节二：组织教学并导入新课

教师活动：组织教学：云班课签到，考核出勤情况。根据课前学情分析，对学生自主学习情况进行点评。

学生活动：

1.参与签到，签到后收好手机。

2.聆听点评：认真聆听老师对同学们学习情况的分析，了解自身的薄弱环节。

教师活动：

1.展示图片：中国生态环境的美丽景色：西藏生态环境、黄河生态走廊、三江源生态。

2.讲解导入：以三江源生态为例，介绍三江源生态环境演变过程，生态环境优化带来的益处。由此引出习近平生态文明思想的重大理论和实践意义。

学生活动：

1.案例学习：了解中国生态环境发展的情况，明确我国对生态文明建设的重视和决心。

2.参与课堂互动：积极思考，将生态环境保护与自己的实际生活进行联系，理解每个公民都是生态文明建设参与的主体，每个人都应该关心国家、地区的生态环境建设和发展。

设计意图：

1.签到保证出勤率。

2.通过点评学生的自主学习情况，帮助学生了解学习上的薄弱环节，改进学习方法，提升学生自主学习的质量。

3.用图片的形式导入更容易引起学生的注意，用视觉引发学生对优美生态环境的向往。

环节三：探究第一个问题：为什么建设生态文明

教师活动：案例分析：生态危机对人类社会生活的影响。组织学生分享生态危机事件的案例，引导学生归纳总结生态环境对人类以及社会发展的重要性。

学生活动：案例展示：各小组派代表将搜集整理的生态危机事件典型案例分享给同学们，通过案例分析能够认识生态环境对人类及社会发展的重要性。

教师活动：学理分析：良好生态环境是最普惠的民生福祉。从民生概念深化和拓展的新内涵来阐述生态环境作为"最公平的公共产品"，在新时代社会主要矛盾的变化下，是党和政府必须提供的基本公共服务，是最普惠的民生福祉。从党的十八大以来，以时间为线梳理十八届三中全会、五中全会、十九大、十三届人大二次会议、十九届中央政治局第二十九次集体学习中明确的生态文明建设要求，引导学生理解我党对生态文明建设重要性的认识，能够把党的根本宗旨与人民群众对优美生态环境的现实期待、对建设美丽中国的美好憧憬紧密结合起来。

学生活动：知识内化：认真聆听，能够理解良好生态环境作为"最公平

的公共产品",环境是最普惠的民生福祉,能够把党的根本宗旨与人民群众对优美生态环境的现实期待、对建设美丽中国的美好憧憬紧密结合起来。

教师活动:建设生态文明是实现中华民族伟大复兴的根本保障。

案例分析:案例1:打赢蓝天保卫战,辽宁大气污染治理成效显著;案例2:黄河流域治理成效显著。

学生活动:思考分析:对知识讲授过程中提出的案例进行思考,分析归纳案例所体现的知识内容。

教师活动:

1.总结:(1)生态文明是人类社会进步的重大成果。(2)生态文明是坚持和发展中国特色社会主义的一条基本方略。(3)美丽中国是实现现代化强国的一个重要目标。

2.组织研讨:生态危机和危害首先在发达国家出现,为什么生态文明建设的构想不是由西方发达国家提出,而是由中国首先提出的?

学生活动:小组研讨:从"西方发达国家生态环境现状和应对环境问题采取的手段、我国生态环境发展建设的过程"两个方面的分析来探寻答案。

设计意图:

1.问题探究可以引导学生自主思考并分析、解决问题,体现学生的课堂主体地位。

2.通过生态危机典型案例让学生认识到生态环境对人类生存和发展的重要性,从现实层面理解为什么要建设生态文明。

3.通过小组案例查询,让学生学会自主探究问题,并培养学生团队合作意识。

4.通过研讨调动学生的多重感官,提高同学们学习的积极性,培养学生合作研究、分析问题的能力。

环节四:探究第二个问题:建设什么样的生态文明

教师活动:学理分析:人与自然和谐共生。

1.讲清楚人类对待大自然应该遵循的原则:尊重自然、顺应自然、保护自然。

2.讲清楚"生态兴则文明兴,生态衰则文明衰"的深刻内涵。

学生活动:知识内化:能够理解人与自然是相互依存、相互联系的生命共同体,保护自然环境就是保护人类,建设生态文明就是造福人类。

教师活动:案例分析:

1.组织学生分析案例"沈阳浑河从臭气熏天到风景宜人的变迁",通过分析沈阳浑河由浑到清的变化对人民生活的影响,引导学生理解人与自然关系的密切性。

2.组织学生分析视频案例"塞罕坝:美丽高岭上的绿色奇迹",引导学生理解塞罕坝的生态环境与绿色经济的协同发展,进而理解"绿水青山"和"金山银山"的关系。

学生活动:思考分析:对知识讲授过程中提出的案例进行思考,分析归纳案例所体现的知识内容。

教师活动:组织研讨:绿水青山就是金山银山。

关于生态环境保护,提出要坚持节约优先、保护优先、自然恢复为主的方针。那么,生态环境发展和经济发展是否存在冲突?

学生活动:小组研讨:通过分析塞罕坝案例,明确"绿水青山"是自然财富、生态财富,又是社会财富和经济财富,绿色经济发展可以实现双赢。

教师活动:知识讲授:从我国深度参与全球环境治理、倡导人类命运共同体、引导应对气候变化国际合作、推进"一带一路"建设等角度,阐述习近平生态文明思想以人类命运共同体为其开放包容的全球语境,强调共谋全球生态文明建设之路,建设清洁美丽世界。

学生活动:学习聆听,记录强化的知识点和重点内容。

设计意图:

1.在讲授知识的过程中,通过真实案例深化对知识内容的理解,培养学生将理论与实际相结合的能力,提升辩证思维能力。

2.在讲授每个知识内容时提出思考问题,用问题引导的方法促进学生自主思考并分析,培养学生独立思考、分析问题的能力。

3.通过研讨调动学生的多重感官,提高同学们学习的积极性,培养学生合作研究的能力。

环节五：探究第三个问题：如何建设生态文明

教师活动：

1.学理分析：加快发展方式绿色转型。

2.组织研讨：在社会生产和发展过程中，可以在哪些方面或者哪些领域实现绿色发展？

学生活动：小组研讨：通过教师指导，从合理利用资源、加大环保力度、绿色技术创新等方面进行思考。讨论结束后，各小组派代表分享本小组的观点。

教师活动：总结：

1.调整经济结构和能源结构。

2.培育壮大节能环保产业、清洁生产产业、清洁能源产业。

3.推进生态产业化和产业生态化。

4.绿色技术体系改造形成绿色经济。

学生活动：知识内化：认真聆听，理解推动绿色发展的真谛和要义，明确推动形成绿色发展的方式。

教师活动：项目任务：谈谈你的专业所属行业如何实现绿色发展。

课前在蓝墨云班课中发布任务，分小组进行调研，并形成调研报告。任务完成最好的一组在课堂与同学们分享。

学生活动：成果展示：完成最好的一组选派一名代表将调研的成果分享给同学们。

教师活动：案例分析：统筹推进生态系统治理。

组织学生分析案例"毛乌素沙漠治理"的全过程，引导学生理解生态系统治理是山水林田湖草沙一体化生态保护和修复，只有按照系统治理的思路才能够创造绿色奇迹。

学生活动：思考分析：对知识讲授过程中提出的案例进行思考，分析归纳案例所体现的知识内容。

教师活动：知识讲授：深入推进生态文明制度建设。

学生活动：学习聆听，记录强化的知识点，理解生态文明体制改革是全面深化改革的重要领域，也是打好污染防治攻坚战的重要保障。

设计意图：

1.各组同学介绍案例中的生态环境在过去被破坏的情况、如何进行治理改善、如今发生的变化等，通过分享典型案例，引导学生总结归纳生态文明建设的着手点，培养学生辩证思考、分析问题的能力。

2.在讲授知识的过程中，通过真实案例深化对知识内容的理解，培养学生将理论与实际相结合的能力，提升辩证思维能力。

3.在讲授每个知识内容时提出思考问题，用问题引导的方法促进学生自主思考并分析，培养学生独立思考、分析问题的能力。

（二）课堂小结

生态文明建设是关系中华民族永续发展的根本大计。习近平生态文明思想深刻回答了"为什么建设生态文明、建设什么样的生态文明、怎样建设生态文明"的重大理论和实践问题，为建设美丽中国、实现中华民族永续发展提供了根本遵循和行动指南。因此，建设美丽中国要从我国国情和生态文明建设的实际出发，从你我做起，从身边事做起，共同书写人与自然和谐共生的美好画卷。

（三）板书设计

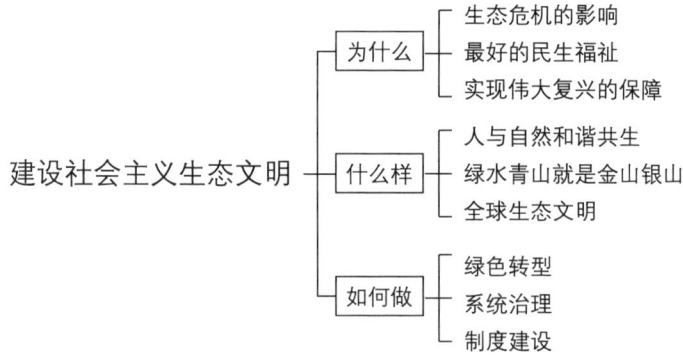

（四）作业设计

分小组进行社会实践活动，6—8人一组，利用课余时间走进我们生活的城市，了解我们的城市自然生态环境情况。各组撰写实践报告，上传至蓝墨云班课，择优进行成果展示。

（五）参考资料

1.中共中央宣传部、中华人民共和国生态环境部：《习近平生态文明思想学习纲要》，学习出版社、人民出版社，2022年。

2.中共中央宣传部：《习近平新时代中国特色社会主义思想学习纲要》，学习出版社、人民出版社，2019年。

3.新华网：《奋力谱写新时代生态文明建设新篇章——习近平总书记在全国生态环境保护大会上重要讲话催人奋进》，http://www.xinhuanet.com/politics/2023-07/19/c_1129758591.htm.

4.金佩华、杨建初、贾行甦：《"绿水青山就是金山银山"理念与实践教程》，中共中央党校出版社，2021年。

八、教学总结与反思

（一）教学过程中存在的问题

1.在课前搜集资料的部分，各组之间的差别还是比较大的，有的组准备充分，课堂展示效果还是比较好的，有的组稍微逊色一些。

2.通过各组的案例分享也发现了一个问题，各组对现象和原因说得较多，但是对这些问题所带来的学理性的思考比较少。

（二）改进措施

1.加强对课前小组任务的指导和督促，关键是各组组长需要认真负责。

2.任务的提出需要进一步细化，让学生明确具体的切入点，教师提出具体的指导意见。

3.推荐课外延伸阅读资料，提升学生的知识储备，夯实理论基础。

美丽中国　你我同行

沈阳化工大学　鲍丽明

一、课程基本信息

主讲课程：习近平新时代中国特色社会主义思想概论

使用教材版本：高等教育出版社2023年版

教材章节出处：《习近平新时代中国特色社会主义思想概论》第十二章第一节《坚持人与自然和谐共生》

二、教学设计概述

（一）教学设计思路

1.课前准备：教师课前一周采用线上平台（或线下）形式发布课前预习任务，四个学习小组分别观看纪录片《蔚蓝之境》《生态秘境》《美丽中国》《零碳之路》，准备3分钟的观后感课堂上与同学分享。

2.课堂讲授：首先由同学们分享纪录片观后感，教师由此引发学生思考"为什么我国的生态文明建设会取得如此巨大的成就"，增强学生课堂参与感。接着，教师给出答案，指出"党的十八大以来，以习近平同志为核心的党中央把生态文明建设纳入中国特色社会主义事业总体布局，牢固树立和践行绿水青山就是金山银山的理念，以前所未有的力度抓生态文明建设，推动生态环境保护发生历史性、转折性、全局性变化"，"以习近平同志为核心的党中央深刻回答了为什么建设生态文明、建设什么样的生态文明、怎样建设生态文明的重大理论和实践问题，提出了一系列新理念新思想新战略，形成了习近平生态文明思想"，并介绍习近平生态文明思想的主要内容。在此基础上,引出本次课的主题"坚持人与自然和谐共生"。教师从"生态兴则文明兴""绿水青山就是金山银山""把生态文明建设摆在全局工作的突出位置"三个知识点,层层递进,阐释"人与自然的密切关系、新时代生态文明建设的重要性""'绿水青山就是金山银山'这一重要发展理念的科学内涵及处理好绿水青山和金山银山的关键""我国新时代生态文明建设所取得的历史性成就及其原因"等问题。在阐释知识点的过程中,结合具体事例、习近平总书记的重要论述、视频等,启发学生思考,加深学生对理论知识的理解。

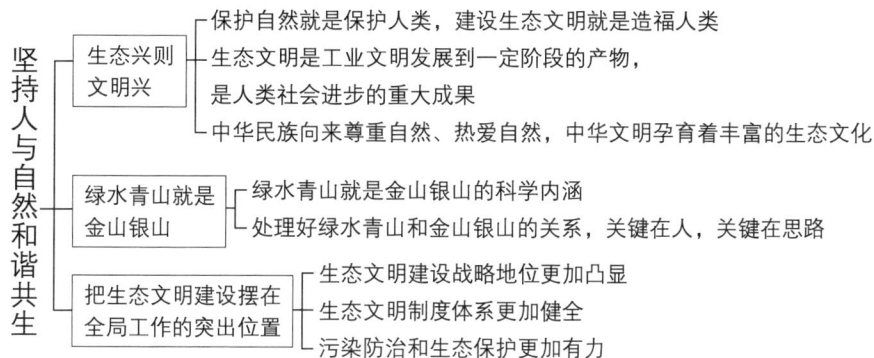

3.课后作业:了解自己家乡生态文明建设所取得的成就及不足,思考应如何谱写新时代中国特色社会主义生态文明建设新篇章,我们每个人又能够为美丽中国建设做些什么,为后续课作铺垫。

(二)理论依据

1.建构主义理论。该理论以学生为中心,强调学生对知识的主动探索、主动发现和对所学知识意义的主动建构。因此本教学设计强调了学生参与与合作,鼓励学生主动学习。

2.多元智能理论。该理论指出教育应该为学生创设多种多样的,有利于发现、展现和促进各种智能的情景,为学生的学习提供多样化的选择,使学生能扬长避短,激发潜在的智能,充分发展个性。由于不同的智力领域都有自己独特的发展过程和所依托的不同符号系统,因而不同的教学内容需要运用不同的教学技术,以适应不同的智力特点。

3.合作教学理论。该理论注重激发学生积极探索问题。每组学生通过小组互助合作学习，相互研究和讨论解决这些问题以达到掌握基本知识、完善认知结构、优化思维品质，使每一个学生都得到充分的发展。

（三）设计特色

本教学设计依据《习近平新时代中国特色社会主义思想概论（2023年版）》教材内容，以最新版的思政课《课标》和《大纲》为基本遵循，合理利用教学资料，教学目标明确，教学内容完整，教学重难点突出，教学过程设计合理，最终实现教学的"生动、主动、互动、心动"。生动即教师激发课堂；主动即学生成为主体；互动即教师与学生相互促成教与学的创造性活动；心动即教师与学生双向奔赴实现对课堂的喜爱。

三、学情分析

本课程的教学对象为大学三年级学生，这个阶段的学生思想方面更加成熟和理性，能够更加冷静地分析和解决问题；更加开放和包容，能够客观地评价并从中吸取有益的东西；更加独立和自主选择自己感兴趣的专业课程和研究方向，开始规划自己的未来发展方向。知识储备丰富，开始主动探索和积累经验，不再对他人一味依赖，而是追求自己的兴趣和天赋；更加注重综合素质和人文关怀，开始关注社会问题和人类命运，关心社会弱势群体的处境，积极参与公益活动，用自己的力量为社会做出贡献。大三学生在思想方面的成熟和进步，有利于对课程理论知识的理解与接受。

但经过前两年发展，学生学习也呈现较大差异。有的成绩优异，在多方面取得突破。但是也有少部分学生沉迷游戏、挂科多门甚至面临留级。而且，大三学生学习倦怠现状明显，很多大三学生正在考研和就业之间徘徊，心理面临多重压力，造成对学习的迷茫。这些问题对课程的学习带来不利的影响。

从课程本身看，在很大程度上，大学生在学习思政课的时候，都没有树立正确的学习观念。很多同学认为这类课都是讲大道理，空洞乏味，不像专业课那样具有实用性，在学习的时候都是抱有应付的态度，期末短时间内复习，考试过关即可，没有真正地认识到学习这一门课程的作用。因此学习积极性不高，上课开小差、睡觉、玩游戏现象较普遍。而习近平新时代中国特色社会主义思想概论这门课，是理论性非常强的思政课，学习难度大、要求高，学生的学习主动性不足。

四、教学目标

（一）知识目标

1.通过学习"生态兴则文明兴"的内容，深刻把握人与自然的内在有机联系、保护与发展的辩证统一关系。

2.通过学习"绿水青山就是金山银山"的内容，深入理解和把握习近平生态文明思想的科学性。

3.通过学习"把生态文明建设摆在全局工作的突出位置"，加深理解习近平生态文明思想的指导作用。

（二）能力目标

1.通过学习人与自然的辩证关系、生态文明与人类文明发展的辩证关系，培养运用马克思主义辩证唯物主义、历史唯物主义立场、观点和方法分析问题、解决问题的能力。

2.通过课前课后小组合作学习，课堂学习成果分享，培养团队合作精神、沟通能力、协调能力、表达能力及领导能力。

3.通过启发式教学及具体实例的讨论分析，引导学生思考，培养独立思考问题、分析问题能力，抽象思维和辩证思维能力。

4.通过课后作业"对自己家乡生态文明建设的研究"，培养理论联系实际能力。

（三）情感目标

1.养成敬畏自然、尊重自然、顺应自然、保护自然的自觉性。

2.增强学生建设美丽中国的使命感，为新时代生态环境保护贡献力量。

3.站在中国式现代化高度把握建设美丽中国的举措，进而树立以青春之我，强国有我的远大志向。

五、教学重点难点

（一）教学重点

绿水青山就是金山银山的科学内涵。

"绿水青山就是金山银山"理念是习近平生态文明思想的标志性观点和代表性论断，是习近平生态文明思想的重要组成部分，为实现生态环境高水平保护和经济高质量发展，提供了理论依据和实践路径，具有鲜明的时代意义，这也是我国生态文明建设的核心理念。帮助学生结合具体事例深入理解"绿水青山就是金山银山"理念的内容及重要意义，思考经济效益、社会效益、生态效益的相互促进关系。

（二）教学难点

处理好绿水青山和金山银山的关系。

在实践中牢固树立绿水青山就是金山银山的理念，关键要把握好"绿水青山"与"金山银山"之间的关系。习近平总书记曾明确指出：我们既要绿水青山，也要金山银山。宁要绿水青山，不要金山银山，而且绿水青山就是金山银山。这些重要论述蕴含着深刻的哲理，引导学生从上述三个维度上认识和把握"绿水青山"与"金山银山"之间的辩证统一关系。

六、教学设计总体思路

从学生的成长规律看，大学阶段是人生的"孕穗期"，学生的思维水平、道德认知水平大大提高，能够运用更加抽象的概念来概括自己的认知，是三观形成的关键期，也是思政课教育立德树人成效的初显阶段。因此大学阶段的思政课应更加强调理论知识的系统性以及理论探究的深刻性，加强对青年大学生的思想启迪和政治引领；厚植思想土壤，夯实理论基础；促进思想、知识、能力、情感教育的有机统一，确保中小学阶段思政课教育开花结果。

习近平新时代中国特色社会主义思想概论是高校本科生系统学习习近平新时代中国特色社会主义思想的重要思政必修课，集中彰显了习近平新时代中国特色社会主义思想回答时代之问、引领实践发展、推动伟大变革的真理力量，对推动习近平新时代中国特色社会主义思想进教材进课堂进头脑、用党的创新理论铸魂育人具有重大意义。其中生态文明建设是"五位一体"总体布局和"四个全面"战略布局的重要内容。生态文明理念在我国深入人心，生态文明建设所取得的成就耳濡目染，是能够引起学生共鸣，积极参与的内容。

依据这一学段特点及本课程的具体教学内容，总体设计思路是以学生为主体，通过小组学习、案例教学、视频展示、启发教学等多种教学手段，运用学习通、云课堂等现代教学平台，引导学生积极参与，主动思考分析问题，努力探究。注重知识的理论性、系统性分析，体现大学学段的学习要求与特点，最终实现知行合一、情感与认知的统一。

七、教学过程

（一）教学流程设计

环节一：课前准备

教师活动：指导学生学习多媒体教学设备的使用，拍摄学生分享过程，协助学生完成成果分享，总结作业的完成情况。

学生活动：以小组为单位，选派一个代表到讲台围绕自己小组观看的纪录片主题，谈谈小组的观后感，每个小组时间3分钟。

教师活动：提出问题：通过同学们的观看和分享，大家对我国生态文明建设所取得的巨大成就有了进一步的认识和体会，那么大家有没有思考，是什么原因让我国生态文明建设取得如此巨大的成就？

学生活动：认真思考，积极回答。

教师活动：总结学生的回答，指出生态文明建设是关系中华民族永续发展的根本大计。党的十八大以来，以习近平同志为核心的党中央把生态文明建设纳入中国特色社会主义事业总体布局，牢固树立和践行绿水青山就是金山银山的理念，以前所未有的力度抓生态文明建设，推动生态环境保护发生历史性、转折性、全局性变化。

进一步阐述：以习近平同志为核心的党中央深刻回答了为什么建设生态文明、建设什么样的生态文明、怎样建设生态文明的重大理论和实践问题，提出了一系列新理念新思想新战略，形成了习近平生态文明思想。

总体概述习近平生态文明思想。习近平生态文明思想内涵丰富、博大精深，蕴含着丰富的马克思主义立场、观点和方法，包含着一系列具有原创性、时代性、指导性的重大思想观点，就其主要方面来讲，集中体现为"十个坚持"。

最后，引出本次课的主题（板书）——

第十二章　建设社会主义生态文明

第一节　坚持人与自然和谐共生

学生活动：认真听课，记笔记。

设计意图：加深学生对生态文明建设重要性的认识，引出本次课的主题。

环节二：讲授知识点，学生积极参与

教师活动：讲授知识点一：生态兴则文明兴。

抛出问题：大家知道楼兰古国为什么会消失吗？

学生活动：认真思考，积极回答。

教师活动：总结：原因之一，环境恶化。同时列举玛雅文明、古巴比伦文明的败落，源于类似的环境问题。并引用恩格斯在《自然辩证法》中的描述："美索不达米亚、希腊、小亚细亚以及其他各地的居民，为了得到耕地，毁灭了森林，但是他们做梦也想不到，这些地方今天竟因此成了不毛之地。"得出结论：生态兴则文明兴。

具体讲解如何理解"生态兴则文明兴"。

首先，讲清自然与人之间的密切联系，得出保护自然就是保护人类，建设生态文明就是造福人类的重要结论。

其次，说明生态文明是工业文明发展到一定阶段的产物，是人类社会进步的重大成果。这要求解决好工业文明带来的矛盾，把人类活动限制在生态环境能够承受的限度内，顺应了人与自然和谐发展的新要求，昭示着人类文明发展的未来。

最后，中华民族向来尊重自然、热爱自然，中华文明孕育着丰富的生态文化。"天人合一"思想是中华文明的鲜明特色和独特标识，代表着我们祖先对处理人与自然关系的重要认识。具体讲解改革开放以来，我国积累了大量生态环境问题，提出如果不抓紧扭转生态环境恶化趋势，必将付出极其沉重的代价。

衔接：生态环境问题归根到底是经济发展方式和生活方式问题。绿水青山就是金山银山，这是重要的发展理念，也是推进现代化建设的重大原则。这一理念，阐明了经济发展与生态环境保护之间的关系，提出生态环境问题的根源。

学生活动：认真听课，记笔记。

教师活动：讲授知识点二：绿水青山就是金山银山。

抛出思辨问题：同学们是如何认识绿水青山与金山银山的关系？给学生两分钟的思考时间，请四位同学进行一场"微型辩论"。

学生活动：积极参与思辨活动。

教师活动：结合"微型辩论"活动讲解经济发展和生态环境保护的关系问题，进而阐明生态环境保护和经济发展是辩证统一、相辅相成的关系。结合具体事例讲解良好生态本身蕴含着无穷的经济价值，能够源源不断创造综合效益，实现经济社会可持续发展。在此基础上结合习近平总书记的重要论述阐释"绿水青山就是金山银山"的科学内涵。绿水青山既是自然财富、生态财富，又是社会财富、经济财富。绿水青山可带来金山银山，但金山银山却买不到绿水青山。绿水青山还是人民群众健康的重要保障，是人民群众的共有财富。坚持生态优先、绿色发展，把生态环境优势转化为生态农业、生态工业、生态旅游等生态经济优势，绿水青山就变成了金山银山。

讲解处理好绿水青山和金山银山的关系，关键在人，关键在思路。列举河北塞罕坝林场所创造的青山变金山的人间奇迹等典型事例，最后结合习近平总书记的重要论述及党的二十大报告强调必须牢固树立和践行绿水青山就是金山银山的理念。

衔接：党的十八大以来，我们党把生态文明建设摆在全局工作的突出位置，从思想、法律、体制、组织、作风上全面发力，谋划开展了一系列根本性、开创性、长远性工作。

学生活动：认真听课，记笔记。

教师活动：讲授知识点三：把生态文明建设摆在全局工作的突出位置。

结合习近平总书记的重要论述说明新时代我国生态文明建设实现"四个重大转变"。接下来结合具体事例分别从"生态文明建设战略地位更加凸显""生态文明制度体系更加健全""污染防治和生态保护更加有力"阐述我国生态文明建设在全局工作中的突出位置。

首先是"生态文明建设战略地位更加凸显"，阐明我国生态文明建设的谋篇布局更加完善、更加系统，也更加成熟。其次是"生态文明制度体系更加健全"，阐明生态文明"四梁八柱"性质的制度体系基本形成，覆盖各类环境要素的法律法规体系基本建立，开展中央生态环境保护督察，坚决查处破坏生态环境的重大典型案件，解决人民群众反映强烈的突出环境问题。最后是"污染防治和生态保护更加有力"，结合具体事例讲解我国持续开展污染防治攻坚行动，开展农村人居环境整治，优化国土空间开发布局，筑牢国家生态安全屏障。最后结合新时代十年生态文明建设主要成就的具体数据阐明绿色成为新时代中国的鲜明底色。结合视频《奋力谱写新时代生态文明新篇章》使学生加深理解新时代生态文明建设的成就举世瞩目，成为新时代党和国家事业取得历史性成就、发生历史性变革的显著标志。

学生活动：认真听课，记笔记。

设计意图：通过与学生互动、启发教学、视频播放、案例讲解等手段，引导学生深刻理解知识点。

（二）课堂小结

经过顽强努力，美丽中国建设迈出重大步伐，绿水青山就是金山银山理念深入人心，我国天更蓝、地更绿、水更清，万里河山更加多姿多彩，绿色成为新时代中国的鲜明底色。人民享有更多、更普惠、更可持续的绿色福祉，人民群众生态环境获得感显著增强。我们有幸生活在这样一个美丽的地方，希望同学们能担负起青春的使命，为美丽中国的建设作出自己的贡献。

（三）板书设计

第十二章　建设社会主义生态文明　　┌ 1. 生态兴则文明兴
第一节　坚持人与自然和谐共生　　　├ 2. 绿水青山就是金山银山
　　　　　　　　　　　　　　　　　└ 3. 把生态文明建设摆在全局工作的突出位置

（四）作业设计

了解自己家乡生态文明建设所取得的成就及不足，思考应如何谱写新时代中国特色社会主义生态文明建设新篇章，我们每个人又能够为美丽中国建设做些什么，为后续课作铺垫。

（五）参考资料

1.《习近平著作选读》（第一卷），人民出版社，2023年。

2.中共中央文献研究室：《习近平关于社会主义生态文明建设论述摘编》，中央文献出版社，2017年。

3.习近平：《习近平谈治国理政》第四卷，外文出版社，2022年。

八、教学总结与反思

（一）教学总结

本节课通过课前学习、课堂分享、思辨讨论，充分调动学生学习的主动性、独立性、体验性和探究性。通过教师一个个问题的抛出，启发学生思考回答，让学生对生态文明的建设从感性认识上升到理性认识，形成系统的知识体系，教学目标得以良好实现。通过布置课前学习任务，让学生提前预习课程相关内容，节省了课上时间，也为课堂讨论做好了充分的准备，教学效果良好。

（二）教学反思

尽管在课前进行了精心的教学设计，充分的准备，但在实际的教学中，学生的思维是非常活跃的，参与课堂思考并给予的答案是多层次、多需求、丰富多彩的。因此我们教师必须不断地提升自己的马克思主义理论水平，时刻学习党的创新理论,才能用透彻的学理分析回应学生,以彻底的思想理论解释问题;才能解学生之惑,与学生共鸣;才能让学生真正感受到马克思主义真理的力量和党的创新理论的魅力。

共护绿水青山　共建美丽中国

中国医科大学　宋美玉

一、课程基本信息

主讲课程：习近平新时代中国特色社会主义思想概论

使用教材版本：高等教育出版社2023年版

教材章节出处：《习近平新时代中国特色社会主义思想概论》第十二章《建设社会主义生态文明》

二、教学设计概述

（一）理论依据

1.习近平生态文明思想。

2.马克思主义生态文明理论。

（二）设计特色

1.案例1+N：以杭州亚运会"绿色亚运"的理念和实践为案例贯穿教学三大环节，结合不同环节的教学内容与教学重难点，选取其他适当典型案例，如安吉余村、"三北"防护林等。

2.图文并茂：为了让学生更好感受绿色之美，辅以图片和视频，清晰展现绿水青山就是金山银山；通过《大美中国》视频播放，带领学生感受山河壮美，唤起学生生态环境保护意识。

3.教学环节紧扣教学内容：三大环节名称零"碳"烟花——"碳"寻究竟——"碳"到底均含"碳"字，紧扣主题且设计新颖，激发学生兴趣。

三、学情分析

本科阶段的学生思想活跃，发散性强，通过中小学思政课学习与日常生活体验对于生态文明建设的重要性有一定了解，但尚未形成对习近平生态文明思想的系统了解与整体把握，如绿水青山就是金山银山的科学内涵、如何建设美丽家园等；虽具有一定的环境保护意识，但缺乏理论联系实际的主动性与积极性，但接受能力与实践能力较强，在通过理论学习形成正确观念的基础之上，可以做到内化于心、外化于行。

四、教学目标

（一）知识目标

通过楼兰古国今昔对比，正确认识生态兴则文明兴；通过安吉余村今昔对比，准确把握绿水青山就是金山银山的科学内涵；通过"绿色亚运"和"三北"防护林等，明确建设美丽中国的主要任务和全球环境治理的中国方案。

（二）价值目标

增强生态环境保护意识，积极参与绿色活动，争做社会主义生态文明的宣传者、践行者。

（三）能力目标

自觉培养并践行绿色生活方式，在实际生活中做到绿色消费、低碳出行，将绿色发展理念融入日常生活之中。

五、教学重点难点

（一）教学重点

1.绿水青山就是金山银山的科学内涵：经济发展与生态环境保护之间的关系——要在高质量发展中保护、在高水平保护中发展，实现发展和保护的协同共生。

2.建设美丽中国的主要任务：加快形成绿色生产方式和生活方式、坚持山水林田湖草沙一体化保护和系统治理、用最严格制度最严密法治保护生态环境。

3."双碳"目标的科学内涵：碳达峰与碳中和的实现时间与内涵。

4.全球环境治理的中国方案：共建清洁美丽世界的"四个坚持"、积极推动全球可持续发展的"三个积极"。

（二）教学难点

结合党的十八大以来，我国生态文明建设取得辉煌成就，帮助学生深刻理解绿水青山就是金山银山，正确认识"两山关系"，认识到绿水青山与金山银山是可以实现良性循环的。

六、教学设计总体思路

本章教学遵循"为什么—是什么—怎么办"的逻辑展开，围绕绿水青山就是金山银山的科学内涵、建设美丽中国的主要任务和全球环境治理的中国方案等重难点内容，以安吉余村的美丽变化和杭州亚运会的"绿色亚运"为案例，通过零"碳"烟花—"碳"寻究竟——"碳"到底三大环节将教材内容重新整合，运用讲授法、互动讨论法、案例教学法将理论与实际联系起来，帮助学生在明确人与自然和谐共生的关系基础上，准确把握绿水青山就是金山银山的辩证关系，深刻掌握建设美丽中国和清洁家园的实践举措，努力争做社会主义生态文明建设的践行者、贡献者，为共建清洁美丽家园奉献自己的青春力量。

七、教学过程

（一）教学流程设计

环节一：零"碳"烟花——导入环节

教师活动：以杭州亚运会开闭幕式燃放数字烟花的原因设问——亚运会期间，全程没有进行烟花表演，这是为什么？

学生活动：观看数字烟花动图，回答教师问题。这是为了绿色、环保，为了减少污染等。

教师活动：总结学生回答，指出为了实现绿色环保，杭州亚运会这次打破了惯例，虽然没有实体烟花，但利用三维动画、AR等数字科技、采集烟花燃放的声音，在最重要的环节点燃了"数字烟花"。这既是以情动人、以美动人、以人动人的生动体现，也是对"绿色亚运""智能亚运"的忠实践行。"绿色"是新发展理念的重要内容，也是杭州亚运会办赛理念之一。《杭州亚运会绿色行动方案》中提出，实施绿色能源供应等八个专项行动，力争实现首届碳中和亚运会，充分彰显了中国特色社会主义理论的绿色考量，是建设社会主义生态文明的生动实践。本节课，我们就来共同学习第十二章《建设社会主义生态文明》。

设计意图：以杭州亚运会开闭幕式无烟花表演设问，引导学生回答"绿色""环保"等关键词，从而自然切入本章主题"生态文明建设"。

环节二："碳"寻究竟——第一节《坚持人与自然和谐共生》

教师活动：以楼兰古国今昔对比为例，通过古今中外人类社会文明变迁，阐明生态环境变化直接影响文明的兴衰演替，并进一步说明生态文明是人类文明发展的历史趋势。

学生活动：通过楼兰古国今昔鲜明对比与人类文明发展的简单回顾，理解生态兴则文明兴。

教师活动：设置问题——绿水青山和金山银山之间是怎样的关系？结合安吉余村的今昔发展对比，帮助学生准确把握绿水青山就是金山银山，并鼓励学生分享所知道的以文化创意点缀绿水青山、以绿水青山赋能金山银山的新时代案例。

学生活动：通过安吉余村的案例思考，明确"两山"理论的科学内涵，并分享自己知道的实际案例。

教师活动：通过在全国首个生态日之际发布的视频，展现党的十八大以来，生态文明建设工作的美丽成绩，共同领略大美中国的绿水青山。

学生活动：观看视频《大美中国》，感受山河壮美。

设计意图：

1.以楼兰古国今昔对比为例，帮助学生更好理解生态与文明的关系。

2.通过安吉余村过去与现在的对比，深化"绿水青山就是金山银山"的理念，借助互动提问启发学生思考，参与课堂讨论。

3.通过视觉效果让学生领略中国之美，并过渡到第二节内容。

环节三：一"碳"到底——第二节《建设美丽中国》+第三节《共谋全球生态文明建设之路》

教师活动：以杭州亚运会、"三北"防护林、河长制为例，阐明建设美丽中国需要加快形成绿色生产方式和生活方式（重点在于帮助学生了解何为"双碳"目标）、坚持山水林田湖草沙一体化保护和系统治理、用最严格制度最严密法治保护生态环境。

学生活动：观看案例与视频，并结合教材内容，明确掌握共建美丽中国的主要着力点，如期实现2030年前碳达峰、2060年前碳中和的目标。

教师活动：设置互动问题：请大家可以联系生活实际谈一谈，你的家乡或是你觉得我们可以怎样建设美丽中国或是改善生态环境？

学生活动：结合自身实际和家乡变化，回答问题，参与讨论。

教师活动：以史上"最热"夏天为例，指明地球是全人类的共同家园，生态环境问题是全人类共同面临的问题，共建清洁美丽的世界需要坚持以人为本，坚持科学治理，坚持多边主义，坚持共同但有区别的责任原则，积极推动全球可持续发展。

学生活动：通过教师讲授，明确共建清洁美丽世界的中国方案。

设计意图：

1.以杭州亚运会水电供应和交通出行为例，呼应导入环节内容，同时使得案例选取具有连贯性；并通过观看开幕式"点燃火炬"视频，带领学生感受低碳亚运，明确中国已经践行"双碳"目标。

2.设置互动问题，引导学生联系实际进行思考。

（二）课堂小结

生态文明建设是关乎中华民族永续发展的根本大计。党的十八大以来，以习近平同志为核心的党中央站在人与自然和谐共生的高度谋划发展，坚持绿水青山就是金山银山的理念，推动生态文明建设和生态环境保护发生历史性、转折性、全局性变化。建设美丽中国，要从我国国情和生态文明建设的实际出发，加快发展方式绿色转型，坚持山水林田湖草沙一体化保护和系统治理，用最严格制度最严密法治保护生态环境。地球是全人类赖以生存的唯一家园，中国推动共建地球生命共同体，积极参与全球环境治理，是全球生态文明建设的重要参与者、贡献者和引领者。

（三）板书设计

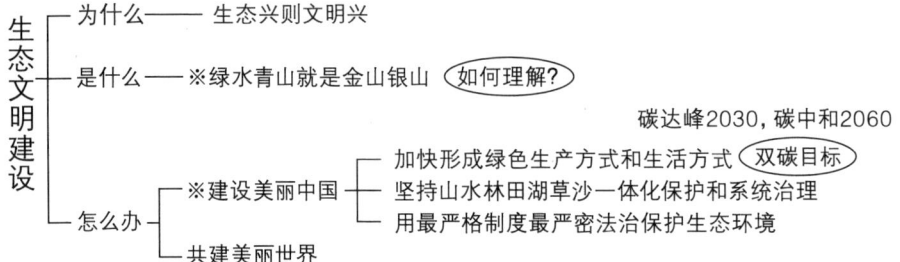

（四）作业设计

通过雨课堂发布作业：请结合实际谈一谈，作为新时代的新青年如何以青春力量建设美丽中国、共建美丽世界。

（五）参考资料

1.习近平：《高举中国特色社会主义伟大旗帜　为全面建设社会主义现代化国家而团结奋斗——在中国共产党第二十次全国代表大会上的报告》，人民出版社，2022年。

2.《中共中央关于党的百年奋斗重大成就和历史经验的决议》，人民出版社，2021年。

3.习近平：《论坚持人与自然和谐共生》，中央文献出版社，2022年。

4.习近平：《习近平谈治国理政》第四卷，外文出版社，2022年。

5.中共中央宣传部、中华人民共和国生态环境部：《习近平生态文明思想学习纲要》，学习出版社、人民出版社，2022年。

八、教学总结与反思

1.为确保教学高效进行，在备课过程中应详细规划每个环节的时间，确保每个教学步骤都有足够时间进行。根据教学目标和教学重难点合理安排课程进度，避免教学时间不足或过长的情况发生，确保学生能够充分理解并掌握教学内容，达到预期教学效果。

2.可以通过小组讨论或小组展示等形式，给予学生更多的机会发言和表达观点。这样一来，学生将更加积极主动地参与课堂活动，提高他们的逻辑思维能力和语言表达能力，增强对理论知识的理解与掌握。

美丽中国　我是行动者

辽宁机电职业技术学院　王婷婷　刘丽丽

一、课程基本信息

主讲课程： 习近平新时代中国特色社会主义思想概论

使用教材版本： 高等教育出版社2023年版、人民教育出版社2023版

教材章节出处：《习近平新时代中国特色社会主义思想概论》第十二章第二节《建设美丽中国》；《道德与法治》二年级下册第三单元《绿色小卫士》、四年级上册第四单元《让生活多一些绿色》、六年级下册第二单元《爱护地球　共同责任》、九年级上册第三单元《文明与家园》

二、教学设计概述

1.查·调查研究

调查研究是获得真知灼见的源头活水。我们周围有哪些环境问题，不是一句空洞口号，不能只停留在口头上、止步于思想环节，而是要落实到党和国家各项事业中去，建设美丽中国更需要学生用眼睛看、嘴巴问、耳朵听、动手查，通过运用调查法、文献法、访谈法等方式落实美丽中国建设。

2.问·问题导向

通过调查时发现身边的环境问题，分析环境问题产生的原因及其危害，进一步增强广大学生环境保护的基本常识，如暴增的垃圾如何减少、如何减少碳排放、塑料制品可以用哪些物品替代等，一些所谓的"废品"如何实现变废为宝。

3.思·环保思维

引导学生认识推动形成绿色发展方式和生活方式，贯彻绿色发展理念是一场深刻革命，如何从根本上解决生态环境问题，使广大学生成为生态文明建设的重要参与者、贡献者和引导者。

4.理·理论讲授

教师在把"建设美丽中国"理论问题讲清楚、讲透彻基础上融入党的二十大报告和习近平总书记的最新讲话精神，增强用党的创新理论铸魂育人、培养时代新人的自觉性。

5.践·实践延伸

通过实践教学活动设计，使学生能从微观层面，对生活中密切相关问题有细致了解，激发学生环保意识。小学生求知欲探索欲强，学生利用家中的"废品"制成实用物品，学生宣传参与节水、节能活动，树立生态文明意识。高职院校的学生结合本专业特点，加深对工匠精神的理解和运用，积极践行美丽中国建设。

6.情·家国情怀

同学收集关于环境问题的时事热点，利用课上播报，引导学生养成关心国家大事、时事政治、社会热点现象的好习惯。引导学生了解生态环境是关系党的使命宗旨的重大政治问题，也是关系民生的重大社会问题。掌握生态文明建设是关系我国永续发展的根本大计，明确自然是生命之母，人与自然是生命共同体。

7.赏·艺术赏析

欣赏专题纪录片《绿色奇迹塞罕坝》主题曲《我会守在这里》，致敬塞罕坝三代造林人将最美的青春献给祖国，歌曲赏析缓解理论学习艰涩，实现显性教育与隐性教育的融合。

8.考·随堂测试

通过两种方式考核学生学习效果：一是对重点知识的掌握，通过学习通随堂测试进行考核；二是对所学理论的理解运用，通过案例分析进行考核。两种方式结合使用，实现教学过程的闭环管理。

三、学情分析

（一）知识和技能基础

1.在推动大中小学思政课建设中，经过二年级、四年级、六年级、九年级相关内容学习，以及思想道德与法治、毛泽东思想和中国特色社会主义理论体系概论课程等相关内容学习，学生已经掌握建设社会主义生态文明的基本理论知识。

2.习近平生态文明思想主要内容集中体现为"十个坚持"。

（二）认知和实践能力

1.通过毛泽东思想和中国特色社会主义理论体系概论、思想道德与法治、形势与政策等课程的学习，学生能厘清美丽中国建设中个人与社会、个人与国家的关系，通过本专题的学习，学生能系统了解建设美丽中国的主要任务。

2.通过经典诵读和党史故事讲解，学生能够初步形成关注理论和党史的思维。

（三）学生学习特点

作为"〇〇后"新时代大学生，能够感受在习近平生态文明思想的指导下，我国生态文明建设实践发生的日新月异的变化，在情感上认同我国生态文明建设和生态环境保护之所以取得历史性成就、发生历史性变革，根本在于以习近平同志为核心的党中央的坚强领导，在于习近平生态文明思想的科学指引。

选取高职院校以及合作学校随机抽取5个班为样本，进行关于环境保护相关问题调研，收集问卷168份，无效问卷13份，样本有效率为92%，其中对于环境问题十分关注的占比为50.32%，偶尔关注43.87%，从不关注5.81%，说明学生关注环境问题，有保护环境的意识；关于垃圾分类问题知道的同学占比41.29%，不完全知道的占比50.97%，不知道的同学占比7.74%；垃圾分类如何实现、绿色生活如何践行、环境污染问题如何解决，使教学更有针对性和侧重点。

四、教学目标

（一）知识目标

掌握绿水青山就是金山银山的内涵；明确加快推动形成绿色发展方式和生活方式的重点任务。

（二）能力目标

将所学知识运用到生活实践中，养成绿色生活方式，自觉做生态环境的保护者，做生态文明建设的重要参与者、贡献者、引领者，与破坏生态的行为抗争，为美丽中国建设作出贡献。

（三）情感目标

《义务教育道德与法治课程标准（2022年版）》侧重于倡导学生过低碳、绿色的生活，体现了从知到行的递进过程。大中小学思想政治理论课相互衔接，到大学阶段，引导学生热爱自然，自觉树立环境保护意识，结合专业特点将建设绿色家园和创建美丽中国作为自己义不容辞的责任。

五、教学重点难点

（一）教学重点

加快推动形成绿色发展方式和生活方式。

突破策略：

课前：学生展开问卷调查，分析环境问题产生的原因及其危害。

课中：通过教师理论讲授，明确坚持把绿色低碳发展作为解决生态环境问题的治本之策，厚植高质量发展的绿色底色。

课后：通过拓展实践，结合高职院校特色及各阶段学生特点，阐述如何助力为美丽中国建设作出贡献，评量学生素质目标的达成情况。

（二）教学难点

绿水青山就是金山银山的内涵。

突破策略：

课前：学生自主学习自制精品在线开放课程，查找相关理论原文和党史故事的资料。

课中：借助学习通学习平台发布视频、图片资料，课堂讲授结合时事热点、党史故事等资源帮助学生贴近历史，生动解读相关知识点。

课后：通过学习通平台的章节测试评量知识点的掌握情况。

六、教学设计总体思路

（一）研究教材，精选教学内容

习近平新时代中国特色社会主义思想概论作为一门思想政治理论课，既要讲理论，又要讲实践；既要讲理论成果，又要讲实践成就；既要讲理论贡献，又要讲对发展人类文明的贡献；既要讲中国意义，又要讲其世界意义。而早在《道德与法治》四年级上册第四单元第三课已经解答了环境污染是什么、怎么做。大中小学不同阶段如何在习近平生态文明思想指引下绘就美丽中国新画卷可设计点颇多。

（二）深耕指南，明确教学目标

教学目标是教学的基本前提，是课程开设的目的，是教学设计的基本思路和框架结构的依据。授课时应该从学生出发，立足学生视角，讲清楚今天的大中小学生为什么要学习习近平生态文明思想，从这一思想中学什么、怎么学，高职院校教学目标要符合人才培养目标和具体学情。

（三）问题导向，丰富教学环节

基于各年龄段学情特点，必须坚持问题导向，助力学生成长，彰显理论魅力，向改革创新要活力。在教学过程中设计查、问、思、理、践、情、赏、考，丰富教学环节。

（四）创新方法，彰显学生主体

教学有法，教无定法，贵在得法。要通过教学方式方法的改进，提高思政课教学实效。

七、教学过程

（一）教学流程设计

环节一：调查问卷

教师活动：

1.随机抽取一体化建设合作学校5个教学班为样本进行关于环境保护相关问题调研，通过"问卷星"发布问卷。

2.收集问卷并进行数据整合及分析。

3.根据调研结果，结合教学重难点，确定适合学情的教学方案和教学方法。

学生活动：填写调查问卷。

设计意图：基于调研，把握学情，问卷设计中考虑到大中小学生问题设置有所差异，了解学生实际情况，明晰学生学习基础，使教学更有针对性和侧重点。

环节二：导入新课

教师活动：

1.PPT展示一系列图片，设置"猜一猜，说一说"学生互动活动，引出"蚂蚁流动回收"。

2.从身边事例导出"如何形成绿色生产方式和生活方式"理论问题。

学生活动：观看图片，猜一猜图片中展示内容制作的原材料。

教师活动：进行图片解析，学习通发布抢答——聚酯纤维面料的原材料是什么？

学生活动：参与学习通抢答。

设计意图：通过课堂互动，帮助学生意识到生态文明建设就在我们身边，确立关注国家、关注社会发展、关注美丽中国建设的理念，从而导入本节理论。

环节三：主题讨论

教师活动：

1.课前在学习通发布视频《可回收物去哪了》。

2.课前学习通发布问题"那些可回收物去哪儿了",你所生活的城市中从事"再生资源行业的从业人员"有多少?

学生活动:

1.课前观看视频。

2.参与主题讨论。

教师活动:

1.举例阐明我们如何做能够减少垃圾,实现变废为宝。

展示案例:垃圾资源化,腐朽化神奇。

2013年7月22日,习近平总书记视察了格林美武汉分公司电子废弃物绿色处理车间,兴致勃勃地看到了各种电子废弃物被有序地拆解。习近平总书记给予了格林美高度肯定,并现场指示:"变废为宝、循环利用是朝阳产业。垃圾是放错位置的资源,把垃圾资源化,化腐朽为神奇,既是科学,也是艺术。格林美是我见过的循环经济企业中做得最好的企业,你们要再接再厉!"

2.总结:加快推动产业结构、能源结构、交通运输结构等调整优化。调整优化经济结构是从源头推动发展方式绿色转型的重要任务,要抓住产业结构调整这个关键,促进产业结构变"轻"、发展模式变"绿"。一方面,要运用绿色低碳技术加快传统产业改造升级,减少过剩和落后产能,推进能源革命,大力发展非化石能源,促进能源消耗、资源消耗突出的传统行业向绿色产业转型。另一方面,以绿色低碳技术创新和应用为重点,推动战略性新兴产业、高技术产业、现代服务业加快发展,增加新的增长动能。

设计意图:使学生明确美丽中国建设与我们每个人都息息相关。

环节四:理论讲授

知识点1:绿水青山就是金山银山的科学内涵

学生活动:党史故事讲述:课前观看新华社专题节目《习近平讲述的故事——绿染贺兰山》。

教师活动:总结讲授:生态环境问题归根到底是经济发展方式和生活方

式问题。生态环境保护和经济发展是矛盾对立的关系，习近平总书记指出："我们既要绿水青山，也要金山银山。宁要绿水青山，不要金山银山，而且绿水青山就是金山银山。"绿水青山既是自然财富、生态财富，又是社会财富、经济财富。处理好绿水青山和金山银山的关系，关键在人、在思路。

知识点2：加快形成绿色生产方式和生活方式

教师活动：播放视频：《首届"碳中和"亚运会里有哪些"绿科技"》。

学生活动：观看视频并参与小组活动，总结出"绿色亚运会"的特点和要素。

思考视角：绿色产品、绿色生活、绿色科技、绿色场馆、绿色理念。

教师活动：

1.讲授加快推动产业结构、能源结构、交通运输结构等调整优化。

"无废城市"是以创新、协调、绿色、开放、共享的新发展理念为引领，通过推动形成绿色发展方式和生活方式，持续推进固体废物源头减量和资源化利用，最大限度减少填埋量，将固体废物环境影响降至最低的城市发展模式，是一种先进的城市管理理念。

2.发布抢答：辽宁省有无废城市吗？

提示：2022年，生态环境部办公厅公布"十四五"时期"无废城市"建设名单，我省共有3市入围，分别是沈阳市、大连市、盘锦市。

学生活动：

1.查看教材"积极稳妥推进碳达峰碳中和"知识点。

2.查阅辽宁省人民政府网站。

3.参与抢答。

教师活动：

1.讲授推进各类资源节约集约利用。

2.讲授坚持把美丽中国转化为全体人民自觉行动。

3.展示案例：《2023年辽宁省公共机构能源资源节约和生态环境保护工作要点》。

学生活动：查阅《2023年辽宁省公共机构能源资源节约和生态环境保护

工作要点》，以加深对于辽宁公共机构能源资源节约和生态环境保护工作的理解。

设计意图：

1.通过党史故事讲述，实现以史为鉴，由党史故事引出所讲授理论——绿水青山就是金山银山，讲出蕴含的理论启示。

2.教师把涉及"建设美丽中国"理论问题讲清楚、讲透彻的基础上重点融入党的二十大报告和习近平总书记的重要讲话精神，增强用党的创新理论铸魂育人、培养时代新人的自觉性。引导学生从本专业出发助力辽宁"无废城市"的建设，注重培养学生对工匠精神的理解和运用。

环节五：实践延伸

学生活动：课前观看教师发布在学习通的资源，并动手实践，实现变废为宝。

（1）视频资源——塑料瓶

如果焚烧会产生有毒气体，如果填埋大约要几十万年才能分解完毕，如果回收加工就又变成了各种各样的宝贝。

（2）视频资源——厨余垃圾

人为国本，食为民命。在日常生活中，一些简单的措施如做好垃圾分类、减少食物浪费、单独存放等简单措施都可以更好地处理厨余垃圾。

（3）视频资源——废电池

一节废旧纽扣电池，能污染60万升水，相当于一个人一生的用水量，一节一号电池烂在地里，能吞噬一平方米的土地，并造成永久性公害。电池渗出的重金属物质会渗透到土壤中，污染地下水，对人类、海洋生物、农作物等都有危害。

教师活动：

1.启发学生思考垃圾分类后如何变成可利用的资源并填写废弃物再利用记录表。

2.讲授塑料瓶、厨余垃圾、废电池等垃圾的危害，总结如何有效实现变废为宝。

设计意图：教师提前在学习通发布视频资源，学生结合视频资料，分组合作填写"废弃物再利用记录表"，总结垃圾如何变废为宝，成为美丽中国建设的践行者。

环节六：厚植家国情怀

教师活动：讲述《连续11年参加首都义务植树活动，总书记殷切寄语》。

学生活动：交流分享体会和感受。

设计意图：植树造林，种下新苗，也种下了未来与希望。造林绿化是功在当代、利在千秋的事业，要一年接着一年干，一代接着一代干，撸起袖子加油干。讲述习近平总书记植树活动可以激发同学们积极行动起来，从现在做起，从种树做起，种出属于大家的绿水青山和金山银山，绘出美丽中国的更新画卷！

环节七：艺术赏析

教师活动：播放专题纪录片《绿色奇迹塞罕坝》主题曲《我会守在这里》。

学生活动：

1.欣赏歌曲。

2.查阅塞罕坝精神内涵。

教师活动：讲授中国共产党人的精神谱系——塞罕坝精神：牢记使命、绿色发展。

塞罕坝精神，根植于塞罕坝140万亩的土地，源于成百上千名塞罕坝务林人的奉献奋斗，成长于塞罕坝日益辉煌的绿色事业之上，是几代塞罕坝人用心血、汗水和生命凝结而成。

设计意图：歌曲赏析缓解理论学习艰涩，选取了"〇〇后"大学生熟悉的歌手演唱的歌曲，实现显性教育与隐性教育的融合。

环节八：随堂测试

教师活动：学习通布置测试题目。

1.习近平总书记指出："绿色发展，就其要义来讲，是要解决好

(　　)和谐共生问题。"

  A.人与自然   B.生产力与自然

  C.生命与自然   D.生产与发展

  答案：A（参考教材248页）

  2.习近平总书记指出："实现（　　），不是别人让我们做，而是我们自己必须要做。"

  A.'双碳'目标   B.碳达峰

  C.碳中和   D.低碳化

  答案：A（参考教材249页）

  3.推进各类资源节约集约利用。生态环境问题，归根到底是（　　）、粗放利用、奢侈消费造成的。

  A.材料浪费无度   B.物资浪费

  C.资源过度开发   D.能源开发

  答案：C（参考教材249页）

  4.习近平总书记指出："生态是统一的自然系统，是（　　）（　　）的有机链条。人的命脉在田，田的命脉在水，水的命脉在山，山的命脉在土，土的命脉在林和草，这个生命共同体是人类生存发展的物质基础。"

  A.毫无关系   B.相互依存

  C.紧密联系   D.求同存异

  答案：BC（参考教材250页）

  5.建设美丽中国，是全面建设社会主义现代化国家的重要目标，也是满足人民日益增长的优美生态环境需要的必然要求。

  答案：正确（参考教材248页）

  学生活动：完成学习通测试题目。

  设计意图：从知识掌握角度以及学以致用角度，设置问题形成自己的认识，完成课后知识考查。在学懂弄通"建设美丽中国"理论问题的基础上，充分理解党的二十大报告和习近平总书记的重要讲话精神，奋力书写为中国式现代化挺膺担当的青春篇章。

（二）课堂小结

坚持把建设美丽中国转化为全体人民自觉行动。生态文明是人民群众共同参与共同建设共同享有的事业，每个人都是生态环境的保护者、建设者、受益者。要在始终坚持用最严格制度最严密法治保护生态环境、保持常态化外部压力的同时，激发起全社会共同呵护生态环境的内生动力，增强全民节约意识、环保意识、生态意识，培育生态道德和行为准则，开展全民绿色行动，动员全社会都以实际行动减少能源资源消耗和污染排放，加快形成绿色生产方式和生活方式。

（三）板书设计

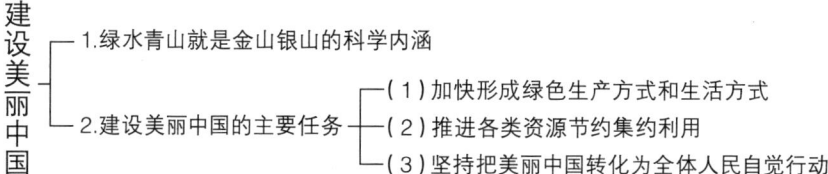

（四）作业设计

1.学习通上传设计作品图片：你是如何完成"变废为宝"的？

2.下节课进行实物展示。

（五）参考资料

1.《习近平著作选读》第一卷，人民出版社，2023年。

2.习近平：《习近平谈治国理政》第四卷，外文出版社，2022年。

3.《习近平向2019年世界环境日全球主场活动致贺信》，《人民日报》2019年6月6日。

4.中共中央文献研究室：《习近平关于社会主义生态文明建设论述摘编》，中央文献出版社，2017年。

5.新华网：《连续11年参加首都义务植树活动，总书记殷切寄语》，http://www.xinhuanet.com/2023-04/06/c_1129498835.htm.

八、教学总结与反思

（一）教学总结

高职院校思政课面临的一个难题是提高教学的吸引力，激发学生学习热情不是一味地迎合学生，而是让思政课更接"地气"，通过教学来助力人才培养，助力学生的成长成才。为实现开设"习近平新时代中国特色社会主义思想概论"课程教学目标，达到教学效果，高职院校一节成功的思政课离不开两点：一个是教学方法的灵活应用，另外一个就是教学特色的打造。本专题实现了从教材体系向教学体系的转化，较好地处理了教学内容和教学形式的关系，把课堂教学和社会实践结合起来，实现了教学目标。

（二）教学反思与改进

经过教学实践，将从以下四个层面进行改进：一是扩展实践环节的局限性需要进一步突破；二是校内资源的充分调动及与专业进行有效的衔接，助力美丽中国建设需要进一步开发；三是在理论讲授、课堂互动、教学组织等方面还需要进一步加强；四是信息化教学手段的运用有待进一步熟练，混合式教学的组织需要进一步完善。

守护大美漓江　践行习近平生态文明思想

辽宁省交通高等专科学校　张　琳

一、课程基本信息

主讲课程：习近平新时代中国特色社会主义思想概论

使用教材版本：高等教育出版社2023年版

教材章节出处：《习近平新时代中国特色社会主义思想概论》第十二章第一节《坚持人与自然和谐共生》

二、教学设计概述

通过开展"备知识、导课程、探究竟、辨观点、析理论、拓实践"层层递进六步教学法，以课前研学、课中践学、课后研学的教学模式，督促学生进行理论与实践相结合；遵循教材重难点以及习近平新时代中国特色社会主义思想概论课程标准展开教学，逐步拓展学生的思维认知能力与实践行动能力；教学过程中以漓江生态为基本案例贯穿整个教学过程，避免案例过多且杂，分散学生课堂学习注意力。

"备知识"，设计问卷进行调查研究，通过问卷反馈的情况，了解学生知识体系的掌握情况以及薄弱环节，方便教师在课堂上有针对性地展开教学。教师在课前通过学习通平台向学生推送学习资料，为学生打造生态文明资料库，方便学生课前进行小组研学，利于提高课堂教学效率与质量。

"导课程"，教师注重起承转合，结合朗诵诗词、案例介绍、照片比对、数据分析等形式进行导入，激发学生的兴趣，为"探究竟"环节埋下伏笔，打通教学环节内在关联。

"探究竟"，带领学生分析1973年邓小平同志指出"为了发展生产，如果把漓江污染了，把环境破坏了，那是功不抵过啊！"的原因，深入剖析经济发展与生态环境保护之间的辩证关系。学生更能理解本课的教学重点——新时代突出强调生态文明建设的原因。

"辨观点"环节是以学生辩论的方式翻转课堂，教师在辩论环节进行小结，得出的结论是，既要绿水青山又要金山银山，经济发展应该与生态环境保护之间找到平衡，学生在辩论前会进行资料准备，更易于教学过程中教学重点的掌握。

"析理论"，这部分是本节课的理论基础，同样也是教学重点任务。专科学生理论基础薄弱，教师通过课前推送资料，学生进行组内研讨，课堂上结合研究成果进行展示。学生由被动地听转化为主动地讲，更易于接受先进的理论，完成教学重点。

"拓实践"，丰富教学实践环节，强化学生思考，在提升学生思辨精神的同时，提高学生运用理论知识解决实际问题的能力，学生能够懂得建设美丽中国不是一句口号，而是需要每一个中国人身体力行、真抓实干。各学习小组通过讨论的方式提出对策，教师总结后带入教学难点——建设美丽中国的途径，学生可以更扎实地掌握教学难点。

三、学情分析

授课对象为专科院校大二年级的学生，通过大一一整年的理论学习，学生具备一定的理论素养和思辨能力；但作为理科院校专科学生，学生政治理论内容掌握少且浅，学习主动性和积极性稍显不足，对于生态文明有一定了解，但理论基础稍显薄弱。

教师课前通过学习通平台发布问卷调查了解到，55.1%的学生对习近平生态文明思想了解不够深入；47.96%的学生对漓江生态环境被破坏的原因并不清楚，但100%的学生认可生态环境对于经济发展以及人民生活改善具有重要作用；97.96%的学生能够理顺经济发展与生态环境之间的辩证统一关系，但对于马克思主义生态观以及习近平生态文明思想了解甚微。本次课帮助学生理解生态文明的内涵，解读生态文明保护的原因及做法，鼓励学生践行习近平生态文明思想。

四、教学目标

（一）知识目标

1.本节课遵循教材逻辑结构，根据教学重难点设计教学环节，深入学习习近平生态思想的主要内容，把握"新时代为什么强调生态文明建设、生态文明的内涵、怎样建设美丽中国"的内在逻辑。

2.习近平生态文明思想是以马克思主义基本原理同中国生态文明实践相结合、同中华优秀传统文化相结合的重大成果。本节课通过"析理论"的教学环节，引导学生从马克思主义生态观入手，深入解读习近平生态文明思想，深刻把握习近平生态文明思想的内涵与价值。学生在学习的过程中，既遵循教材体系，又能够丰富自身的理论架构，利于学生自身理论素养的培育。

（二）能力目标

本节课设置"探究竟"教学环节，学生深入探究造成漓江生态环境破坏的原因；"拓实践"教学环节，学生根据本节课学习的理论知识进行拓展训练，结合日常生活以及专业特色，阐述建设美丽中国的途径；学生在"如何做"教学环节中的思考过程，就是理论指导实践的过程，有利于学生养成独立思考、解决实际问题的能力。

（三）情感目标

通过本节课的学习，学生了解到生态文明建设关乎每一个中国人，以此激发出学生对于生态环境保护的责任感。激励新时代大学生在生态文明建设的伟大事业中勇担重任，充分发挥青春的力量，为实现中华民族伟大复兴不懈奋斗。

五、教学重点难点

（一）教学重点

1.新时代强调生态文明建设的原因，其中包括习近平生态文明思想顺应人类文明进程、破解我国经济社会发展短板问题、满足人民日益增长的优美生态环境需要、应对全球生态环境领域挑战。

2.习近平生态文明思想的内涵，其中包括马克思主义生态观以及习近平生态文明思想"十个坚持"。习近平生态文明思想集中体现了马克思主义立场观点方法，对人与自然关系有着深刻的思考。习近平生态文明思想根植于中华优秀传统生态文化，以马克思主义生态观为切入点，便于学生深入理解习近平生态文明思想。

（二）教学难点

新时代美丽中国的建设途径，其中包括：加快发展方式绿色转型、坚持山水林田湖草沙一体化保护和系统治理、用最严格制度最严密法治保护生态环境。

六、教学设计总体思路

本节课依据"是什么—为什么—怎么办"的设计思路，重点针对新时代突出强调生态文明建设的原因、经济社会发展与生态文明建设的辩证关系、习近平生态文明思想的内涵、新时代美丽中国的建设途径等方面展开教学。采取课前研学—课中践学—课后研学的教学模式，教师利用学习通、微信联络群、班级管理群等平台，通过课前、课中、课后三个维度来调动学生自主学习的积极性，并结合理论讲述法、案例分析法、情境再现法、小组讨论法等教学方法展开教学。根据教学重难点设置教学环节，教师负责抛出问题，学生负责解决问题，在解决问题的过程中，逐渐培养思辨精神、夯实理论基础。授课的过程中，教师注重融入党的二十大精神，为学生提供高质量高水平的课堂教学。

七、教学过程

（一）教学流程设计

环节一：备知识

教师活动：课前通过学习通平台向学生推送关于生态文明的调查问卷。

学生活动：完成调查问卷。

教师活动：课前通过学习通平台的资料中心，上传有关漓江生态的学习资料。

学生活动：课前结合教师推送的学习资料，进行课前知识储备。

设计意图：第一，设计调查问卷，可以结合学生的问卷反馈情况，捕捉学生知识体系中的盲区，以利于教师针对学生理论的缺失来展开教学；第二，课前通过学习通平台向学生们推送有关生态文明的学习资源，方便学生进行课前研学，掌握基本的理论知识，并带着问题听讲，更容易激发学生的求知欲以及帮助学生养成良好的学习习惯。

环节二：导课程

教师活动：朗诵诗词《题阳朔》，创设漓江风景优美的情境。

学生活动：聆听诗词，感受历史上漓江的美景。

教师活动：展示漓江两组照片，分别为新中国成立初期的漓江和20世纪70年代的漓江。

学生活动：观看老师展示的两组照片，亲身感受漓江生态环境的变化。

教师活动：播放视频资料"1973年邓小平陪同加拿大总理特鲁多参观漓江"。面对被破坏的生态环境，邓小平痛心疾首："你们为了发展生产，如果把漓江污染了，把环境破坏了，是功大于过呢还是过大于功，请你们好好考虑，不然的话，功不抵过啊！"

学生活动：观看视频资料。

教师活动：结合数据，指导学生分析邓小平同志指出的"功"和"过"分别是什么。（根据广西壮族自治区统计局公布的数据，广西1950年生产总值只有9.4亿元，1978年为75.85亿元）

学生活动：结合广西统计局公布的生产总值数据，分析邓小平同志指出的"功"和"过"分别是什么。

设计意图：导入部分有起承转折，第一步，由授课教师进行诗词朗诵，为学生创设漓江美的意境；第二步，观看两组对比照片，为学生理解漓江生态环境被破坏创设情境；第三步，介绍"功不抵过"的背景；第四步，结合数据指导学生分析"功"和"过"分别是什么。两组照片的对比，学生感受更直观；视频资料和数据作为支撑，增添学生对于广西经济发展和漓江生态被破坏的信任感。

环节三：探究竟

教师活动：结合导入部分，向学生抛出问题：为什么邓小平同志在1973年参观漓江时指出功不抵过？

学生活动：思考教师提出的问题。

教师活动：结合学生代表的发言进行总结，分析生态环境保护与经济发展、人民生活之间的内在关系。

学生活动：组内讨论后，选派代表回答问题。

设计意图："探究竟"环节的设置，是典型的三段论模式，发现问题—分析问题—解决问题。学生在思考为什么"功不抵过"的过程中，自然就会把生态环境与经济发展紧密结合，有助于教学重点的展开，学生会更加清楚新时代为什么要强调生态文明建设。教师在学生回答后进行归纳总结，帮助学生理解生态环境保护的重要性。

环节四：辨观点

教师活动：组织学生围绕"邓小平同志在1973年提出的功不抵过的观点，是否适用于新时代"展开双方辩论。

学生活动：正方观点："功不抵过"的观点仍适用于新时代；反方观点："功不抵过"的观点不适用于新时代。

教师活动：根据正反双方学生的辩词，进行辩论总结，帮助学生理顺出生态环境保护与经济社会发展是辩证统一的关系，这是教学的重点。在对辩论环节进行小结时，融入党的二十大报告内容，提倡"推动绿色发展，促进人与自然和谐共生"。

学生活动：根据教师在总结环节融入的党的二十大报告内容，理解人与自然和谐共生，经济发展与生态环境保护是辩证统一的关系。

设计意图：通过辩论环节，学生能够在双方阐述观点的同时，提升自身的思辨精神，并且自主理顺"绿水青山"与"金山银山"之间的关系。辩论双方在摆事实、讲道理的过程中，深入了解生态文明建设的重要性，教师在总结环节融入党的二十大报告内容，将最新的理论传递给学生，学生学习最新的理论成果。学生在辩论的过程中，懂得要尊重自然、顺应自然、保护自然，自觉践行绿色生活，共同建设美丽中国，这种把课堂交给学生的方式比传统"填鸭式"教学更容易打动学生，以此增加课堂的亲和力与感知力。

环节五：析理论

教师活动：课前通过学习通平台给学生推送关于"生态文明"的学习资料，课堂上请各学习小组来进行学习效果的展示与分享。

学生活动：分小组进行理论研究成果分享，分别从马克思主义生态观以及习近平生态文明思想的主要内容进行展示。

教师活动：在各学习小组完成学习分享后，针对各小组在理论研究过程中出现的问题与疏漏进行有针对性的解答，总结生态文明的内涵，这是教学重点。

学生活动：聆听教师在分享后的总结与纠正。

设计意图：第一，专科院校学生理论基础较为薄弱，学习的自主性与积极性也有待提高，采用翻转课堂的理论研究形式，学生可以学会"自己动手，丰衣足食"。习近平总书记关于"两山"理念的重要论述充分体现了马克思主义生态观的本质特性，为人与自然由冲突走向和谐指明了发展的方向，为协调好生态环境保护与经济社会发展的辩证统一提供了价值遵循。所以在研究习近平生态文明思想的同时，增加马克思主义生态文明思想的研究，学生可以增加知识储备，夯实自身的理论基础。第二，各学习小组在课前研究教师推送的学习资料，并找到理论研究的切入点，课堂上进行师生理论知识分享，教师在各小组完成展示后，针对疏漏与错误予以纠正，学生可以更正知识、加深记忆，通过课前与课中的联动，学生自主学习与教师讲授相结合，有利于完成教学目标，帮助学生夯实理论基础，提升学生学习的积极性。

环节六：拓实践

教师活动：课堂上播放视频"2021年习近平广西行"，带领学生动态感受漓江的生态美。

学生活动：观看视频"2021年习近平广西行"。

教师活动：党的二十大报告指出，"必须牢固树立和践行绿水青山就是金山银山的理念，站在人与自然和谐共生的高度谋划发展"。结合党的二十大报告以及漓江生态环境的改善，向学生提出两个问题：1.漓江是如何恢复生态环境的？2.新时代我们如何建设美丽中国？

学生活动：回答教师提出的两个问题。

教师活动：根据学生对两个问题的回答，梳理出建设美丽中国的途径。（教学难点）

学生活动：聆听教师的总结。

设计意图：第一，2021年习近平总书记来到广西漓江考察，视频资料内容丰富，学生可以更直观感受到漓江生态环境的改善，更重要的是感受到党和国家对于生态环境保护的力度与决心；第二，建设美丽中国的途径，是本节课的教学难点，采用拓展实践的模式来进行教学处理，教学过程自然不生硬，学生更易于接受。通过学生自主回答、梳理出的知识点，学生更容易产生共鸣，以便于教学目标与教学任务的完成。

（二）课堂小结

党的十八大以来，以习近平同志为核心的党中央站在人与自然和谐共生的高度谋划发展，坚持绿水青山就是金山银山的理念，推动生态文明建设和生态环境保护发生历史性、转折性、全局性变化。建设美丽中国，要从我国国情和生态文明建设的实际出发，加快发展方式绿色转型，坚持山水林田湖草沙一体化保护和系统治理，用最严格制度最严密法治保护生态环境。

本节课以漓江生态环境为案例贯穿整个教学流程，分别从漓江生态美—漓江生态环境被破坏—漓江生态环境得以修复展开教学内容，完成教学任务以及重难点。教师在教学的过程中，讲授重点知识并不拘泥于讲授的方式，而是通过引导、梳理、升华、提高等步骤，帮助学生解决内在知识混淆与研究困境。通过课堂辩论、翻转课堂、理论分析、问题研讨等方式将课堂主体归还给学生，凸显出学生在课堂的主体地位。学生围绕"是什么—为什么—

怎么办"的学习思路,通过课前研学—课中践学—课后研学等模式,有效提升解决问题的理论基础与思维水平。注重理论来源实践,又反作用于实践,并能指导实践的发展。

（三）板书设计

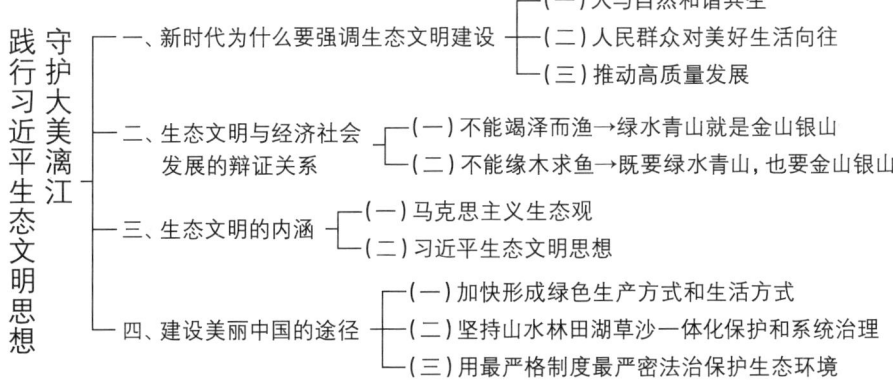

（四）作业设计

2024年4月25日是第三个"漓江保护日",请同学们结合自身的专业特色,为漓江生态环境保护建言献策。

（五）参考资料

1.习近平:《论坚持人与自然和谐共生》,中央文献出版社,2022年。

2.习近平:《习近平谈治国理政》第一卷,外文出版社,2018年。

3.习近平:《习近平谈治国理政》第二卷,外文出版社,2017年。

4.习近平:《习近平谈治国理政》第三卷,外文出版社,2020年。

5.习近平:《习近平谈治国理政》第四卷,外文出版社,2022年。

6.中共中央宣传部、中华人民共和国生态环境部:《习近平生态文明思想学习纲要》,学习出版社、人民出版社,2022年。

八、教学总结与反思

第一,本节课遵循教材重难点进行教学内容安排,详略得当,但在课堂正反双面辩论环节预留时间不足,学生准备充分,由于时间有限,未能深入展开辩论。

第二，本节课教学设计环节基本能够做到由易到难逐步过渡，但是知识点之间的衔接不够流畅。我应该在今后的教学环节设计中多下功夫，注重知识点的承上启下，教学能够更加流畅自然。

第三，本节课教学活动能够按照"八个相统一"原则设置课堂学生活动，但是在"探究竟"的环节停留时间过长，以至于后面"析理论"环节时间紧张，有碍于教学重点展开。授课教师应该在今后的教学环节设置中，规范教学环节时长，为教学重点、难点问题预留充分时间。

第四，本节课技术融合手段偏重常规，有待于开发更先进手段丰富课堂教学。

后 记

本书以"生态文明建设"为主题,根据小学、初中、高中、大学四个学段的不同学情和思政课教学特点,选择收录了辽宁省"大中小学思政课一体化建设"专题教学设计案例征集活动中的 28 篇优秀作品。每篇教学案例包含课程基本信息、教学设计概述、学情分析、教学目标、教学重点难点、总体思路、教学过程以及教学总结与反思等模块,力争详尽实用,旨在展现如何将生态文明建设有效融入到思政课教学实践,希望能够为各学段教师思政课教学提供具体参考,提高教学质量,引导学生不断提升马克思主义理论素养,做习近平生态文明思想的坚定信仰者、有力宣传者和忠实践行者,激发学生对生态环境建设的重视与热爱,为美丽中国建设贡献智慧和力量。

主编贾玉明、胡承波、韩影负责统筹本书的编写计划,组织案例遴选,严审案例内容,提出修改意见,监督编写进度。参与编写本书的人员还有曲弋、贾德辉、李思含、柳叶、王有良、石宗鑫、张蕾、何宇、张硕、郭丽丽、刘瑟、王浩州、周姝彤、孙若蝉、蒋雨衡、迟戈、郝嘉宁等多位老师和研究生。在此谨向所有参与和支持本书编写的人员致以最诚挚的谢意。

本书的完成得益于辽宁省教育厅对大中小学思政课一体化建设的高度重视,同时参考了国内外关于生态文明建设融入思政教育的学术著作、政策文件及教学实践成果，在此一并致以衷心感谢。本书的出版获得沈阳工业大学马克思主义学院资助，特此鸣谢。

在编写过程中，我们深刻体会到生态文明建设与思政教育融合的重要意义。大中小学思政课一体化建设的不断深化，为生态文明建设的教育实践提供了坚实的平台。我们期望本书能够为广大思政课教师提供有益的教学参考，并助力新时代学生树立起正确的生态文明观念，培养出有责任、有担当的时代新人。限于编者水平，书中疏漏与不足在所难免，恳请专家学者、同行教师及读者朋友不吝指正，共同推进大中小学思政课一体化建设高质量发展。

编者

2024 年 10 月